企业合同管理 33讲

第四版

付希业 著

法律出版社 LAW PRESS·CHINA
北京

图书在版编目（CIP）数据

企业合同管理 33 讲 / 付希业著. -- 4 版. -- 北京：法律出版社, 2024. -- ISBN 978 - 7 - 5197 - 9219 - 0

I. D923.6

中国国家版本馆 CIP 数据核字第 20243GE931 号

企业合同管理 33 讲（第 4 版）　　　　　　　　　付希业　著　　　　策划编辑　周　洁　林　蕊
QIYE HETONG GUANLI 33 JIANG(DI-SI BAN)　　　　　　　　　　　　　　　责任编辑　周　洁　林　蕊
　　　　　　　　　　　　　　　　　　　　　　　　　　　　　　　　　　装帧设计　汪奇峰

出版发行　法律出版社	开本　710 毫米 × 1000 毫米　1/16
编辑统筹　司法实务出版分社	印张　22.75　　字数　290 千
责任校对　王语童	版本　2024 年 7 月第 4 版
责任印制　吕亚莉	印次　2024 年 7 月第 1 次印刷
经　　销　新华书店	印刷　北京金康利印刷有限公司

地址：北京市丰台区莲花池西里 7 号（100073）
网址：www.lawpress.com.cn　　　　　　　　　销售电话：010 - 83938349
投稿邮箱：info@lawpress.com.cn　　　　　　　客服电话：010 - 83938350
举报盗版邮箱：jbwq@lawpress.com.cn　　　　　咨询电话：010 - 63939796
版权所有·侵权必究

书　号：ISBN 978 - 7 - 5197 - 9219 - 0　　　　　　　定价：88.00 元

凡购买本社图书，如有印装错误，我社负责退换。电话：010 - 83938349

第四版序言

首先要感谢社会各界朋友的肯定、支持和厚爱，让《企业合同管理33讲》又一次再版。

2015年6月本书首版，距今已过八年寒暑，仍然有那么多读者继续购买本书，并时时收到不同形式的正向反馈，每念及此都心生感激。每每听到"合同33讲"，我都像被电击一般，习惯性地闻声抬头。或许，这本书像木楔一样早已嵌入了我的生活。

新冠疫情像一场大梦，醒来已是几度秋。

近年来，我国的立法工作从未停下推陈出新的脚步。《民法典》实施后，最高人民法院的配套司法解释接踵而至，其中包括：《最高人民法院关于适用〈中华人民共和国民法典〉时间效力的若干规定》《最高人民法院关于适用〈中华人民共和国民法典〉总则编若干问题的解释》《最高人民法院关于适用〈中华人民共和国民法典〉合同编通则若干问题的解释》等。随着这些司法解释的颁布实施，《企业合同管理33讲》的修订也不得不随势而动，与时俱进。

关于本书原《合同法》、原《物权法》等法律条文与《民法典》条文的衔接问题：本书中涉及《民法典》实施前的案例，继续保留原《合同法》、原《物权法》等法律相关条目、条文，遵照历史现状，而不修改成《民法典》对应的条目、条文，只有对不涉及时效性的内容，才援引《民法典》相关规定，包括条目、条文。

这样，既尊重历史——很多案件是《民法典》颁布实施前、依据当时实施的法律做出的裁判、评论，又与时俱进——以《民法典》及其司法解释的新规定对案件适用做出注释，避免误导读者以"老皇历"适用新问题。

本书的体系重新调整后分成两大部分：前七讲系企业合同合规管理的章节，后二十六讲系合同法实务章节。

最后但同等重要的是，感谢北京浩天律所同事以及社会各界朋友给我的鼓励和抬爱，感谢法律出版社周洁、林蕊编辑的辛勤付出。

写作专业书籍时刻怀揣敬畏之心，"战战兢兢，如临深渊，如履薄冰"。而法律书籍也会在"普法"与"深刻"之间难以抉择，期待本书在普法风格的基础上不乏深入的法学探讨。正如霍姆斯所说"法律的生命不在于逻辑而在于经验"，而人的经验是有限的，加之本人才疏学浅常惴惴焉，疏漏瑕疵之处恳请各位读者批评指正。真诚感谢并期待大家一如既往地鼓励和支持我。

是为序。

付希业

2023 年 12 月 18 日于北京财富金融中心

目 录 / CONTENTS

开篇　合同的足迹　　　　　　　　　　　　　　　／ 1

第一讲　合同风险防范　　　　　　　　　　　　　／ 3
　　一、iPad 商标合同的风险　　　　　　　　　　／ 3
　　二、风险全程防范　　　　　　　　　　　　　／ 7
　　三、合同履行监督　　　　　　　　　　　　　／ 9

第二讲　合同法律关系　　　　　　　　　　　　　／ 13
　　一、合同法律关系的认定　　　　　　　　　　／ 13
　　二、合同的相对性　　　　　　　　　　　　　／ 17
　　三、民事法律行为　　　　　　　　　　　　　／ 23

第三讲　法律事实　　　　　　　　　　　　　　　／ 25
　　一、事实与真相　　　　　　　　　　　　　　／ 25
　　二、辛普森杀妻案的法律事实　　　　　　　　／ 27
　　三、事实自认和推定　　　　　　　　　　　　／ 29

第四讲　合同权利、义务、责任　　　　　　　　　／ 31
　　一、民事权利　　　　　　　　　　　　　　　／ 31
　　二、权利与道德及义务　　　　　　　　　　　／ 32
　　三、民事责任　　　　　　　　　　　　　　　／ 34

· 1 ·

第五讲　合同审核　　　　　　　　　　　　／ 36
　　一、合同审核的依据　　　　　　　　　　／ 36
　　二、合同审核的目的　　　　　　　　　　／ 38
　　三、合同会签　　　　　　　　　　　　　／ 41
　　四、合同安排与交易目的的衔接　　　　　／ 42
　　五、"鉴于条款"的应用　　　　　　　　／ 44

第六讲　合同的订立　　　　　　　　　　　／ 46
　　一、签约主体　　　　　　　　　　　　　／ 46
　　二、要约和承诺　　　　　　　　　　　　／ 48
　　三、无效要约　　　　　　　　　　　　　／ 49
　　四、虚伪意思表示　　　　　　　　　　　／ 51
　　五、明示承诺效力　　　　　　　　　　　／ 52
　　六、补充协议　　　　　　　　　　　　　／ 54
　　七、预约合同　　　　　　　　　　　　　／ 56
　　八、招投标合同　　　　　　　　　　　　／ 58
　　九、格式条款与"霸王条款"　　　　　　／ 60
　　十、合同的订立方式　　　　　　　　　　／ 64

第七讲　缔约过失责任　　　　　　　　　　／ 67
　　一、制度设立初衷　　　　　　　　　　　／ 67
　　二、缔约过失责任的认定　　　　　　　　／ 68
　　三、缔约责任赔偿　　　　　　　　　　　／ 71
　　四、缔约过失责任的诉讼时效　　　　　　／ 73

第八讲　公章管理　　　　　　　　　　　　／ 75
　　一、公章原理　　　　　　　　　　　　　／ 75
　　二、公章的种类　　　　　　　　　　　　／ 76
　　三、公章的效力　　　　　　　　　　　　／ 78

四、签字盖章的方式　　　　　　　　　　　　　　/ 79
　　五、伪造、盗用公章的效力　　　　　　　　　　/ 82
　　六、公章的管理　　　　　　　　　　　　　　　/ 84
　　七、公章管理规定　　　　　　　　　　　　　　/ 86
　　八、合同的盖章交付　　　　　　　　　　　　　/ 87
　　九、合同篡改的防范　　　　　　　　　　　　　/ 89

第九讲　合同效力　　　　　　　　　　　　　　　/ 92
　　一、合同附条件或附期限生效　　　　　　　　　/ 97
　　二、无效合同　　　　　　　　　　　　　　　　/ 99
　　三、无权处分的合同　　　　　　　　　　　　　/ 108
　　四、合同不成立、无效或者被撤销的责任　　　　/ 110
　　五、情势变更的合同　　　　　　　　　　　　　/ 111

第十讲　表见代理　　　　　　　　　　　　　　　/ 114
　　一、冒名贷款的责任　　　　　　　　　　　　　/ 114
　　二、表见代理的认定　　　　　　　　　　　　　/ 116
　　三、法人代表的假象　　　　　　　　　　　　　/ 120

第十一讲　合同的撤销　　　　　　　　　　　　　/ 124
　　一、合同保全中的撤销权　　　　　　　　　　　/ 127
　　二、赠与合同中的撤销权　　　　　　　　　　　/ 130
　　三、合同撤销权的除斥期间　　　　　　　　　　/ 131

第十二讲　期限和时效　　　　　　　　　　　　　/ 137
　　一、期限或期日的计算　　　　　　　　　　　　/ 137
　　二、诉讼时效的起算　　　　　　　　　　　　　/ 139
　　三、分期付款的诉讼时效计算　　　　　　　　　/ 143
　　四、质保金的诉讼时效　　　　　　　　　　　　/ 145

第十三讲　合同履行抗辩权 /149
一、抗辩权的概念 /149
二、抗辩权的行使 /151
三、先开发票与先付款的对抗 /152
四、合同约定的履约条件能否作为抗辩点 /153

第十四讲　合同的担保和保全 /156
一、保证 /156
二、抵押与抵债 /160
三、抵押、质押的禁止 /162
四、留置 /167

第十五讲　代位权行使 /168
一、代位权的概念 /168
二、代位权的行使 /170
三、债务"恶意串通"的防范 /171
四、债权人与次债务人的调解 /174
五、债务人与次债务人之间的债权确定 /175
六、诉讼保全与代位权的实现 /177

第十六讲　合同的变更和转让 /179
一、合同权利的转让 /179
二、合同义务的转移 /185
三、合同权利义务的概括转移 /188

第十七讲　合同权利义务的终止 /191
一、合同的终止 /191
二、债务清偿 /191
三、合同解除 /193

四、抵销 　　/ 194
　　五、提存 　　/ 195
　　六、债务免除和混同 　　/ 196

第十八讲　合同解除 　　/ 197
　　一、合同解除条件 　　/ 197
　　二、合同解除期限 　　/ 199
　　三、合同解除程序 　　/ 201
　　四、解除通知送达 　　/ 203

第十九讲　违约责任 　　/ 206
　　一、违约行为的形态 　　/ 208
　　二、违约责任的承担方式 　　/ 211
　　三、定金罚则 　　/ 220
　　四、不可抗力 　　/ 223

第二十讲　违约责任的"另类"承担 　　/ 226
　　一、挟货要债 　　/ 226
　　二、抢货担责 　　/ 228

第二十一讲　合同诈骗 　　/ 231
　　一、合同诈骗的概念 　　/ 231
　　二、合同诈骗犯罪行为与合同效力 　　/ 236
　　三、合同诈骗之防卫 　　/ 237

第二十二讲　合同的解释 　　/ 241
　　一、合同解释的概念 　　/ 241
　　二、合同解释的原则 　　/ 243

三、合同用语的规范　　　　　　　　　　　　　　／247

第二十三讲　合同纠纷管辖　　　　　　　　　　／250
　　一、诉讼或仲裁　　　　　　　　　　　　　　／250
　　二、合同约定管辖　　　　　　　　　　　　　／252
　　三、涉外仲裁选择　　　　　　　　　　　　　／258

第二十四讲　买卖合同　　　　　　　　　　　　／263
　　一、基础常识　　　　　　　　　　　　　　　／263
　　二、二重买卖合同的法律救济　　　　　　　　／274
　　三、标的物的风险负担　　　　　　　　　　　／278
　　四、合同价款　　　　　　　　　　　　　　　／278
　　五、质保金　　　　　　　　　　　　　　　　／282
　　六、特种买卖合同　　　　　　　　　　　　　／283

第二十五讲　承揽合同　　　　　　　　　　　　／285
　　一、承揽合同的认定　　　　　　　　　　　　／285
　　二、定作人的解除权　　　　　　　　　　　　／286
　　三、承揽合同的注意事项　　　　　　　　　　／288

第二十六讲　赠与合同　　　　　　　　　　　　／289
　　一、赠与合同的概念　　　　　　　　　　　　／289
　　二、赠与的撤销　　　　　　　　　　　　　　／289

第二十七讲　借款合同　　　　　　　　　　　　／292
　　一、民间借贷　　　　　　　　　　　　　　　／292
　　二、企业拆借效力　　　　　　　　　　　　　／298
　　三、私贷公用的责任认定　　　　　　　　　　／302
　　四、关联公司的借款　　　　　　　　　　　　／304

第二十八讲　委托合同 / 305
　　一、基础知识 / 305
　　二、委托代理 / 305
　　三、委托人的解除权 / 309

第二十九讲　行纪合同与中介合同 / 313

第三十讲　租赁合同 / 317
　　一、基础知识 / 317
　　二、租赁合同的诉讼时效 / 324

第三十一讲　建设工程合同 / 325
　　一、阴阳合同的效力 / 327
　　二、工程验收与工程款 / 330
　　三、工程款优先受偿权 / 332
　　四、工程结算 / 335
　　五、垫资施工 / 338

第三十二讲　运输合同 / 339
　　一、客运合同的缔结 / 339
　　二、承运人的留置权 / 340
　　三、承运人的提存权 / 341
　　四、承运人赔偿责任限额 / 342

第三十三讲　保管合同与仓储合同 / 344
　　一、保管合同 / 344
　　二、仓储合同 / 347

参考书目 / 350

开篇　合同的足迹

合同，就在我们身边，但很多人并没有意识到它的存在。

如同我们呼吸的空气，亘古千年，我们一直在享用，却很少去关注，直到现代社会霾的出现，我们才开始懂得什么叫PM2.5污染指数。对于合同，绝大多数人是在吃了大亏之后才开始重视的。那种感觉，可套用一句台词来形容：曾经有一份本可以完美的合同摆在我面前，但是我没有珍惜。等到了官司败诉的时候才后悔莫及，尘世间最痛苦的事莫过于此。如果老天可以再给我一个重来的机会，我一定要好好对待它……

合同，只要不违反法律的禁止性规定，由双方当事人自愿达成，几乎可以无所不包，所以说其足迹遍布全球也不为过。

时光荏苒，瞬息万变，唯一不变的是，合同在不断地缔结和终结，生生不息。其不仅以"看得见摸得着"的书面形式呈现在我们面前，还悄无声息地隐藏于我们的生活之中，其数量之多、类别之广无法估量。

在我们的社会中，自然人、组织、公司等之间的法律关系，不是凭空产生的，而是在法律规定和当事人合意的基础上创设的。比如，夫妻关系、父子关系是由《民法典》合同编调整的；再如，伤害赔偿是由《民法典》侵权责任编确立的。但多数的法律关系是由合同的缔结而产生的。

《民法典》合同编上的合同是指债权合同，主要是规范商品或物品的转手、互易、利益交换等，不包含身份上的合同，如婚契、离婚协议、收养合同等分别由《民法典》婚姻家庭编等具体规范来调整。

但是，从合同原理上讲，身份上的合同也是合同，特别是这些合同中涉及的遗产协议、遗赠扶养协议、夫妻财产协议等，与《民法典》合同编的有关规定并无二致。

比如，国有土地使用权转让合同，有人说这是自然资源主管部门作为转让方的协议，应该视同行政合同对待。但是，从《民法典》合同编的规定来看，这种合同仍然属于《民法典》合同编调整的范畴，只不过在土地的审批和转让程序上由行政法规来调整罢了。

再如，知识产权领域的著作权许可使用合同、专利实施许可合同、商标使用权许可合同以及权利的转让合同等，也是《民法典》合同编调整的范畴，只不过要同时适用知识产权法的有关规定而已。

在社会经济飞速发展的今天，互联网经济异军突起，更多无名的新合同应运而生，如酒店经营合同、期货合同、基金发行合同、电商（线上线下销售、物流参与）联营合同等。

法律是一门学科，但也别把法律想得过于神秘。虽然它的历史可以与人类社会的历史相提并论，相对于当今热门的经济学、管理学也算得上祖师爷辈的学科，但只要是学科就有理论和方法论，就可以像庖丁解牛那样，"以无厚入有间，恢恢乎其于游刃必有余地"。

法律上的合同也是这样，源于生活，高于生活。它在我们身边，与我们的生活和工作休戚相关，牵动了成千上万的企业和个人的喜怒哀乐。如为我们善用，就能带给我们意外的惊喜。

笔者关于本书的特别提醒：本书援引近百起最高人民法院的经典案例，无论是全面还是局部，都只是为了帮助读者更好地理解有关知识点，并非对实务中类似案件的最终结果做出承诺和保证。即便读者发现这些案例与自己面临的法律问题雷同，笔者仍建议向专业律师寻求帮助，请勿生搬硬套，对号入座，贻误案情。

第一讲
合同风险防范

合同风险防范，一个很美的蓝图。

合同风险防范的最高境界，应该像电影《非诚勿扰》的那句旁白：我梦想有一天，有一样东西可以解决所有的分歧，大地鲜花盛开，孩子们重展笑颜。

超现实的东西无论描绘得如何美好，但总远离现实。合同风险防范就是这种超现实的东西。合同风险真的是可以防范的吗？有个词叫有备无患，而事实并非如此。

众所周知，目前在我们国家，很多合同的风险并非来自法律，也非源于战争、地震等不可抗力因素，而是来自人的诚信危机。大家都已明白，当假公章、假合同、假抵押、假债务超越底线被炮制且大行其道时，风险早已悄悄来袭。

古语说，明枪易躲，暗箭难防。当下的我们，除了要防范商业风险之外，更需用心提防诚信背后的暗礁。

一、iPad 商标合同的风险

下面我们就拿苹果公司与深圳唯冠公司的商标之争来看看合同的风险。

如果擂台上的不是乔布斯"帮主"的苹果公司，估计老百姓也没闲心去围观这场纠纷，更不用说会有多少人知道那个即将破产的深圳唯冠公司是何许人。

先追随时光回到2001年，我国台湾地区唯冠公司在全球多个国家注册了"iPad"商标，其中，深圳唯冠公司（我国台湾地区唯冠公司持有股权）在我国大陆注册了"iPad"商标。而此刻的苹果公司，正在忙活着销售iPod音乐播放器。

2005年，当苹果公司想使用"iPad"作为平板电脑的商标时才发现这个商标已经被我国台湾地区唯冠公司注册。为此，苹果公司在英国向商标局申请撤销我国台湾地区唯冠公司注册的"iPad"商标，为平板电脑在英国的销售铺平道路，但最终以失败而告终。

2009年底，苹果公司不得不通过英国IP公司（影子公司）与我国台湾地区唯冠公司达成全球各国的共10个商标转让合同，转让价格3.5万英镑，最后又以10万英镑的价格从英国IP公司将"iPad"的商标买回。

2010年1月，苹果公司正式发布iPad平板电脑。

但戏剧性的一幕出现了，当iPad平板电脑踌躇满志地"登陆"大陆市场时，苹果公司才猛然醒悟，或者早已预见，大陆"iPad"商标早已经由深圳唯冠公司注册。当初与我国台湾地区唯冠公司签署的3.5万英镑的商标转让合同中，虽然约定了包含深圳唯冠公司的"iPad"商标，但并未征得深圳唯冠公司的同意。

或者说，深圳唯冠公司虽然与我国台湾地区唯冠公司同出一门，但却是不同法律体系下的独立法人，有着各自的利益取向和决策权利，深圳唯冠公司并不跟从或服从带头大哥我国台湾地区唯冠公司的商标转让决定，我国台湾地区唯冠公司也不能越俎代庖，替深圳唯冠公司做主商标的转让。

深圳唯冠公司坚决抵制苹果公司的iPad平板电脑进入我国市场，苹果公司与深圳唯冠公司就商标转让进行过多次谈判，但都未谈拢。

不久后，苹果公司向深圳市中级人民法院起诉，要求深圳唯冠公司执行商标转让。

2011年11月，深圳市中级人民法院一审宣判，驳回了苹果公司的起诉。

2012年1月，苹果公司不服，向广东省高级人民法院提出上诉，并提出该案应适用我国香港地区法律。

苹果公司与深圳唯冠公司之间燃起的战争硝烟，不仅弥漫在公堂之上，其销售也步步受阻。

2012年2月，石家庄和徐州两地工商局查扣iPad平板电脑，亚马逊卓越、苏宁易购等电子商务网站下架了iPad产品。

此时，苹果公司深陷困境，有些英雄气短，被深圳唯冠公司钳制住了脖子，如鲠在喉。

当一座金矿即将开门纳客时，才发现钥匙开不了锁，这不仅仅是尴尬那么简单的事。

一边是破产企业深圳唯冠公司债权人的围剿，一边是"果粉们"整夜排队持币待购，要么和解，要么更名，苹果公司不得不做出艰难选择。

其实，美国加利福尼亚州（苹果公司总部）的朋友们也不会不知道这个道理，想冲破重围，让深圳唯冠公司的债权人"放下屠刀"，其实也不难，别把钱包捂得太紧，让深圳唯冠公司轻轻"咬"一口，"大苹果"还在自己的手里，予人玫瑰叶，手留玫瑰香，以退为进，不失良策。

2012年7月2日，广东省高级人民法院对外公布称，苹果公司与深圳唯冠公司就"iPad"商标案达成和解，苹果公司向深圳唯冠公司支付6000万美元收回所有相关商标。和气生财，iPad平板电脑于7月20日在我国大陆成功上市。

故事讲完了，现在来分析这个事件中的合同风险。

首先需要强调的是，所有的合同都是有风险的。

合同不是一个人的事，而是两个人或多个人的事。只要是多个人的事就会有变数，就不是一个人的意志所能左右的，一方与另一方意见不合，一方对另一方就是风险。这如同当代人的婚姻，两个人再美好的婚姻，也顶不住一方的见异思迁，一方想矢志不渝，"厮守"婚约，但另一方就是"王八吃秤砣铁了心"想毁约，谁又能阻挡这滚滚红尘？

在上述案例中，一个曾叱咤风云的唯冠公司（顶尖显示器制造商之一）拥有近十年的商标，却以3.5万英镑较低价格转让，可见唯冠公司当时的衰落之势。

我国台湾地区唯冠公司及法定代表人杨荣山授权工作人员将全球各国的"iPad"商标转让给IP公司，其本意应该是包含深圳唯冠公司的"iPad"商标的。"iPad"商标对"寿终正寝"的深圳唯冠公司已经没有任何意义。

或者说，如果不是深圳唯冠公司的债权人"掌控"了公司，苹果公司要回"遗漏"的深圳"iPad"商标，估计在深圳唯冠公司这里也不会有太多的阻力。

但正因为深圳唯冠公司的债权人参与了商标转让一事，该问题就由深圳唯冠公司与IP公司两方的事变成了三方的事，就生出了变数，这就是苹果公司的合同风险。

"久旱逢甘露"，"天上掉馅饼"，债权人是不会任由深圳唯冠公司轻易交出"iPad"商标的，因为苹果公司想得到的"iPad"商标将会带给他们千载难逢的新未来。

由此可见，合同风险无处不在，风险的发生会有各种诱因，这种诱因不单纯是在合同文本中存在漏洞，尽管多数人的眼光紧盯在合同文本上。

书店里很多写合同签订的书籍，如《完美的合同》等成为法律畅销书；合同管理内容的培训课也人满为患。由此可见，一份"无懈可击"的合同在人们心中有多大的分量，似乎签好一份合同就可万事大吉、高枕无忧了，其实不然。

行事几近苛刻的苹果公司在"阴沟翻船"，让深圳唯冠公司轻易上位，事情看上去很简单，但的确是这样吗？

苹果公司每年上亿元的法律服务费预算，可以请得起美国最大牌的律师团去做法律尽职调查、出具法律风险分析意见，并协助签订"iPad"商标转让合同。

那么问题来了，苹果公司为什么会与我国台湾地区唯冠公司签订这样的商标转让合同呢？

是苹果公司姿态傲慢，疏忽大意，让唯冠公司捡了个大便宜，还是与我国台湾地区唯冠公司已约定，IP公司与深圳唯冠公司另行签订涉案商标转让合同，但后来发现深圳唯冠公司已被债权人接管，无法签订转让合同？

是深圳唯冠公司发现IP公司的背后老板是苹果公司后待价而沽，还是我国台湾地区唯冠公司故意设计的圈套，让苹果公司的律师团"大意失荆州"？

是苹果公司图谋白捞，趁深圳唯冠公司破产没落之际无暇顾及那个僵死的"iPad"商标之时，想顺手牵羊，却错误估计形势，还是"技术控"的苹果公司骨干们，小觑了我国商标保护现状？

所有上述的事实和可能，苹果公司都秘而不宣。但这其中必然少不了不可控制的、不能预测的多种诱因，而非是一份缜密的商标转让合同书所能全部搞定的。

二、风险全程防范

签订一份好合同，仅是双方履约的一份书面凭证，是合同"万里长征路"的第一步，至多算是"万里长征路"上的指路牌，绝不是合同的全部。

在这份凭证签订之前，需要双方的相互了解以及友好磋商；在这份凭证签订之后，需要双方相互配合完成凭证中的内容，这凭证签订前后的工作比凭证本身更加重要。

所以，要想完全履行好合同，各个环节就要公司的众多部门或员工去用心设计和关注，而不是仅考虑如何设计一份好的合同书。

说回IP公司（苹果的影子公司）与我国台湾地区唯冠公司的"iPad"商标转让合同签订。苹果公司隐身，在幕后让人成立IP公司，再与我国台湾地区唯冠公司进行磋商，低价收买"iPad"商标，可见苹果公司已有预谋。

可以想象，该合同主要的条款可能不会太复杂，标的额也不高，转让标的物也很简单，就是在10个国家的"iPad"商标。原本是一份很简单的合同，相信也会是一份无懈可击的好合同，但仍并未能避免一场激烈纷争。

《孙子兵法》上说，"善战者，求之于势，不责于人，故能择人而任势"。

如果在苹果公司的iPad平板电脑上市销售之前，其产品设计部门、法律部门、市场部门对此已有更多的论证及解决方案，并及早扫清障碍，而并非寄希望于某种未知的可能，为其取得合法户口，想必就不会骑虎难下，受人要挟。

如果苹果公司能未雨绸缪，选派合适人选提前收买商标，想必也无须支付高昂代价。错失时机，其后果只会是任人宰割。

说实话，6000万美元和解的代价，对苹果公司来说，不过是"毛毛雨"，但这"毛毛雨"中肯定浸透了苹果公司的酸甜苦辣。

我们的生活中，每天都会有不计其数的合同在缔结，也会有不计其数的合同出现纷争，但无论怎样，只要有纷争，不管是什么原因，对守约方来说就是风险。

很多人研究合同的目的就是做到有备无患，但这可能吗？双方签订一个货物买卖合同，供货期内遇到原材料价格上涨，卖方要求加价，买方不同意，但卖方就是不供货，买方的风险怎么防范？合同签订时，双方是有约定的，供货期内遇到原材料价格波动的，货物价格不变，但卖方就是不遵守，有备能无患吗？

既然如此，那我们为什么还要去研究合同风险的防范呢？

我们静心研究合同正是因为相对于合同利益带给人们的希冀，合同风险微不足道。通过学习一些合同知识，尽最大可能地避免纷争，在纷争中少吃亏或不吃亏，这正是我们可以做的。

那么，该如何辩证地看待合同风险呢？

合同风险虽不能杜绝，但可以约束。上帝为你关上一扇门的时候必然为你开启一扇窗，在合同出现风险守约方孤立无援时，法律就是你可以抓住的最后稻草。

法律是国家制定的规则，合同法是规范合同行为的规则。这些规则本身不能阻止违反合同的行为，也不能帮助守约方杜绝合同风险，却能给违约方以震慑，督促其履行合同，减少守约方的合同风险；可以给守约方以救济，使守约方损失降至最低。只有掌握这些规则，我们才不会被规则所束缚，做到驾轻就熟、游刃有余。

三、合同履行监督

在市场经济的大潮中，很多企业已经意识到合同管理的重要性，并为此设置了专人甚至成立了合同管理办公室管理合同，但效果总不尽如人意。被起诉的案件一件没少，起诉别人的案件一件没有。到底问题出在哪里，总是"丈二和尚摸不着头脑"。

孩子学习成绩不好，有些家长就会火冒三丈，不问青红皂白，劈头盖脸就是批评甚至谩骂，并威胁下次考试还不好就怎么样，不从根上研究孩子的问题出在哪儿，到头来，孩子的成绩还是没有提升。

合同的问题也是这个道理。公司领导给合同管理人员下指标，必须如何如何，根本不去研究合同管理的流程问题，不去因地制宜制定相应的防范措施，到头来，一切如故，合同的问题没有得到根本性的解决。

道理不多讲，我们来看案例。

2005年7月10日，甲公司经过努力，过五关斩六将，成功中标承揽上海市某超五星级酒店的空调供货、安装，合同价款1.5亿元。

合同中标当晚，销售部的全体员工在上海举行了隆重的庆功酒会，不用说，这一份"沉甸甸"的订单将给公司带来不俗的销售业绩。

鉴于该酒店系上海市某国际会议的配套酒店，工期短暂，发包方对延期赔偿责任要求苛刻，延期供货以及交工的违约金为总合同额的日千分之三。

《空调供应安装合同》签订后，销售部将该订单的数量、型号、交货期的信息下达给公司生产部，然后"转战"北京开拓其他项目，毕竟销售部的第一要务是抢到更多订单。

鉴于夏季空调订单多且急，公司生产部想尽快完成多份小额订单后，集中精力生产酒店的订单，但生产部并不清楚，这份大订单背后苛刻的违约责任。

当酒店订单完成时，已超过合同规定的送货期限13天。接下来，公司工程部的现场施工又因为很多配件供货不及时、调试不成功等原因，工程最后延期交工36天，并由此造成酒店的下一步装修工期的压缩。

最终，酒店从工程款中扣除了1620万元违约金。就这样，甲公司为此工程"乐捐"了1620万元。

很多企业对这样的场景并不陌生，有些企业可能也亲身经历过。那么问题出在哪儿呢？

明眼人一看就会明白，公司部门之间在履行合同时缺乏衔接和监督，最终造成损失。大路朝天，各"管"一边。销售部只管订立合同，生产部和工程部只管履行合同，合同没有统领和协作，是症结所在。

该案中，销售部没有将订单对工期的特殊要求第一时间准确传达给生产部和工程部，在订单信息传达给下一工序后就撒手不管，导致合同被割裂执行，是造成损失的主要原因。

试想一下，如果销售部能将合同的特殊规定或重大事项向生产部和工程部特别强调，或者始终督促其他两个部门的工作，1620万元的损失还会那么容易产生吗？

毋庸置疑，一个企业确实需要披荆斩棘、如饥似渴地抢订单，因为订单是企业的救命稻草，没有订单，就没有效益。但我们同时也应该认识到，订单不是合同的全部，合同履行落实和监督才是确保效益实现的根本举措。

再举一个现实案例。

甲公司财务部门在半年例行审计中发现，向乙建筑公司超付了126万元的装修工程款，原因是甲公司的工程部重复申报支付工程进度款，竣工结算时财务部门没有从应付款中予以扣除。

在这个案例中，甲公司工程部未经核实重复申报付款，对超付工程款的发生有一定责任，但主要的责任还在财务部门。如果财务部门能够及时发现工程部是重复申报，及时叫停付款，就不会发生超付工程款的事情。

究其原因，主要是甲公司财务部门的职责没有尽到，财务部成了出纳部，只要公司业务部门申报，有了领导签字，财务就"照单付账"，未对付款依据进行审核和监督。

甲公司拖欠乙公司货款多年，乙公司打算提起诉讼，却发现已过诉讼时效。财务部将责任推到销售部身上，理由是财务部太忙，没有精力整天去盯着销售部的合同履行。销售部却认为，要钱的事应该由财务部负责，因为财务部最熟悉客户的付款情况，销售部每年都有创收指标，没有时间去关注那些陈年老账。

在上述案例中，造成呆坏账的原因主要是销售部与财务部的工作缺乏衔接和提醒。

该如何防范以上种种类似风险呢？

由此笔者建议，完善部门间协作流程，以非常规方式验证流程漏洞，确保业务衔接无盲点，充分利用网络系统管理软件的优势，通过互联互通的信息网络系统大数据的相互验证，对合同履行关键节点予以监督，防止"该收的没收，不该付的超付"的现象发生。

具体而言，应做好如下工作。

强化对合同履行情况及效果的检查、分析和验收，全面履行本企业的合同义务，督促对方积极履行合同，确保合同能够得到双方全面有效地履行。对相对方的合同履行情况实施有效监控，一旦发现对方有违约可能或者实际的违约行为，应当及时作出提醒，并立即采取相应措施，将合同损失降到最低。

特殊情况下，应根据需要及时补充、变更或者解除合同。对于合同没有约定或约定不明的内容，通过双方协商一致的方式对原有合同进行补充，无法达成补充协议的，按照有关规定或交易习惯处理。对于存在显失公平、条款有误或者欺诈行为的合同,以及因政策调整、市场变化等情势变更的客观原因,已经或者可能导致企业利益受损的合同,按照有关规定及时向公司负责人报告,并进行积极协商,及时变更或解除合同。如对方当事人提出终止、转让、解除合同造成企业经济损失,应及时向对方提出索赔或提起诉讼。

第二讲
合同法律关系

为什么要搞懂法律关系？因为法律关系决定民事主体的行为能力、权利范围、义务及责任，是界定权利和义务的前提，是判断民事行为是否合法的关键，所以必须要搞清楚。这也是法院判决书在判决前首先要对双方法律关系作出认定的原因。

比如，在超市购物时，消费者付款以后可以将商品带回家，因为消费者与超市方之间建立了买卖合同关系。但如果消费者不付款就拿走商品，就可能涉嫌偷盗或侵占。因为此种情形下消费者取得商品没有法律依据。

一、合同法律关系的认定

合同的法律关系，又称合同的性质，就是平等民事主体之间设立、变更或终止某种民事权利义务的关系。

合同的法律关系，要以合同当事人的真实意思表示、交易习惯以及诚实信用原则来判断，而不以合同的名称作为认定标准。

2004年3月20日，甲投资公司与乙建设公司签订《商品房买卖合同》，约定：乙公司负责拆迁、建设、办理相关手续，为购房人办理房产证和土地证；甲公司负责整体包销，并按每平方米2000元的价格向乙公司支付款项；乙公司要按照甲公司的规划设计建设房屋，并使用甲公司书面认可的建设材料。双方签订合同后，甲公司如约支付了进度款项。

2005年3月12日，房屋建设基本完工，但楼外设施未竣工，双方发生争议，甲公司已将房屋销售给120户职工并已入住。乙公司未按约办理房产证，甲公司将乙公司诉至法院。

在这个合同中，甲公司、乙公司的法律关系是房屋买卖合同关系还是合作开发合同关系？为什么首先要搞清楚甲公司、乙公司的法律关系呢？

如果是房屋买卖合同关系，乙公司未取得房屋预售许可证，合同应被认定无效；如果是合作开发合同关系，乙公司是为甲公司建设房屋，无须再办理房屋预售许可证，合同应该认定有效，乙公司应该为甲公司办理房屋产权证。

法院认为，从上述合同约定来看，甲公司整体包销、指示乙公司以其规划设计进行建设、对建设材料进行监管、按进度支付款项，应该认定所签合同为合作开发合同。

乙公司之所以主张双方所签合同为房屋买卖合同，目的是以双方未办理商品房预售许可证为由，认定合同无效从而达到毁约的目的。这一主张既不符合诚实信用原则，也不符合双方的真实意思。

在上述案例中，双方合同约定的法律关系确实不够明确，也确实具有商品房买卖合同的某些特征。试想一下，如果在合同中对项目的操作模式、合作方的法律关系作出明确约定，并使用准确的合同名称，估计就不会对合同法律关系的理解产生歧义。

下面我们再举一个农民工触电摔伤的案例，来看看梳理法律关系的重要性。

甲公司投资并委托乙集装箱公司经营一家码头。作为码头的实际投资人，甲公司指示乙公司将码头内控制车辆运行的交通标志灯安装工程发包给丙工程公司安装。丙工程公司又找到临时包工头张某负责安装交通灯。包工头又将安装工作交由同村村民赵某施工。在交通灯安装过程中，赵某不小心触电摔成三级伤残。问：甲公司、乙公司、丙公司、张某各方谁应该赔偿赵某？

要回答上述问题，就要厘清各方的合同关系，否则，就找不对责任人。

上述案例中，至少应有五个法律关系：一是甲公司与乙公司的委托经营合同关系；二是乙公司与丙公司的工程安装合同关系；三是丙公司与张某的转包合同关系；四是张某与赵某的雇佣合同关系；五是人身伤害赔偿关系。

甲公司、乙公司、丙公司与张某之间都是安装工程劳务合同关系，不属于劳动合同关系。张某与赵某之间存在的是临时雇佣关系，受雇佣人在雇佣期间受到伤害的，应该由雇佣人赔偿，要让甲公司、乙公司、丙公司承担责任缺乏合同依据。

在建筑承包合同中，如果分包人拖欠农民工工资，可以追加所有发包人在应支付的工程款范围内承担责任。但该案例中赵某追偿的并非拖欠的工钱，而是人身伤害赔偿款，所以不能依据最高人民法院的司法解释追究其他各方责任。可见，厘清了法律关系，责任也就明确了。

再举一个生活中常见的例子，有一份借条是这样写的：我向张宇借款20万元，用于大棚蔬菜种植生意，借款期限为3个月，借款期限届满返还本金，并同意额外分给张宇6万元。

那么问题来了：额外的6万元受不受法律保护？

回答这个问题，就要先看看这6万元的性质或者法律关系是什么。如果是借款利息，按照最高人民法院《关于审理民间借贷案件适用法律若干问题的规定》的规定，民间借贷最高利息是年利率36%（此前规定是银行同期贷款利息的4倍），显然，6万元远远超过法律限定，超过部分不受法律保护。如果是单方赠与款项，则赠与者自愿为之不为法律之禁止，应属于有效行为。

通过这个例子，可以看出，"稀里糊涂"地写借条，就有可能因为用语错误导致利益受到严重损害。

再举一个常见案例：甲、乙两公司系多年的业务合作伙伴，乙公司向甲公司借款120万元，甲公司随即到银行为乙公司汇款，但乙公司未出具借条。过了3个月，甲公司持银行汇款凭证起诉乙公司要求其偿还借款，乙公司称不存在向甲公司借款的事实，120万元系甲公司偿还其欠款。

法院以甲公司不能证明和乙公司之间存在借款合同关系为由，驳回其诉讼请求。

为什么会出现这个结果呢？因为同样的银行汇款行为出现在不同的情形中，会涉及不同的法律关系。

情形一：可能是甲公司借钱给乙公司，汇款是借款的出借行为；

情形二：可能是甲公司曾向乙公司借款，汇款是履行还款的行为；

情形三：可能是甲公司赠与乙公司120万元，汇款是给予的行为；

情形四：可能是甲公司代丙公司偿还乙公司借款120万元，汇款是代为还款的行为，等等。

这些不同情形下的汇款法律责任是不同的，法律后果也不同，有些不用偿还，如上述第二、三、四种情形，而有些需要偿还，如上述第一种情形。

甲公司不能举证证明其与乙公司到底是哪种情形，法院也就不能支持其诉讼请求。

由此可见，我们每个人在做某件事（行为）的时候应该考虑该行为的法律关系和后果。就上面的案例而言，如果甲公司让乙公司出具借条，证明双方的借款法律关系，就不会有"哑巴吃黄连有苦说不出"的无奈了。

每年法院都会受理大批与上述案例类似的案件，如此说来，让更多人掌握法律基本知识尚需时日。

2015年8月最高人民法院发布《关于审理民间借贷案件适用法律若干问题的规定》（已被修改）之后，上述案例的结果有所变化。按照2020年第二次修正后的最高人民法院《关于审理民间借贷案件适用法律若干问题的规定》第2条的规定，依据银行转账凭证提起民间借贷诉讼，被告就需要证明该转账系偿还双方之前借款或其他债务，如果证明不了，被告就要偿还欠款。

为什么会做出这种规定呢？主要是因为："人情"社会中的亲朋好友之间的借贷，出借人往往抹不开面子，在出借后不好意思要求对方出具借条。这样一来，在纠纷发生后会因缺乏证据证明借贷关系而被对方轻易逃脱责任，最终让出借人的好心得不到应有的善报，与法律的公平正义相悖。

讲到合同法律关系，总要讲讲有别于其他法律关系的合同相对性。

二、合同的相对性

1. 典型合同相对性

合同相对性，最好的理解就是现实生活中争议发生时常说的一句话："谁答应你的，你跟谁谈的，你找谁去。"《民法典》合同编第 465 条第 2 款规定，依法成立的合同，仅对当事人具有法律约束力。对合同的相对性予以强调。

也就是说，合同内容主要在特定的合同当事人之间发生，只有合同的当事人可以依据合同向另一方提出请求或提起诉讼，不能向其他没有合同关系的第三人（局外人）提出合同上的请求，更不能擅自为局外人设定合同上的义务。即便双方为局外人设定了合同的义务，对局外人也没有法律约束力。

举例来说，张某想卖掉自己的 iPhone 6 plus 手机，与赵某签订一份合同，约定 2014 年 6 月 10 日一手交钱一手交货。但在 6 月 3 日晚上，张某的手机遗失并被王某捡到。6 月 8 日，赵某在王某处发现了张某的手机。

根据上述理论，如张某在 6 月 10 日不能交付手机，就要向赵某承担违约责任。对赵某来说，他有权依据合同约定请求张某交付手机并承担违约责任，但无权要求王某交付手机。只有手机主人张某有权向王某提出请求，要求王某返还原物。

再假设张某和赵某的合同约定，由刘某负责交付手机。如果刘某执意不向赵某交付手机，赵某也无权要求刘某交付，除非刘某同意交付。赵某只能依据合同请求张某交付手机并承担违约责任。

"谁答应你的，你跟谁谈的，你找谁去"，非常形象地揭示了合同相对性的规则。

一是合同主体的相对性——"你跟谁谈的，你找谁去"。你没和我谈，所以你找不到我。

二是合同内容的相对性——"谁答应你的,你找谁去"。我没答应你(那些事),所以你别找我。

三是合同责任的相对性——"谁答应你的,你跟谁谈的,你找谁去"。我没跟你谈,也没答应你任何事,我跟你没有任何关系,我对你没有任何责任。

例如,大连渤海建筑工程总公司(以下简称渤海公司)与大连金世纪房屋开发公司(以下简称金世纪公司)、大连宝玉房地产公司、大连宝玉集团公司(以下简称宝玉集团)建设工程施工合同纠纷案。

2001年3月5日,渤海公司与宝玉集团签订了《建设工程施工合同》,约定由渤海公司承建大连新世纪住宅小区。大连新世纪住宅小区,系2000年10月8日由宝玉集团与金世纪公司签订《联合建房协议书》确立的开发项目。

后渤海公司因宝玉集团拖欠工程款起诉至法院,要求支付工程款,并要求项目联建单位金世纪公司为宝玉集团承担连带责任。

法院最终判决宝玉集团支付工程款,但项目联建单位金世纪公司不承担连带责任。

理由是,本案的法律关系是施工合同纠纷,而不是合作开发房地产合同纠纷。金世纪公司虽与宝玉集团存在合同关系,但该合同是合作开发房地产的合同,与案涉施工合同无关。施工合同的当事人是宝玉集团和渤海公司,前者是发包方,后者是承包方。施工合同仅对合同当事人产生约束力,对施工合同的局外人金世纪公司不产生约束力。

2. 由第三人代为履行的合同

在我们的现实生活中,会出现这样的情况:甲、乙公司作为双方当事人签订合同,约定由丙公司代甲公司来履行合同义务,如果丙公司没有履行合同,甲公司就要向乙公司承担违约责任。法律上管这种情况叫"第三人代为履行",这种制度是《民法典》第523条确定的。

那么,第三人代为履行的情况是不是就突破合同的相对性了呢?

当然不是。即便丙公司代替甲公司向乙公司履行合同义务，其也并不是合同的当事人，代甲公司履行合同义务是甲公司、丙公司协商确定的结果，而非甲公司、乙公司逼着丙公司履行的结果。正如前面所讲，甲公司、乙公司是不能为丙公司设定合同义务的。

出现上述第三人代为履行合同的情况，常常是基于甲公司、丙公司是关联公司或存在业务合作关系，事前进行过磋商并达成一致，甲公司才会与乙公司签订合同约定由丙公司代为履行合同义务。如若不然，即便为丙公司设定了义务也没有效力，甲公司还需要向乙公司承担违约责任。

另外，《民法典》第524条规定了一种特定的第三人代为履行的情形，本质上是赋予了第三人一种权利。比如，张三按揭贷款购房，多年以后转手将房屋卖给李四，后张三因资金短缺无力偿还银行贷款。银行要起诉张三还款并要拍卖该房屋。此时，李四有权向银行代为履行还款义务，银行收取李四的还款后，可将对张三的债权转让给李四，李四可向张三追讨。

3. 向第三人履行的合同

还有一种情况是：甲公司、乙公司作为双方当事人签订合同，约定由甲公司向丙公司履行合同义务。如果甲公司没向丙公司履行合同，甲公司就要向乙公司承担违约责任。法律上管这种情况叫"向第三人履行的合同"，这种制度是《民法典》第522条确定的。

当然，甲公司与乙公司也可以在合同中约定，如果甲公司未向丙公司履行合同，丙公司可以直接要求甲公司承担违约责任，无须由乙公司再去找甲公司讨说法。

那么，向第三人履行的合同是不是就突破合同的相对性了呢？

答案仍然是否定的。合同责任的承担主体仍然是双方当事人——甲公司、乙公司，丙公司仅是合同利益的享受者，而非合同当事人。

此类合同在保险、信托等行业非常普遍。当然在我们的平常生活中也非常普遍，如网络购物中下订单送货给他人、男友订制鲜花要求花店人员送至女友处等，都是这类合同。

4. 合同相对性的突破

合同相对性原则并非没有例外。现实生活中存在数以亿计的合同，这些合同之间必然会发生交织，有交织就会有关联，有关联就会有冲突，为此，法律就要制定规则予以调整。这也是合同相对性突破的渊源。

比如，在租赁合同中，有个原则叫"买卖不破租赁"，在租赁期限内，即使租赁物出售了，买受人也要遵守原有租赁合同的约定。

也就是说，买受人虽然仅是买卖合同的当事人，不是租赁合同的当事人，但为了保护处于社会弱势地位的承租方，法律规定买受人要遵守租赁合同约定的出租方的义务。

在现实中，有些人为了阻止房屋因纠纷而被拍卖，会与自己关系密切的亲朋好友恶意补签长期租赁合同，变相达到房屋不被移交的目的。这种行为一旦被执行法院识破或查证属实，估计有妨碍司法之嫌，轻则租赁被认定无效，重则当事人被科以刑罚。

所以，在当前诚信体系监督力度逐步增强的情况下，这种"心眼"还是少动为好。

在建设施工合同中，为了保证工程质量或保护实际施工人（特别是农民工群体）的利益，最高人民法院《关于审理建设工程施工合同纠纷案件适用法律问题的解释（一）》突破合同相对性原则，规定：如果出现工程质量问题，发包人可以突破与总承包人签订的《工程施工合同》的约定，将总承包人、分包人和实际施工人列为共同被告提起诉讼追究责任。如果分包人拖欠实际施工人工程款，实际施工人可以突破与分包人签订的《分包施工合同》的约定，将分包人、转包人、发包人作为被告提起诉讼，追讨欠款。

在代位权诉讼中，为了保证债权人利益，债权人可以突破与原债务人之间的合同关系，以自己的名义直接起诉债务人的债务人（次债务人）要求履行到期债权。详细内容见"代位权行使"一讲。

在债权人行使撤销权时，为了防止债务人滥用财产处分权而损害到债权人的利益。例如，以超低价或无偿出售自己的财产，法律赋予债权人可以突破与债务人之间的合同，对债务人与第三方签订的有损自己权益的合同行使撤销权，由法院认定债务人与第三方签订的合同无效。详细内容见"合同的撤销"一讲。

还有一些大宗货物贸易（如托盘贸易），要通过签订一系列的合同来体现当事人的真实意思表示，但仅从其中的一份合同是难以发现当事人之间的真实法律关系的。要弄明白当事人的真正目的和交易方式，就要"跳出"合同的相对性，全面"穿透"审查系列合同。最高人民法院再审的查某莉与杭州天恒实业有限公司（以下简称天恒公司）、上海豫玉都钢铁贸易有限公司（以下简称豫玉都公司）、常熟科弘材料科技有限公司（以下简称科弘公司）企业借贷纠纷一案［（2010）民提字第110号］就是一个很好的例子。

大致情况如下：2008年8月7日，供方天恒公司与需方豫玉都公司、担保方查某莉签订TH080807号《代理采购协议》、KH08SC070101号《销售合同》、豫玉都080807号《代理采购合同》共三份合同，约定天恒公司代理豫玉都公司订购科弘公司的镀锌钢卷；天恒公司按对科弘公司合同项下货物所支付银行承兑汇票金额的0.8%（含税）收取代理费；豫玉都公司于合同签订前支付总货款的43%（1500万元），作为豫玉都公司的购货保证金，出货时豫玉都公司交齐余款后提货，保证金用于支付最后一笔货款；在收到豫玉都公司保证金后两个工作日内，天恒公司履行合同，以银行承兑汇票的方式一次性付清该合同项下所购货物的全部货款给科弘公司；不论钢厂是否交货，豫玉都公司都应于天恒公司出票之日起87天内付清全部货款，不得以任何理由延付或拒付，钢厂的信誉风险全部由豫玉都公司承担；查某莉承担该业务的无限担保责任等。

天恒公司于2008年8月8日以银行承兑汇票的方式向科弘公司支付3500万元。科弘公司后因资金链断裂停产并拒绝对任何客户发货，故酿成本案纠纷。

最高人民法院认为，上述三份合同载明，在2008年8月7日一天之内，科弘公司既委托豫玉都公司为其购买钢卷，又向豫玉都公司出售相同规格和数量的钢卷（由天恒公司代理采购），买入单价8015元，卖出单价7800元，高买低卖，净亏965 350元，完全违背商业常理。在我国，镀锌钢卷的买卖并不涉及专营或者限制经营的问题，该案中科弘公司和豫玉都公司之间也不存在沟通障碍，豫玉都公司一方面接受科弘公司的委托采购钢卷，另一方面又额外支付280 000元代理费委托天恒公司向科弘公司购买镀锌钢卷，这种循环采购行为显然有悖交易惯例。

该案证据链共同印证了该案中所涉的钢卷买卖，是科弘公司、豫玉都公司、天恒公司以货物买卖形式掩盖的企业间的融资交易。天恒公司并不具有从事融资贷款业务的资质，其与豫玉都公司、科弘公司采用虚假贸易形式进行的借贷活动，违反了国家相关金融法规的禁止性规定，属于以合法形式掩盖非法目的的行为。故三方签订的协议均无效。

在《合同法》（已失效）、《民法总则》（已失效）、《民法典》、最高人民法院《关于适用〈中华人民共和国民法典〉总则编若干问题的解释》等相关法律法规中，第三人实施欺诈、胁迫行为，使一方在违背真实意思的情况下实施的民事法律行为，受欺诈、胁迫方只能依据合同相对性请求人民法院或者仲裁机构予以撤销，且受欺诈方能撤销的前提是相对方知道或者应当知道欺诈方的欺诈行为，但是受欺诈、胁迫方无权追究第三方的责任。现在，最高人民法院《关于适用〈中华人民共和国民法典〉合同编通则若干问题的解释》（以下简称《合同编司法解释》）突破了合同相对性，受欺诈、胁迫方可以同时追究合同相对人和第三人的缔约过失责任，以救济自身权利。

但在有些情况下合同相对性是不能突破的。下面我们再讲几种造成合同损失而不能要求行为人赔偿的情形。

一是正当竞争。因商业竞争而争夺签约机会造成原合同一方损失的，受损方不能因第三人损害了合同利益而向第三人主张赔偿。

例如，张某需要购买一台空调，刚刚与赵某签订了买卖合同，后遇到王某，王某以更优惠的价格诱使张某与其又签订了一份买卖合同，结果是后一份合同得到履行。

在这种情况下，因商业竞争对债务人有利，更符合社会经济价值，所以法律不予以禁止，赵某不能向王某主张赔偿损失。

二是忠告。第三人以其经验、知识为合同当事人提供建议、忠告，受损方不能因损害合同利益而向第三人主张赔偿。

例如，张某是玉器鉴定专家，到珠宝市场看到赵某购买了王某一只玉蝶，就对玉蝶的质地给出分析，赵某听后认为自己买亏了，就要求王某退货。

在这种情况下，王某不能要求张某赔偿损失，理由是这种忠告符合诚实信用原则，其仅是对合同本身已经存在的事实作出分析判断。

三是职责所在。第三人基于法律或者道义上的职责，劝诱他人违约，如不是采取了不正当的手段，而是以保护他人利益为出发点，则其在职责范围内对劝诱不承担责任。

例如，律师对其当事人（也是合同一方当事人）就合同的条款提出意见和建议，合同最终没有签订，合同另一方当事人不能向律师主张赔偿损失。

三、民事法律行为

民事法律行为的概念与法律关系有一定关联，在此做一讲述。

民事法律行为，简单地说，就是一个人意思表示的外表活动，但这个外表活动能引发民事权利义务的产生、变更或消灭。举个例子：牙痛用手去抚摸脸。这是一个人意思表示的外表活动，但这不是民事法律行为，因为这种个人活动没有对其他人或事产生权利义务上的影响。但如果病人牙痛，牙科医生用手去为他抚摸检查，这种诊治行为就是民事法律行为，因为这形成了医疗服务合同关系。这说明同样的行为，在不同的法律关系下就会有不同的责任。

例如，有个人在别人身上割了一道血淋淋的口子，如果是其不小心造成的，要承担民事赔偿责任，要赔偿医疗费、误工费等。如果是其故意给别人割破的，属轻微伤可拘留，属轻伤可构成故意伤害罪。但还有另一种情况，即使是其故意给别人割破的,也不能追究其法律责任,还需要对其表示感谢,拥有这种"特权"的就是外科医生,其给病人做手术时有这种"特权"。由此可见,虽然行为是相同的,但法律后果也会有明显差别,关键是看这种行为是在何种法律关系下的行为。

落实到合同上,一种民事行为,会因不同的合同关系产生不同的法律责任。

比如,李四给张三做一把椅子,收了210元。同样的劳动,可能涉及三种合同关系。

第一种是买卖合同关系。李四就是做椅子卖椅子的个体户,卖一把椅子给张三,收取210元的货款。李四做椅子,无须看张三的脸色,自行设计自行加工,成交收钱。

第二种是承揽合同关系。李四根据张三的定制图纸做一把椅子并交付给张三,收取210元报酬。李四做的椅子要符合张三的要求,达不到要求不收钱。

第三种是雇佣合同关系。李四是张三的雇工,在张三的指挥下做椅子,收受210元酬金。李四要听从张三的指挥,让干啥就干啥,靠体力挣钱。

也就是说,就某事项签订合同时,要明确合同关系,并界定好权利和义务的内容。

第三讲
法 律 事 实

在法律类图书上，经常会看到这样的话，"以事实为依据，以法律为准绳"、"事实胜于雄辩"或者"认定事实清楚，适用法律正确"，由此可见"事实"的重要性。那什么是事实呢？事实，又称真相，就是事情的真实情况，是一种客观存在。但法律中的事实并非如此。

一、事实与真相

法律意义上的事实，是通过特定法律程序和规则认定的事实，并非实际发生过的客观的自然状态下的事实。这就好比称重，通过一台能反映体重的电子秤（相当于特定的法律程序和规则）一称，指针指向89千克，89千克就是测得的体重，而这个结果可能与你的客观真实体重有出入，但也只能这样，因为事实上没有比这种方式更好、更真实地反映一个人的体重的办法。

那法律为什么要这样认定事实呢？因为当事实需要认定时，往往是双方发生了争议，对事实有所分歧，需提交第三方（法院）来做出评判。而法官是凭借自己的知识、经验，通过对证据材料的分析、判断，对过去已经发生或还未发生的、自己未亲眼所见的事实做出认定。在这种情况下，法律只能让法官基于一定的程序和规则对法律事实做出认定，而不能强求其必须查清事实真相。法官认定的法律事实只能无限逼近客观事实或事实真相，而不能达到客观事实。有些民事案件的事实认定，只要具有最大的可能性就行，而不需要无限逼近客观事实。

这就是为什么有些看似相同的案件，不同的法院会做出不同判决的原因。因为不同法院的法官会有不同的阅历、经验、知识，这些情况导致不同法官对事实有不同的认识。而多数情况下，这与法官枉法裁判或故意错判无关。

正如前面提到的称体重的例子，再精密的电子秤称得的体重数据，也只能无限逼近真实体重，而不可能与真实体重不差毫厘，因为电子秤本身的误差不可避免。

为了提高办案效率，民事证据中采用了高度盖然性的法律事实认定标准。也就是说，只要某证据证明的事实的可能性或者概率较大，就支持持有该证据的一方。甚至在有些案件中，无法以事实的可能性或概率的标准来认定事实，而只能比较原告、被告的证据，哪个证据的可能性大，就支持谁。用法律语言说，就是"事实清楚，证据确实充分"。

示例如下：道旗公司因三明公司拖欠货款165万元而诉至法院。三明公司提交了一份双方盖章落款为2011年3月12日的协议，载明因产品质量问题，道旗公司同意赔偿被告120万元，赔偿金从货款中扣除。

道旗公司对此予以否认，理由是公司公章是2011年6月15日刻制的，合同签订时不可能加盖，所以，协议并未生效。

三明公司反驳道：该协议起草时确实未加盖道旗公司公章，是由业务员张某带回公司加盖的，之后3个多月，经多次催促，道旗公司才将该协议加盖公章交还三明公司。

法院认为，道旗公司承认协议中公章的真实性，只是对公章加盖时间提出异议，而法律并不要求当事人在达成一致意见时必须加盖印章，且加盖公章也并非双方意思表示的必要因素。现实生活中不乏当事人先打印合同文本，后加盖公章的情形。

由此可见，三明公司提交的协议成立的可能性要明显大于其不成立的可能性，该证据具有盖然性优势。也就是说，法院最终认定的事实是，双方已达成合意，即从货款中扣除120万元作为赔偿金。

讲到这里，大家可能已经明白了法律事实的一些基本道理。但这还远远不够，最重要的是，我们要从法律事实认定的道理中得到合同签订的启发，即合同条款一定要清晰、全面。这是因为法官认定事实是以证据为基础的，合同就是最重要的证据，如果合同条款残缺、不明，那么对事实的认定不但起不到积极作用，还有可能误导法官作出对自己不利的判决。

在这里，还要解释一下，合同是事实认定的最重要的证据，但并不是说合同能证明一切事实。合同本身仅能证明双方对于某事项达成了一致的事实，却不能证明合同履行的事实。也就是说，合同签订是一回事，合同的履行又是另一回事，这两者是两个事实。比如，在房屋买卖中，房屋买卖合同就不能证明房屋买卖的事实，其仅能证明双方同意房屋买卖并就有关事宜达成一致的事实。要证明房屋买卖合同履行的事实（如房款付清、产权证办妥、房屋交付），就要以房款交付的凭证、房屋产权证书、房屋钥匙等来证明。

二、辛普森杀妻案的法律事实

为了更好地理解法律对事实的认定，我们还是讲讲辛普森杀妻案吧。

笔者记得在辛普森案件的宣判时刻，中央电视台的解说员介绍这次宣判时用了一个词，叫"美国时间定格"。具体场面是这样的：美国总统克林顿推开了军机国务；前国务卿贝克推迟了演讲；华尔街股市交易清淡；长途电话线路寂静无声；数千名警察全副武装，如临大敌，遍布洛杉矶市街头巷尾；大约有一半美国人收看或收听了"世纪审判"的最后裁决。这就是牵动美国乃至全世界的辛普森杀妻案的宣判现场。

笔者和其他同学也非常好奇，一起杀人案为何能吸引全世界的眼球呢？是因为犯罪嫌疑人辛普森的明星身份还是什么其他原因呢？其实都不是，主要是因为案件的戏剧性和对事实的认识，颠覆了人们对法律事实的传统认知。因为警方的几个重大失误导致所谓的"有力证据"的失效，美国人民就只能眼睁睁看着辛普森"逍遥法外"。

当法庭宣布辛普森无罪时,"亲者痛,仇者快"的场面出现了。辛普森的黑人伙伴们欢呼雀跃,死者亲人却顿足捶胸,号啕大哭。美国老百姓彻底崩溃了,辛普森杀害妻子流出的鲜血连上帝都看到了,但法庭的陪审团却没看见。

辛普森的前妻尼科尔和侍者罗纳德被杀,辛普森外出时间跟谋杀案发生时间吻合,辛普森的车、车道以及衣服上、手套上都有死者的血迹,就等辛普森认罪服法了。如果辛普森对此也供认不讳,这个案子就是一起普通的杀人案,或者因为辛普森的名人效应,是一起引人关注的杀人案而已,但问题恰恰出在辛普森没有供认上。

很多可能性不能排除,根据"疑罪从无"的原则,法庭认定辛普森无罪。这就是刑事上认定法律事实的规则,这就是该案的法律事实。

该案之所以能够引起轩然大波,主要是因为很多美国人都坚信辛普森是"真正"的凶手,而且辛普森本人在《假如我做了》一书中也承认了杀人的"事实",但陪审团却仍然认定辛普森没有杀人。当然,或许辛普森真的没有杀人。但该案的事实就是一个扑朔迷离的局,只有辛普森本人知道。

有意思的是,同一事件的民事审判,用了绝大部分刑事诉讼中的证据,却作出截然不同的事实认定。在刑事审判结束4个月后,受害者的父母以非正常死亡为由起诉辛普森,在此次民事诉讼中,大部分证据只是刑事诉讼时的证据的再现和重复。但最终民事陪审团一致认定辛普森对两名受害人之死负有责任,并裁决辛普森赔偿原告方850万美元,另外还裁决辛普森向两名受害人家庭各支付1250万美元的惩罚性赔偿金,共计3350万美元。

同一事实,却有两种不同的认定,主要原因是刑事诉讼和民事诉讼采用了不同的事实认定规则和标准。这个案例也再次说明,法律事实与客观事实是存在巨大差异的。

三、事实自认和推定

讲到这里，我们再来讲讲法律事实中的两种有意思的情况：事实自认和推定。

事实自认，就是只要一方当事人承认了不利于自己的事实，法院就可以认定该事实。比如，张三称其借给李四 3 万元，而客观事实是双方不存在借款关系，但如果李四对此认可，那么法院通常就可认定"张三借给李四 3 万元"的事实。

事实推定，就是先推定一个事实，除非有证据推翻它，否则被推定事实就成立。这常在举证倒置的案件中运用。例如，在因缺陷产品致人损害的侵权诉讼中，法律推定产品致人损害的事实成立，除非生产商能证明是用户使用不当或故意造成的，否则被推定事实成立。

比如，微波炉爆炸伤到王五，法律就推定是产品缺陷造成的，厂家就应该赔偿王五损失，除非厂家能够证明微波炉爆炸是王五故意造成或使用不当造成的。

再举一个对账单的例子。

甲、乙两人对账，对账单上有乙的签字，没有甲的签字，只列明某年某月分别送几箱啤酒、单价、总价。甲以此作为证据起诉乙，要求乙付款。

这种情况下，这份对账单是否可以作为甲主张欠款的证据呢？

一般情况下，双方达成的还款协议是双方债权的有效凭证。当然，也有的是单方承诺，写明何时偿还某某某的欠款数额，这也是确认双方欠款的有效凭证。在买卖合同中，也常出现通过对账单的形式来作为双方最终结算的凭证。一般来说，谁拿着对账单，就推定谁就是债权人。但是，也会有一些复杂的情况，要根据具体情况去分析。比如，对账单双方各执一份，对账单上没有写明谁欠谁的钱，这种情况就很难从各方持有的对账单上看出谁是债权人谁是债务人了。

就上述案例来讲，法院通常会推定甲为债权人，除非乙能提交交易记录、合同等，用以证明其是供货方甲是债务人，否则，甲方就是债权人。

还有一种常见的推定事实的例子，就是生活中常见的"借条""借据"，其是推定借款事实实际发生的证据。因为传统民间借贷的主体均为个人且通常彼此熟识，借款习惯为小额现金当场交付，因此"钱据两讫"即告交易完成。在此类案件的审理中，一般依据借款人出具的借条即可认定借款事实已经实际发生。借款人出具借条并写明"借到"款项的，一般应认定借款合同关系成立且借款人收到款项，除非借款人有相反证据推翻借款事实。

但是，在借款人一方为企业的民间借贷中，涉及大额款项交付的，依据最高人民法院的司法解释，对借条的认定就没有那么简单了。对主张现金交付的借贷，要根据交付凭证、支付能力、交易习惯、借贷金额的大小、当事人之间的关系以及当事人陈述的交易细节经过等因素综合判断。"借款合同"一讲中会具体讲解。

综上，事实自认和事实推定这两种情况都反映出，法律事实只是对客观事实处理的法律手段，并非以探求事实本源作为终极目标。服从和接受一种法律规范或者是非的衡量标准，可避免人们由于是非标准的模糊或混乱，引发对于社会价值的怀疑，而这种情况下的危害性远远超过个案当中追求的正义。

第四讲
合同权利、义务、责任

"这是我的权利""那是你的义务""那还是你的责任",这些都是我们日常生活中划分责任或争取权益时常用的说法。

一、民事权利

民事权利就是依法可做或可得到利益的法律资格,或者说,是法律赋予人实现其利益的一种力量。说白了,就是法律赋予权利主体作为或不作为的许可、认定及保障。概括起来有三个方面的内容:权利人可以在法定范围内直接享有某种利益或实施一定的行为;一方有权要求另一方应该作出行为或给予某种利益;权利受到侵犯时,有权请求法律予以保护。民事权利是公民在社会上存在和生活的最基本的权利,也是与公民日常生活联系最为密切的一项权利。

权利的种类有很多,包括财产权利、合同权利、人身权利等。如果用语法逻辑来讲,权利就是"是什么""要什么""有什么",权利的依据就是"凭什么",即凭什么来做出某些行为或索要某物品。

就拿租赁合同中承租方的权利来说,其可以依照合同约定,要求出租方交付房屋供自己使用;自己可以在房屋内生活起居;当房屋需要修缮时,可以要求出租方进行修缮;如果出租方无故赶走自己,可以拒绝搬离;行使自己的私力救济，也可以向法院起诉请求法律公权力的保护。

上述权利就来自租赁合同。这就是民事权利所讲的在法定范围内直接享受某种利益或实施一定行为的具体体现。

记得上学时，政治教科书上不厌其烦地讲，在社会主义国家，权利与义务是一致的，不可分离的，在法律上一方有权利，他方必有相应的义务，或者互为权利义务；任何公民不能只享有权利而不承担义务，也不会只承担义务而不享有权利。这个道理就是，在一个资源有限的社会里，一方占有，另一方就得放弃，人与人之间，相容相克，有谦让才有和谐。

二、权利与道德及义务

通常情况下，法律规则与道德规则密不可分，而法定权利通常也与道德权利有一定渊源。例如，一个人对自己的生命、身体享有不被侵犯的权利，这首先是一种道德原则，然后由法律规定成为一种借助国家的强制力来支持和保护的法律规则。

法律规则、法定权利虽然是通过国家意志来表现的，但其背后主要是由道德原则、道德权利来支撑的，不能看作统治者的任意安排。在不同的历史阶段，道德观念不同，法律规则和权利配置也不同。

接下来，我们再来看看道德与权利的辩证关系。

一个人可能享有做某事的法定权利，但做该事是不道德的。例如，欠债者以债主没有借据为由而赖账，要求债主举证证明借款关系，否则法院就不能判决其还钱，这是借款人的法定诉讼权利，但以此抵赖，有违道德。

一个人可能享有某种道德权利，但该权利却得不到法律的支持。例如，道德要求我们在别人危难之时应出手相救。但如真有人（特定职业主体如消防员、警察除外）见死不救，也无法追究其法律责任。

因此，有些权利是道德的，而非法定的；有些权利是法定的，而非道德的；有些权利则既是道德的，又是法定的。法定权利是由国家法律规定的，

第四讲　合同权利、义务、责任

因而也可以通过立法来改变或取消；道德权利不仅不可能为国家权力和立法所取消，更是批判国家权力和法定权利的根据。

虽然一个处于不利境况中的人或者诉讼中的人最关心的是法定权利，而不是道德权利，但法定权利并不能自证其身，它必须得到道德原理的支持。例如，法官在遇到疑难案件时常常借助于道德原理或道德权利概念，自由心证，判决案件。

那我们的基本权利都有哪些呢？每个公民在政治、人身、经济、社会、文化等方面享有的主要权利，也叫宪法权利，是公民最主要的、也是必不可少的权利。

根据我国《宪法》的规定，我们享有的基本权利大致可以分为以下几种。

平等权，所有的公民都平等地享有权利和承担义务，简言之，就是法律面前人人平等。政治权利，是《宪法》和法律规定的公民有权参加国家政治生活的民主权利，及政治上表达个人见解和意见的自由，包括选举权和被选举权，言论、出版、集会、结社、游行、示威的自由。

宗教信仰，公民有宗教信仰的自由。任何国家机关、社会团体和个人不得强制公民信仰宗教或者不信仰宗教，不得歧视信仰宗教的公民和不信仰宗教的公民。

人身自由，是公民正常生活、学习和工作的保障，是公民参加各种社会活动、参加国家政治生活、享受其他权利和自由的前提条件，包括任何公民的人身不受非法侵犯、人格尊严不受侵犯、住宅不受侵犯、通信自由和通信秘密受法律保护等。

监督权，公民对于任何国家机关和国家机关工作人员有提出批评和建议的权利。对于任何国家机关和国家工作人员的违法失职行为，公民有向有关国家机关提出申诉、控告或者检举的权利。

社会经济权利，是公民参与国家政治生活的物质保障，《宪法》对公民享有的社会经济权利作了具体的规定，包括公民的劳动权、休息权，以及退休人员生活保障权和物质帮助权。

文化权利，公民有受教育的权利和义务。

其他权利，除了对所有公民应普遍享有的权利和自由作出规定外，我国《宪法》还对特定群体的公民做了专门规定，给予特别保护，主要是指保护妇女、未成年人、老年人、残疾人以及归侨、侨眷的合法权益和华侨的正当权益等。

与"权利"相近的一个词就是"权力"，一字之差，意义大不同。

权力所展现的是力量与控制能力，而权利展现的是取得利益的资格。权力是欲望的转化物，有着非常明显的主观意愿的表达，是法律赋予（非党派或某个领导人赋予）执法者的一种职责，不能放弃、不作为或滥用，而权利仅仅是一种法律保障，权利人可以自愿放弃。

孟德斯鸠说过，"一切权力不受约束，必将腐败"。要想把权力关进"笼子"里，首先应该让民众戒掉骨子里的官瘾。当然，这是一个复杂的社会问题，在此不展开讲述。

再说说什么是民事义务。一般来说，法学上的民事义务是一个与权利相对应的概念。说某人享有某种利益、主张、资格、权利或自由，与此相对应，是说别人对其负有不得侵夺、不得妨碍的义务。

若无人承担和履行相应的义务，权利也就成了无源之水、无本之木。故一项权利的存在，就意味着一种让别人承担和履行相应义务的观念和制度的存在。

如果说权利表示的是以"要求"、"获取"或"做"为表现形式的"得"，那么义务所表示的就是相应的以"提供"、"给予"或"不做"为表现形式的"予"。

三、民事责任

那什么是民事责任呢？责任就是违反义务的后果。如在买卖合同中，买家付清货款后，卖家不交货，就要承担合同的违约责任。

综上所述，合同的权利、义务、责任，就是按照合同的约定或法律规定，一方当事人有权要求另一方当事人履行义务，另一方当事人不履行的，就应承担违约、赔偿责任。

假设卖方交付的货物出现严重的质量问题，爆炸着火，烧毁了买方仓库。卖方的义务就是交付合格、安全的货物，其提供的货物因质量原因而爆炸着火即违反合同义务，其责任就是支付不能交付合格产品的违约金及赔偿买方仓库毁损的经济损失，相对于卖方，买方的权利就是要求卖方承担违约责任，赔偿其经济损失。

题外话：我们从小就被灌输了服从大局、随大流、要听话的观念，服从意识胜过权利意识，所以很多法律上赋予的权利流于形式，并未得到充分保障，很多人也都默认和顺从了这种现实。如果每个人都能够意识到这一点，从自己做起，维护自身权利同时尊重别人的权利，那么中国依法治国的目标才能早日实现。

第五讲
合 同 审 核

合同审核,是在合同签订中律师和公司领导经常做的一项工作。只不过各方的关注点不同而已,律师关注的是合同的法律风险,部门领导关注的是业务流程,而总裁级的领导关注的是合同金额。

笔者经常接到有些客户的电话或邮件说,"给您发了一份合同,请尽快审核并提出意见"。还有一些客户更直接,说,"请您立马提供一份房地产联合开发的合同模板,明天上午公司老总要跟别的公司洽谈合作开发一个楼盘"。笔者顿时无语。似乎每份合同都差不多,照葫芦画瓢,一切都是自我尝试完成的,既简单又省事,还节省开支(不用支付律师费用)。

所以,此处将先谈谈合同审核的一些基本理念。

一、合同审核的依据

合同是当事人之间意思表示的载体,意思在先,合同在后;意思为本,合同为标。由此而言,合同的审核当然不能离开当事人的真实意思。律师应该结合双方当事人意思表示的实际情况制作、审核合同,否则就会出现"两层皮",意思与合同内容不符,或者难以实现当事人的合同目的。

合同的审核好比产品的检测,首先要给出检测的标准,让检测机构根据该标准对比产品检测的实际数据,得出合格或不合格的结论。

举一个例子：你想送朋友一双漂亮的皮靴，结果遭到朋友的婉言谢绝，原因是他穿不上。为什么会出现这种情况呢？大概是因为你只注重了鞋子的外观，而没有考虑人家的脚码。在合同审核上也是这个道理，一份合同可能看上去很完美，交给当事人却不能用，通常也是只注重了合同的文本而忽略了当事人的真实意思（现实需求）所致。

拿律师的合同审核来说，律师单从合同书内容上是很难发现一些关键问题的，因为他不了解当事人的真实意思，不了解真实意思就好像检测没有标准，就很难知道当事人是什么意思、合同是否反映了当事人的意思，或者说，不知道什么样的合同模板最接近当事人的实际情况。

从更深一层来讲，律师审核合同时还应考虑客户的合同目的和背景，只有了解了客户的底细和底线，才能帮助客户策划出正确的合同签订方案。例如，当对方占优势地位时，己方要注意防守，在小处放手、大处坚守；当对方占劣势时，己方当然要寸土必争，只要是能争取的，寸步不让。

对于一些专业性很强的合同，审核的目标是，既要把行业的特征体现出来，又要把应该避免的问题通过违约责任条款加以警戒，从正面防范可能发生的纠纷。

道理看似很简单，但要想通过审核环节避免所有的风险，确实不是很容易的事情。最有效的办法就是合同相关的部门和人员应该充分理会每个环节和节点可能的风险，并提出防范措施。律师的作用不仅是帮助签约方明确已有的意思表示，并将该意思表示反映到合同条款上，更重要的是，要对此类合同的未尽事宜作出提醒，让签约方补充意思表示，至少让他们认识到意思表示的欠缺可能带来的合同履行障碍。

在现实工作中，企业合同审核人员因专业素质和工作态度等原因难以发现合同文本中的不当内容和条款，律师作为专业人员应该通过审核发现问题并提出适当的修改意见。

说到合同审核，也一并说说企业法务部门在合同审核中面临的困境吧。

目前很多大型公司都设有法律事务部，而小一点的公司多数会设立一人岗位的法律专员，隶属总经理办公室。这些部门的人常被公司视为法律专家，却经常兼任其他工作，公司职位或奖金均属于中等，在公司风平浪静，长时间没有出现法律纠纷的时候常被管理层所忽视。

在实务中，公司往往对法务寄予厚望，希望他们能做一个名副其实的法律专家，竭尽全力让公司合法运行，同时又希望法务能帮助公司设计出相应的运行机制，监督公司的合规性运作，完成公司目标，并管理公司内部信息沟通，使公司免受诉讼或索赔等。但是一旦其他部门暴露出法律风险或诉讼案件败诉，首当其冲承担责任的也总少不了法务。

律师在执业过程中见识了众多企业的成败兴衰。"前车之鉴，后事之师"，一些企业的教训，就是另一些企业的经验。而对律师来说，这些经验和教训就是为其他客户提供服务的无价之宝。

相对于律师，公司法务人员通常比较熟悉自家公司的业务流程，通过自己不懈地学习和积累经验教训，对公司常用的合同会有较深刻的理解。但是，受到时间、专业上的限制，他们很难成为合同风险防范的专家。

笔者认为，排除聘请律师的成本因素不考虑，合同审核的最佳方案应是公司法务人员与外部律师配合完成即双方发挥各自优势，从不同角度去发现和防范合同风险。

二、合同审核的目的

合同审核，是对合同的真实性、合法性、公平性以及合同的争议性和可操作性等方面进行审查，以达到化解合同风险和纠纷的目的。

合同签订是为交易服务的，所以合同审核就不能成为交易掣肘，不能一味强调风险而无所事事，应该在法律许可和商业风险可承担的范围内有所作为。

举例来说，笔者曾处理过一起委托持股的案子。

2017年8月11日，甲公司与乙公司签订合同约定，甲公司委托乙公司在海外投资一大型铜矿，于2019年4月12日前办理海外投资公司股权变更（铜矿投资公司由乙公司持股变更为甲公司持股）。但因众多原因，截至2019年2月，双方仍未办理股权变更手续。

后双方需签订一份新合同，用于在有关行政审批部门办理手续，并就股权变更及其他事项作出安排。

原本履行手续的事应该很简单，但双方又对新合同性质和个别词语产生了分歧，并僵持不下。

甲公司认为，股权变更系委托持股项下的合同义务，新合同只是原合同的续延。

乙公司却坚持，股权变更系股权收购项下的合同义务，签订的合同应该是股权转让合同即一方转让股权给另一方，乙公司替甲公司对外投资的投资款转为股权转让金的合同。

双方意见几近水火不容，一方试图说服另一方，但都无济于事。

笔者认真了解了双方各执己见的背景。甲公司系央企，如按照股权收购模式签订合同，必须按照收购模式进行，程序烦琐，并不一定能够获得上级主管部门的批准。而委托持股原本是客观事实，基于这个事实而办理有关手续，符合央企的按程序办事的原则，这是"正路子"。而乙公司系民营企业，当初海外项目申报时是以自己的名义在当地政府申请的，从未披露替他人持股的事实。现以股权收购的模式操作，可以自圆其说，是"卖掉"了海外项目而不是替人做了一回"嫁衣"欺骗政府相关部门。可见，双方采用何种合同形式，关系到乙公司看重的"面子"问题。

若是去诉讼，以法院的最终认定来评判双方的法律关系，这样耗时耗力，而且容易伤了和气，引发双方对峙情绪，不利于后期股权变更登记手续的办理，且国内判决在国外法院很难获得承认，将面临异域司法不能强制执行的障碍。难道要不顾名分只求结果，以最终股权转至甲公司名下为目标？

如果律师只站在甲公司的立场上"坚持原则"，这件事可能就会僵持不下。一旦海外项目出现股权质押、铜矿抵押或出售，造成国有资产的流失，那就不是坚持原则的问题那么简单了。

笔者首先帮助甲公司梳理了几个问题：最终目标是安全收回铜矿股权；当下问题是合同名义是收购还是代持；客观事实是委托持股（代持）。接下来，律师认真论证相关合同履行的证据资料，并就上述问题与乙公司达成共识后，建议同意按乙公司的方案办理。但应该在"股权转让"合同中，明确甲公司无须向乙公司额外支付任何款项，乙公司应该在规定期限内办理股权变更手续。

这样，即便双方就该合同性质产生歧义，也不至于给甲公司造成损害，且能完成最终目标，将股权变更登记至甲公司名下。最终，双方顺利办结股权变更登记。

说到底，合同审核是为实现商业交易目的服务的，审核者应该在法律法规的框架内，领会商业交易的实质，权衡商业收益与现实风险的关系，大行不拘小节，解决好法律限定与商业需求的关系。

在这里还要谈谈一个认识上的误区：合同在履行过程中一旦发生纠纷，就认为合同没签好。正如前文谈及的合同风险，再好的合同文本也不一定能避免所有的风险或纠纷的发生。

笔者认为，只要合同的内容与签约方的共同意思表示高度一致，就是一份很好的合同。有些所谓的合同"风险"，其实不过是签约一方不愿诚信履行自己的义务时想免除责任的借口而已，属于"占了便宜又卖乖"的背信行为。

举例来说，A企业向B企业借款2.1亿元，年息10%，B企业要求在合同中约定逾期还款的违约金为年息36%。双方签约后，A企业得到借款。后A企业因资金短缺无法如期偿还借款。A公司负责人认为该合同对其不利，埋怨工作人员在合同签订前没有审核出高额违约金给企业带来的巨大"风险"。果真如此吗？

合同是双方意思表示一致的产物，合同的权利与义务是相伴而生、相生相克的。就该案例来说，违约金为年息36%是B企业的借款前提，如果A企业不同意该违约条款，B 企业是不可能出借 2.1 亿元的，这是 B 企业防范风险的最后一道防线。对 A 企业来说，其不可能不知道 B 企业如此约定的目的以及该约定带来的后果。既然 A 企业用 B 企业的借款缓解了自己的资金压力，就该付出相应代价，及时归还借款或承担违约责任，而不应再在合同签订上找一些无理的"借口"，将自身的责任视为别人对自己加载的"风险"。

三、合同会签

企业合同管理可以分为合同订立阶段的管理和合同履行阶段的管理。合同订立阶段的管理主要包括合同调查、合同谈判、合同文本拟定、合同审核、合同签署等环节的管理；合同履行阶段的管理包括合同履行、合同补充和变更、合同结算、合同登记等环节的管理，因此合同审核与合同管理的关系是部分与整体的关系，合同管理包含了合同审核，合同审核只是合同管理的一个环节，合同审核主要体现在合同订立阶段中的审核。

很多公司为了防控合同风险，制定了合同会签制度，即根据公司制定的合同会签流程，由生产经营管理部门、法务部门（法律顾问）、财务部门、审计部门等从各个部门角度出发，逐一审查待签的合同，无异议后由各部门负责人签字确认，最后加盖公司公章的合同管理制度。

应该说，这种制度对防控法律风险以及增强部门间合作非常有意义。但要注意一个问题，就是要科学设计会签流程和责任追究机制，防止合同会签流于形式，削弱会签人员的责任意识。

有些企业要求公司的所有职能部门负责人都参与合同会签，以示对合同管理的重视。其实，这种做法并不见得对防控合同风险有利。因为人多容易形成依赖心理，会造成会签人仅是看到前面签字的人签字或者依赖后签的人的审查而草率签字。一旦合同出现问题，很多人又会以集体合意为由推脱自己的审查责任。笔者在代理的一些合同诉讼时，确实发现有这种情况的存在。

由此，笔者建议，合同会签的流程应该考虑科学合理，由与合同有着紧密关系的部门参与会签，责任到人，避免出现让所有部门参与会签的"全部负责"，最终却落得"全不负责"的局面。重要合同在会签前应该召集会签人会审，由合同的经办人向各会签人汇报合同的签订背景、关键事项，各会签人当面提出问题和发表审查意见，通过讨论，拾遗补阙，提高合同审查质量。

四、合同安排与交易目的的衔接

合同审核还应注意另一个问题，在充分理解交易目的的情况下，要将合同内容与交易目的进行比对检查，看两者是否达到一致，避免出现意思表示的"遗漏"。

笔者曾代理一宗"借壳上市"的合同纠纷案件，因意思表示的"遗漏"而无法提起诉讼。后追问公司负责人：如此巨额交易为何不在合同中设立交易不成时的退出条款呢？答曰：当时形势一片大好，谁也没想到交易会不成。

故事是这样的：甲公司名下有7家太阳能发电项目公司，拟通过"借壳上市"的方式，将太阳能发电项目"装进"上市公司。于是，甲公司就与上市公司的控股股东（A公司和B公司）达成协议，先通过股权转让方式收购A公司、B公司股权，而后间接利用上市公司的控股地位通过董事会或股东会决议收购7家太阳能发电项目公司。

初衷很好，方向也不错。问题却来了：一系列合同签订后，甲公司先支付了11亿元收购了A公司的全部股权，并办理了股权变更登记，大踏步走在了收购上市公司控股股东的路上。而另一边，7家太阳能发电项目公司的股东与上市公司签订的股权收购协议因未通过上市公司股东会决议而搁浅，也就是说，7家太阳能发电项目未能"装进"上市公司，上市公司终止了收购7家太阳能发电项目的计划。

甲公司急了，这是什么意思呀，说好要收购7家太阳能发电项目的，怎么说不买就不买了，这不是骗子吗？上市公司的控股股东让自己花了11亿元买股权，却不买自己的太阳能项目公司的股权。甲公司一气之下就给对方发函，要求解除协议，这笔买卖不做了。

对方也不依不饶，要求甲公司继续履行收购 B 公司的义务，并要求支付该合同项下的股权收购款 15.6 亿元，否则就与甲公司对簿公堂。

甲公司赶紧请来律师分析合同：7 家太阳能发电项目公司与上市公司分别签订了《股权转让协议》，协议约定了项目名称、项目名下资产、收购价格、交付时间、违约责任等，内容具体翔实，没问题呀，约定得这么清楚，上市公司为何还敢反悔呢？

且慢，原来陷阱在后面——协议末尾的两个条款：该协议自双方签字盖章且甲方（上市公司）就该交易获得董事会、股东大会的批准同意即生效。若出现前一条约定的条件未实现或满足的情形，甲方不承担责任，在这种情况下，双方均有权终止该协议。

由此可知，只要董事会或股东大会不批准本次交易，其他的都白搭，合同不生效。合同不生效，甲方（上市公司）就不承担任何责任。

接下来，再看看甲公司与 A 公司、B 公司签订的股权转让协议的生效条款：该协议自双方签名或者盖章之日生效。也就是说，A 公司、B 公司的协议只要签字盖章，不违反法律法规的禁止性规定，一经签订就发生效力。该协议效力不附任何条件。现在甲公司与 A 公司的股权转让协议又已履行完毕（转让款付清、股权变更登记完成），此时想解除合同要回 11 亿元，凭什么呢？

甲公司负责人不服气了，这太坑人了吧？当初跟对方就是这样谈的，上市公司收购太阳能发电项目是交易的真正目的，如果这个目的实现不了，甲公司就不买上市公司股权。但问题是，律师翻遍所有书面材料（合同、备忘录），根本就找不出 7 家太阳能发电项目公司收购与 A 公司、B 公司股权收购的必然联系，或者说，没有任何证据证明：如果 7 家太阳能发电项目公司不能被收购，甲公司就有权解除对 A 公司、B 公司的收购协议。

既然双方当初就是那样谈的，那为何不在合同中增加一项条款明确约定：

在 7 家太阳能项目不被收购的情况下，甲公司有权解除与上市公司控股股东签订的股权收购合同呢？因合同缺乏这样一项条款而导致的"漏洞"要以 26.6 亿元来弥补，代价也太高了吧？

五、"鉴于条款"的应用

在过去很长一段时间里，"中国式"合同的开头一般是"甲乙双方就某某事宜，根据有关法律法规的规定，本着互惠互利的原则，经友好协商，达成如下协议，以期共同遵守"，然后就是正文第一条开始切入正题。

也有部分合同使用"鉴于条款"，但也都是象征性地介绍一下合同签订背景就切入正文，没有充分发挥"鉴于条款"的作用。

"鉴于条款"，又称"叙述性条款"。在国际许可证协议中，"鉴于条款"是由双方当事人就双方签约的目的、背景、希望和意图所作的陈述性说明。如供方就供方的职业背景、转让技术的合法性和实际经验等作的说明；接受方对其接受标的的要求和目标所作的说明等。一旦发生争论，"鉴于条款"对于双方订约的目的与意图以及解释某些具体条款会起一定的作用。

总之，合同中的"鉴于条款"，主要是明确缔约双方签订合同的初衷或借此想达到的目的，或签订该合同所依赖的事实状态。该条款多出现在一些涉外合同和重大资产收购、合作开发等合同中，多数国内合同并未将其视为合同的一般条款。

《民法典》第 563 条第 1 款第 1、4 项规定，有下列情形之一的，当事人可以解除合同：（1）因不可抗力致使不能实现合同目的；（2）当事人一方迟延履行债务或者有其他违约行为致使不能实现合同目的。在当事人因不能实现合同目的而解除合同时，法院首先要了解合同目的是什么，而"鉴于条款"对判断当事人的合同目的具有重要的参考作用。就以前文"借壳上市"的案例来说，如果使用"鉴于条款"明确签约的目的，可能就不至于在 7 家太阳能发电项目没有被收购时无法解除股权收购协议了。

"鉴于条款"还能起到承诺或保证作用。在"鉴于条款"中写明一方签订合同时所依赖的对方提供的材料或陈述的内容，作为双方缔约的前提或信赖的基础，如果对方违反了这种承诺或保证，导致己方利益受损，则可据其追究对方的违约责任。

例如，在技术转让协议中，鉴于条款通常要写明转让方拥有某项专有技术（不受第三人追索），基于该前提受让方才签约并支付转让款。如果哪天真有第三人站出来说，这是他的专有技术，转让方是窃取他的技术，实际并不是专有技术的权利人，受让方可要求转让方承担违约责任或解除协议赔偿损失。

"鉴于条款"还是损失赔偿的衡量依据。《民法典》第584条规定，当事人一方不履行合同义务或者履行合同义务不符合约定，造成对方损失的，损失赔偿额应当相当于因违约所造成的损失，包括合同履行后可以获得的利益；但是，不得超过违约一方订立合同时预见到或者应当预见到的因违约可能造成的损失。那么，该法条中的"订立合同时预见到或者应当预见到的因违约可能造成的损失"在司法实践中如何认定呢？

一方面，要看合同的违约条款中是否对损失作出了明确的约定，有约定的从约定；另一方面，通过考察合同签订时的背景、目的，认定违约方是否能够预见违反约定可能造成的损失。

举例来说，同样是水泥买卖合同，水下施工用水泥和地面上施工用水泥特性的要求可能有所不同，但如果不在水泥买卖合同中特别指明是水下施工用水泥或者特定使用环境（水下施工）用水泥，一旦造成损失，双方可能会对签约时能否预见损失产生争议。在这种情况下，法官只能根据自己的生活经验来认定卖方能不能预见损失发生，从而认定卖方的责任。但如果用"鉴于条款"对施工背景作出叙述，损失的认定也就容易了。

总之，在稍微复杂的合同中，由于双方不一定对可能出现的风险都作详细约定，为避免今后发生争议或举证上的困难，最好在合同中加入"鉴于条款"。

第六讲
合同的订立

合同，又称契约、协议，就是平等主体如自然人、公司、企业和其他组织之间关于这样或那样交易的合意。

合意就是指双方真实一致的意思表示，真实的意思表示就是指当事人表现于外部的意志与其内心的真实意志一致，也就是说，当事人表示要追求的某种民事后果就是其内心真正希望出现的后果。真实的意思表示，对应的就是不真实的意思表示或称为虚伪的意思表示。

比如，现实生活中的场景，李某指着自家新房子装修照片向同事们炫耀。

员工张某说："李总，你们家的房子真是高大上呀。"

老板李某回应道："是吗，看好了就送给你吧。"

李某所说的把房子送给张某，就不是其真实意思表示，系虚伪的意思表示。

在实务中，基于虚伪意思表示达成的合同效力如何认定，随后会讲到。

一、签约主体

在讲"平等主体"之前，先说说"平等"。

法律上的平等，是指法律上的条件和资格的均等，并非结果上或事实上的平等。

我们再讲讲公平和公正的概念，由于公正、公平和平等这三个概念有些相近，以至于大家喜欢放在一起使用，且不去仔细区分。

哪怕在古代，公正（正义）和公平也是有细微差别的。《说文解字》中的理解是："正，是也"，"公，平分也"。《辞源》对于公正的解释是："不偏私，正直"；对于公平的解释则很简洁："不偏袒"。在这里，显然是将公正（正）当成了一种应当的价值取向，而将公平（公）视为了一种"不偏不倚"的行为。

严格来说，公正和公平这两个概念，各自有着明确的含义，两者之间存在着一些明显的差别。

所谓社会公正，就是指"给每个人他（她）所应得的"；而所谓社会公平，则是指对待人或对待事要"一视同仁"。也就是说，公正带有明显的"价值取向"，它所侧重的是社会的"基本价值取向"，并且强调这种价值取向的正当性。而公平则更多的是一种衡量工具，它所强调的是衡量标准的"同一个尺度"：用同一个尺度衡量所有的人或所有的事，或者说是强调"一视同仁"，用以防止对于不同的人不同的事采取不同的标准的情形。至于尺度本身是不是合理、正当的，公平就不予以考虑了。所以，凡是公正的事情必定是公平的事情，但是公平的事情不见得是公正的事情，这是公正和公平最为重要的区别。

有两幅漫画，讲的是妈妈和两个孩子踩着木墩，趴在栅栏上看赛马比赛。

第一幅漫画的标题是公平，妈妈、大孩子、小孩子踩在同一高度的木墩上看比赛，妈妈高出栅栏一头看得很清楚，但小孩子的头都没有超过栅栏，什么都看不见。

第二幅漫画的标题是公正，妈妈、大孩子、小孩子踩在由低到高的木墩上看比赛，三个人都能看见比赛。

这两幅漫画就很形象地揭示了公平和公正的区别。同一高度的木墩，无论对谁都是公平的，一视同仁，无特殊可言，这是公平。给不同高度的人，配备不同高度的木墩，根据不同的需求获得同等收益（看到同一场比赛），这才是公正。

而平等主体就是指资格上平等的自然人、法人、社会组织（包括以民事主体身份参与经济活动的政府部门），无论是外国人、本国人还是无国籍的人，都是平等主体。

关于平等主体中的自然人、法人、社会组织所指，应该是很容易懂的。这里说说法律上的人。

法律上的人，实质上是指自然人与拟制的人（如公司、企业、其他组织），自然人有血有肉有思想有行为；拟制的人无血肉之躯，是法律赋予它像人一样的主体资格和相应的行为、权利等，其行为和权利由它的员工、决策机构来具体实施。

二、要约和承诺

要约就是把订立合同的想法向有意者表达出来的行为。表现在商业中就是发盘、报价等，是吹响合同签订的"先锋号"，用以引发有意者响应。

就这样，一方召唤，另一方响应，双方意思表示达成一致，合同就诞生了。一方的响应，就是合同法中所讲的"承诺"。一诺千金、一言为定，就是比喻承诺的法律效力。

有一个跟"要约"很像的概念叫"要约邀请"，要约邀请是希望别人向自己发出要约的行为，要约邀请不会因为对方的承诺而成立合同，其本身也不具有法律约束力。

举一个商场购物的例子。你在燕莎百货商场柜台看中一块万国手表，标价13万元。售货员给你打印了销售小票，你拿着销售小票到收银台交款后，再回到柜台凭发票取走心仪的手表。在去收银台付款前，你可随时终止交易。这种情况下，商场不会追究你的违约责任。

在上述购物的过程中，燕莎百货商场标价陈列万国手表的行为就属要约邀请而非要约，而你选定手表的行为则为要约，持销售小票付款是要约的通知到达燕莎百货商场，燕莎百货商场接受付款的行为是承诺，此时买卖合同成立，双方受合同的约束。

为什么要厘清要约和承诺的概念呢？因为要约和承诺是合同诞生的必经过程。缺乏任一过程，合同都只能"胎死腹中"，不会对合同双方产生效力。

还是说上述商场购物的例子，你看好了手表后不买了，商场想卖给你，也行不通，因为只有商场的承诺没有你的要约，不构成合同。同样的，你看好了手表想买下来，但商场不卖给你，也白搭，因为只有你的要约而没有商场的承诺，也不构成合同，这真应了那句"一个巴掌拍不响"的老话。要想两个"巴掌"拍得响，就要两个手掌完全重合。要约和承诺就好比是这两个巴掌，重合就好比是意思表示一致，响声就好比是合同。如果两个手掌不重合，就不会有响声，对应于合同就是没成立。

还是说上述商场购物的例子，你想12万元买，但商场卖13万元，要约和承诺不一致，双方的合同也不可能达成。

如今网购盛行，我们一起分析一下网络购物中的缔约过程。

网络购物中常用的"拍""秒杀"，是一种什么行为？

笔者认为，这里的"拍""秒杀"是网络用语，是为了吸引消费者及时下单购买商品的形象用语，有快速拍板按照标价购买的意思。此处的"拍"和《拍卖法》中拍卖的"拍"不同，而法律上的拍卖，是指以公开竞价的形式，将特定物品或者财产权利出售给最高应价者的买卖方式。

卖家在网络商场展示"宝贝"或"拍品"，如同实体店中的在柜台内陈列商品，主要是为了吸引买家发出要约表示，应该是要约邀请。买家"秒杀"或"拍"就是"要约"，卖家同意接受订单就是"承诺"，由此双方订立"宝贝"的买卖合同。买家通过支付宝结算或付款，商家委托快递发货就是在履行买卖合同。

三、无效要约

要约是合同的起始阶段，应该具体明确，具备使合同成立的主要条款，

· 49 ·

否则承诺人难以承诺。即便承诺了，也会因为这种合意不具备合同的主要条款而不能成立。

笔者曾经代理过一起涉及要约不具体被认定无效的案例，详情如下。

2001年6月的一天，某市某繁华地段拆迁，某拆迁户系一家国营老字号饭店，几经动员就是不同意搬迁。

开发商问其原因，答曰："虽然拆迁能旧房换新房，但是拆迁后饭店的厨房设备设施只能重新购置，费用巨大，拆迁不合算。"

开发商称，只要饭店同意拆迁，厨房的设备设施全包。饭店老板大喜，随即搬离。

2003年冬天，原地段矗立起一栋现代化的商厦，老字号饭店高高兴兴地搬回了。饭店老板兴冲冲地让人列了厨房设备清单，让开发商去购置。

开发商老总一看，高大上的厨房设备价格确实不菲，从此退避三舍，饭店方便起诉了开发商。

笔者代理开发商，仔细分析了双方签订的合同条款：乙方（开发商）应按甲方（饭店）的要求配备厨房一切设备。这种约定太笼统了，要约内容不明确，应该属于无效要约。配备厨房一切设备，什么设备、多少设备、什么品牌的设备等，都没有明确说明，开发商当然无法承诺，要约和承诺不能达成一致，就不能达成合同。

在仲裁庭审时，饭店方提交了罗列的厨房设备清单，要求开发商按此清单购置设备。

笔者反驳，该清单与合同约定的设备（没有设备配备清单）不相符，不属于合同约定的设备，据此要求开发商购置，缺乏合同依据。

最终，笔者的意见得到了仲裁委的支持，开发商胜诉。

这个案子是国营老字号饭店的重大疏忽成全了开发商的侥幸胜诉，如果国营老字号饭店在合同签订时就把厨房设备清单作为合同附件，估计就不会是今天的这个结果了。由此看来，合同权益如何保障确实暗含玄机。

四、虚伪意思表示

虚伪意思表示，是与真实意思表示相反的意思表示。在合同中的表现形式就是，双方签订了一份合同，但该合同并非双方的真正本意。这种情况下该如何认定合同效力呢？

举个例子：甲变压器厂资金周转困难，需要向乙企业借款2700万元，但是又担心企业之间的资金拆借违法，就商量了一个办法——签订一份变压器买卖合同。合同约定，购买变压器10台，价款2700万元，所有权归乙企业，乙企业可以随时提货，或不提货半年内由甲变压器厂支付乙企业3000万元买回。

合同签订半年，甲变压器厂因资不抵债宣布破产。乙企业急忙来甲变压器厂提货。甲变压器厂的破产管理人拒绝了乙企业的提货请求，提出应该按照欠款关系参与破产财产分配。这种情况下，该如何认定变压器买卖合同的效力呢？

在回答这个问题前，需要先讲一下破产清算的常识。

根据《企业破产法》第38条的规定，法院受理破产申请后，破产企业占有别人的财产，别人可以取回该财产。如果是普通破产债权（如该案的借款），在破产财产不足以清偿时，只能按照债权比例清偿。

就该案而言，如果变压器买卖合同被认定有效，则变压器系乙企业的财产，其可以被乙企业取回，那么甲变压器厂的破产就不会造成乙企业的利益损失。但如果变压器买卖合同被认定无效，则乙企业对甲变压器厂只享有普通债权，只能按照债权比例清偿。也就是说，这种情况下，乙企业可能凶多吉少、颗粒无收。下面来分析一下，到底变压器的买卖合同效力如何认定？

我们首先要看看双方的真实意思表示是什么。毋庸置疑，双方是为了规避企业之间资金拆借无效的规定，假借买卖，隐藏借贷。所以，变压器的买卖合同仅是双方的一个幌子，真正的合同是隐藏在这个幌子之后的借款合同。

这种情况下，乙企业对甲变压器厂只是普通债权，应该和其他债权人一同按比例分配破产财产，而不能"取回"10台变压器。

虚伪意思表示的合同，之所以要费尽周折去"移花接木""掩人耳目"，无非是为了"不可告人"的特殊目的。例如下面的案件。

2021年5月1日，林某思与苏南市青方建筑有限公司签订《股份转让协议》，约定苏南市青方建筑有限公司将其持有的苏南市广源建工股份有限公司的4万股股份以33元/股的价格转让给林某思，林某思有权要求苏南市青方建筑有限公司于次年5月1日以48元/股的价格无条件回购该4万股股份。

乍一看，这是一份股份转让合同，先购买后回购，没毛病。如果得以自愿履行，不起争议也就罢了，民不告官不究。但一旦产生诉讼，法院就要审理该合同当事人双方的真实意思表示：是股份转让还是民间借贷。

如果该合同被认定为股份转让合同，则苏南市青方建筑有限公司就要以192万元的代价回购林某思的股份；如果该合同被认定为民间借贷合同，则苏南市青方建筑有限公司以152.3万元偿还给林某思即可。注：本金132万元加法定最高利息［一年期贷款市场报价利率（LPR）的4倍，约计年息15.4%］，总计约152.3万元。

综上，法院对合同性质的不同认定，将产生近40万元的差额。

笔者认为，该合同应被认定为民间借贷合同。理由是：通常情况下，在借贷关系中，签订合同时往往是出借人占据强势地位，其之所以要通过股份转让的方式"借款"，就是为了避开法律关于高利率的限制，获取巨额收益。股份转让是假，民间借贷才是真。

五、明示承诺效力

承诺也必须要采用通知的方式（明确认同要约），除非根据交易习惯或要约表明可以将行为作为承诺，也就是说，除特殊情况之外不得以沉默或不行动来作出承诺。因为沉默或不行动都是指受要约人没有作任何意思表示，也就不能确定其具有承诺的意思。如果沉默（没任何表示）都被看作是意思表示，那么就会引发秩序混乱。

根据要约表明可以将行为作为承诺的情况，如开车进入收费停车场，这种驶入行为就是要约，停车场收费就是承诺，收费时即达成停车服务合同。

笔者经常遇到一些客户，以这样的内容给合同相对方发函：请贵司在收到本函之日起 10 日内给予答复，否则，视同贵司同意我公司的索赔数额。

笔者认为，这种"通牒"是无效的。因为相对方没有做出任何意思表示（同意或不同意），强迫对方"同意"是不行的。当然，上述做法曾经也是有法可依的。就买卖合同的产品质量异议，1984 年实施的现在已经失效的《工矿产品购销合同条例》第 16 条就规定，"供方在接到需方书面异议后，应在十天内（另有规定或当事人另行商定期限者除外）负责处理，否则，即视为默认需方提出的异议和处理意见"，但该规定并未在《民法典》中予以保留。

还要注意一个问题，法律有规定或者当事人双方早有约定的沉默，可以视同意思表示。比如，当事人可约定，在 2013 年 4 月 21 日前甲方对乙方的要求未提出异议的（沉默），视为同意（承诺）。这是双方共同约定的内容，有别于刚才举例中说明的单方"通牒"。这也是《民法典》第 140 条中规定的除了口头合同形式和书面合同形式之外的默示合同形式。自动售货机、自动售票车、磁卡等消费形式就是此类合同形式。

再如，《民法典》第 638 条第 1 款对试用买卖合同有特别规定，试用期满，买方对是否购买试用品未做表示的，视为购买。这是沉默视为承诺的特别法律规定。

另外，最高人民法院确实有个别案例将合同相对方的签收行为认定为承诺，但笔者对此保留不同意见。

青岛市光明总公司（以下简称光明公司）与青岛啤酒股份有限公司（以下简称青啤公司）啤酒买卖合同纠纷案［（2004）民二终字第 125 号］。

事情的经过是，光明公司作为青啤公司啤酒销售的独家代理经销商，曾就损失补偿、违约、差价、返利等内容向青啤公司发出数十份索赔函，且都载有"如对本函有异议,请在一定时间内给予书面答复并提供相应书面证据"之类的内容。这些函件一式两份,有的为青啤公司销售分公司副总经理签收还有的为其他工作人员签收并盖章。青啤公司销售分公司在函件上签字后让光明公司取回,均未提出异议。

最终,最高人民法院认为,青啤公司作为具有完全民事行为能力的法人,对于载有此类内容函件的法律后果,应当有足够的判断力。在双方签订的协议书、补充协议等合同对函件所载的内容没有具体约定时,这些函件应当被认定为光明公司提出的新的意思表示和新要约。青啤公司签字并让光明公司取回且未提出异议的行为,应当认定为青啤公司的承诺。

在这起案件中,青啤公司付出了高昂的代价,最高人民法院基本上认可了光明公司在索赔函上提出的全部数额。

从判决书描述的事实经过可以看出,光明公司有备而来,不但懂法而且会用法。相比之下,青啤公司显得漫不经心、大大咧咧,例行公事地接收索赔函,有异议也没有及时提出,不谙法律却浑然不知。

由此可见,商场如战场,稍有不慎就会酿成"惨祸",真的大意不得。

六、补充协议

合同生效以后,双方应该严格按照合同的约定不折不扣地履行合同,如出现违约行为,应该按照合同约定承担违约责任。

但现实生活并非一帆风顺、一成不变。合同也是如此,在合同签订时,谁都没有"前后眼",能全面预见或安排合同签订或履行过程中出现的种种情况,特别是在合同履行过程中,有些客观情况会发生变化,继续履行合同会出现履行困难或者不利后果。在这种情况下,需要对双方的权利义务重新进行安排或补充约定,于是补充协议应运而生。

《民法典》第510条规定:"合同生效后,当事人就质量、价款或者报酬、履行地点等内容没有约定或约定不明确的,可以协议补充……"由此可见，补充协议是以原生效协议存在为前提的内容明确或补充，没有原有协议的生效就不存在补充的基础。

当然，如果原有协议中存在无效部分，通过补充协议进行删除或变更该无效部分，原有协议的剩余有效部分与补充协议应该有效。

补充协议毕竟也是协议，所以其必须是双方当事人协商一致而达成的，也不得违反法律法规的强制性规定。一方在履行原有协议的过程中提出签订补充协议，对方不同意的，该补充协议对双方当事人就不产生效力。

综上，补充协议是对原有协议的补充，通常情况下是起到补充原有协议漏洞的作用。另外，如果当事人在对原有协议进行补充的同时，约定了与原有协议相冲突的内容，则涉及对原有协议内容的变更，并具备变更原有协议的效力。

这种情况下，往往使用类似条款作出安排："如出现补充协议与原协议内容不一致，以补充协议内容为准。"

但有些时候，因为社会生活的多样性或者是语言的丰富性，补充协议的内容仍然存在歧义，或者补充协议不能填补原有协议的全部漏洞。毕竟原有协议与补充协议是两份协议，总会存在衔接不当的可能。在这种情况下，就需要根据《民法典》第510条、第511条的规定，根据合同条款、交易习惯以及法律确定的原则去解释。

以最高人民法院审理的德国亚欧交流有限公司与绥芬河市青云经贸有限公司合作协议纠纷案来讲解。

这个案子争议的焦点是：补充协议的签署地是否为管辖法院的所在地？

2004年6月30日，双方在青岛市签订《"德国科隆中国商品批发市场D座"合作协议》，该协议第8条第4项约定："如因本协议及本协议涉及项目产生纠纷……由协议签署地法院管辖仲裁。"

2005年1月26日，双方在绥芬河市签署《"德国科隆中国商品批发市场D座"合作协议的补充协议》，就有关合作项目商务考察签证和进场费的问题进行了约定。

绥芬河市人民法院认为，补充协议的签署地在绥芬河市，根据协议签署地法院管辖的约定，该院具有管辖权。

最高人民法院对此予以改判。理由是：原有协议已经约定了合同管辖由青岛市的人民法院管辖，虽然双方当事人在其他地点对原有协议进行了补充，但补充的内容仅限于商务考察签证和进场费的问题，并没有对管辖约定作出变更，因此，原有协议的管辖条款对双方当事人具有法律约束力。原审法院依照补充协议签署地对原有协议管辖地进行变更，缺乏合同和法律依据。

七、预约合同

去售楼处看房时，房产销售常会微笑着问，你预约过吗？实际上，她是在问，你是否曾签订过预约销售合同？

预约合同，就是约定将来订立一定合同（又称本约合同）的合同。这种合同通常会发生在因法律上或事实上的事由，订立正式合同的条件尚不成熟，于是先订立预约合同，使双方受其约束，以确保正式合同的订立。

例如，甲想租赁乙的房屋开餐厅，但乙出租给别人的餐厅租赁合同尚有3个月才到期，于是，甲先与乙订立房屋租赁合同的预约合同。

那么预约合同是否具有法律效力呢？答案是肯定的，如果违反，同样要承担缔约过失责任或违约责任。

在最高人民法院《关于审理买卖合同纠纷案件适用法律问题的解释》中规定，当事人签订认购书、订购书、预订书、意向书、备忘录等预约合同，约定在将来一定期限内订立买卖合同，一方不履行订立买卖合同的义务，对方请求其承担预约合同违约责任或者要求解除预约合同并主张损害赔偿的，人民法院应予支持。该解释的规定为《民法典》第495条所采纳，该条第2款明确规定，一方违约时，对方可以请求其承担预约合同的违约责任。

需要注意的是，预约合同的违约事实是不签订正式合同，而非违反正式合同约定的具体义务。比如，预约合同约定，双方应于2013年3月11日前签订《房屋买卖合同》，那么一方在 2013 年 3 月 11 日后拒绝签订《房屋买卖合同》，就是对预约合同的违约。

海南嘉博投资开发有限公司（以下简称嘉博公司）与张某侠、海口南川实业有限公司（以下简称南川公司）、海南南国置业有限公司（以下简称南国公司）股权转让合同纠纷案［（2011）民二终字第10号］。

四方签订一份《股权转让意向书》约定，张某侠和南川公司系南国公司的股东，拟将股权转让给嘉博公司，嘉博公司分别向张某侠、南川公司支付定金500万元。

若因嘉博公司原因不履行本意向书的内容，定金不退。如张某侠、南川公司或南国公司不具备合同约定的情形，嘉博公司可随时单方解除意向书并由张某侠和南川公司退还定金。如果没有出现上述情况，就可以签订《股权转让协议》。如张某侠、南川公司不愿意签订《股权转让协议》，应该双倍返还定金。

后嘉博公司分别向张某侠、南川公司支付定金500万元，但张某侠、南川公司拒绝签订《股权转让协议》，嘉博公司诉至法院要求对方将股权转让给自己。

法院认为，《股权转让意向书》系预约合同，非《股权转让协议》的本约合同，按照预约合同的约定，张某侠和南川公司可以拒绝签订《股权转让协议》，但应该按约承担违约责任即双倍返还定金。嘉博公司不能依据履行尚未签订的《股权转让协议》要求对方进行股权转让。鉴于嘉博公司未主张定金返还，故法院只好驳回其要求将股权变更给自己的诉讼请求。

在实践中，常见"初步协议""框架协议""意向性协议"，如果这些"协议"不约定具体的条款，通常就不会具有法律约束力。

如果这些协议中明确将来当事人有义务订立诸如投资建厂、合作来料加工、合作开发等内容，就可能被认定为预约合同，适用上述理论。

如今买房盛行，房屋买卖中常签订《商品房认购书》，我们的问题是，在开发商未取得商品房预售许可证的情况下，《商品房认购书》是否有效？

根据最高人民法院司法解释的规定，商品房屋未取得预售许可证不得销售，是法律法规的强制性规定，违反该规定而签订的房屋买卖合同无效。

而《商品房认购书》作为一种独立的合同形式，从其签订的内容看，通常是为了将来当事人订立正式的房屋买卖合同而达成的书面承诺或者书面意向，其目的就是通过订立该合同来约束双方当事人在将来去订立正式的合同，与将来签订的正式房屋买卖合同相对应，《商品房认购书》是预约合同，其是正式房屋买卖合同签订前的预备性合同，不应因预备合同的订立，而认定正式合同也订立。

既然《商品房认购书》是买卖双方为将来订立《商品房买卖合同》所作出的承诺，那么其就不是正式的商品房买卖合同。国家对房屋预售许可管制的对象是商品房屋的买卖行为，而非预约行为。所以，未取得预售许可证而签订的《商品房认购书》等预约合同有效。

需注意，预约合同和本约合同项下的预约行为是有区别的，比如，你在某理发店办理一个常年理发服务卡，就是与理发店建立了理发服务合同。每次理发前与理发店"预约"理发，这种预约就是本约合同项下的履行行为，与为了签订理发服务合同而提前签订"预约合同"不是一回事。

八、招投标合同

招投标合同是为了引入竞争机制，实现经济价值的高效、公平而签订的合同，该类合同在建设工程施工、公用设施采购等领域比较常见。

涉及这类合同时，要掌握好招标、投标各阶段的法律性质，以判断合同的成立和生效。

如必须采用招投标方式签订的合同（如重大市政工程施工合同）而未通过招标程序订立，那么合同因违反法律的强制性规定而被认定无效。最高人民法院《关于审理建设工程施工合同纠纷案件适用法律问题的解释（一）》第1条第1款第3项规定，建设工程必须进行招标而未招标或者中标无效的，施工合同无效。

此类施工纠纷举不胜举,一旦施工合同被认定为无效,对施工方就可能造成毁灭性的打击。工程竣工验收合格的,施工方尚可参照合同主张工程款,否则施工方就"哑巴吃黄连"有苦说不出了。

在确定中标人前,《招标投标法》禁止招标人与投标人就投标价格、投标方案等实质性问题进行谈判。也就是说,招标前招标人与投标人就价款、方案等关键问题进行私下沟通也是不允许的。

为什么招投标程序对合同效力如此重要呢?

这主要是因为这些必须要进行强制招投标的合同比较特殊,要么是重大的市政基础工程,要么使用国家或国际资金,关乎公共利益和公共安全,国家法律对此作出严格规定,看似与合同缔约自由原则相悖,实际上是法律基于公共利益和公共安全而做出的特殊抉择。

招投标程序分几个阶段:招标阶段,法律性质是要约邀请,吸引投标人投标即发出要约。投标阶段,投标即要约,是合同成立的必要阶段。评标、定标阶段,中标通知书就是承诺,随即双方签订书面合同,合同成立。

有人问,评标结束后,招标人对招标结果不满意,能不能当场宣布废标或重新招标?

根据上面的分析,答案是肯定的。理由是:面对投标人的要约,招标人有权决定是否承诺(发出中标通知书)。没有招标人的承诺,双方合同就没有达成,招标人可以废标或重新招标。

但是,如果招标人借此恶意磋商损害投标人利益,招标人就要承担缔约过失责任,详见下一讲"缔约过失责任"的内容。

在一起案例中:北京甲房地产公司就某国际大厦的装饰工程进行招标,乙装饰公司参加投标,并最终获得甲公司的中标通知书。

但不久,甲公司又向乙装饰公司发出通知,声明中标作废,项目重新招标。乙公司因本次投标缴纳投标保证金120万元,并为工程准备了多张设计图纸和效果图,利息损失及设计费损失共计25万余元。

后乙公司起诉至法院要求甲公司赔偿损失，最终获得大兴区人民法院判决支持。

有人又会问：招标人给中标人发出中标通知书，中标人不签订合同，能否追究其违约责任？答案是可以。

《招标投标法》第46条第1款规定："招标人和中标人应当自中标通知书发出之日起三十日内，按照招标文件和中标人的投标文件订立书面合同。招标人和中标人不得再行订立背离合同实质性内容的其他协议。"从该款可以看出，中标通知书发出后签订的书面合同必须按照招投标文件订立。招标往往会对合同内容作出明确要求，投标人对此当然明知，所以可以认定中标通知书到达投标人时双方当事人已就合同内容达成合意。

另外，《合同编司法解释》第4条第1款对此也作出确认，采取招标方式订立合同，当事人请求确认合同自中标通知书到达中标人时成立的，人民法院应予支持。合同成立后，当事人拒绝签订书面合同的，人民法院应当依据招标文件、投标文件和中标通知书等确定合同内容。

九、格式条款与"霸王条款"

当我们到银行、电信、自来水公司办理业务时，工作人员常常将印刷好的合同交由我们签字，这些合同中的条款未与消费者反复协商，早已被拟定好，而且内容特定化，消费者没有选择。想办就签字，合同条款只字不改，不办不强求，这类合同的条款就是格式条款。

但注意不要将格式条款与示范条款相混淆，示范条款就是根据法规和行业惯例而确定的具有示范作用的文件，例如，房屋买卖、租赁、建筑施工等许多行业都推出了示范条款。这些条款是供当事人签订合同时参考使用的，并不具有特性化、不可协商的特点，双方可以协商修改、增减任何条款。

合同本来是市场自由交易的产物。但格式条款是市场主体间的不公平造成的，虽然合同的当事人在法律上都是平等的民事主体，但由于交易主体所处的市场地位不同，就会造成事实上的不公平。对于此现象，法律不能无动于衷，必然要对此做出规范。

讲到这里，会有人说，格式条款就是"霸王条款"呗，非也。

首先，提供格式条款的一方免除其责任、加重对方责任、排除对方主要权利的格式条款才是"霸王条款"。不可将全部格式条款视同为"霸王条款"。

"霸王条款"出现最多的是在消费领域，经营者以格式合同、通知、声明、店堂告示等方式作出对消费者不公平、不合理的规定，或者减轻、免除其损害消费者权益的责任。根据法律的相关规定，因"霸王条款"免除一方责任、加重对方责任、排除对方主要权利而属于无效条款。

举一个在宾馆住宿的例子。

有个背包客张某外出旅游，夜宿重庆市华宇宾馆。入住登记时，宾馆向其出示《旅客住宿登记卡》并口头提醒"注意事项"，主要内容是：尊敬的客人，为确保您的人身安全，按照《旅店业治安管理办法》之规定，请您务必将现金和贵重物品、行李包裹存入保管室。否则，后果自负。请签字。

张某入住宾馆后，将行李放在房间内，没有存入保管室，并在"注意事项"处签了字。到了第三天，张某一觉醒来，发现随身携带的相机、手机、钱包等贵重物品不翼而飞。张某急忙找到宾馆服务员，要求查看录像寻找窃贼，无果。张某只好要求宾馆赔偿其损失，宾馆却以张某无视财物保管提示，自己保管不善造成损失为由，称宾馆不负任何责任。随后，张某将宾馆诉至法院，最终调解结案。

下面让我们分析一下华宇宾馆到底应不应该承担赔偿责任。

华宇宾馆的"注意事项"由其事先单方制作，张某只能全部接受或全部不接受，不能协商或讨价还价，因此该条款属于格式条款。

根据《消费者权益保护法》的相关规定，宾馆、饭店、银行、车站、娱乐场所等公共场所的管理人或群众性活动的组织者，未尽到安全保障义务，给他人造成损害的，应该承担侵权责任。这是管理人或组织者的法定义务，该义务不能通过格式条款予以免除，否则，该格式条款无效。

由此可见，华宇宾馆的"注意事项"免除了其本应承担的安全保障义务，应该属于无效条款，不应对顾客产生法律约束力。

根据上述相关法律规定以及过错程度，华宇宾馆应该对张某承担补充赔偿责任，除此之外的赔偿责任，应该由窃贼承担。

在现实生活中，常常会有些人在自己违约时，以商家提供的合同文本有无效的"霸王条款"为由来推脱责任。其实，格式条款只有出现权利失衡时才称得上"霸王条款"，而现实中大量的格式条款还是公平合理的。

例如，成某诉江苏省无锡轻工业大学教学合同纠纷案。

经国家批准无锡轻工业大学与金门大学合作开设MBA课程班，成某报名参加并与无锡轻工业大学签订了一份名为"就读金门大学工商管理硕士班的有关协议"的格式合同。

就读期间，成某未经校方批准私自旅游，并多次不参加学校组织的活动，严重违反学生守则，被金门大学除名。成某不服，起诉无锡轻工业大学，请求法院确认无锡轻工业大学与金门大学办学违法，并退回学费。

法院的意见是，格式合同也是法律所允许的一种书面合同。合同内容虽然由一方事前拟就，但在双方签字后就成为双方一致的意思表示，合同即宣告成立。

格式合同的条款只有在法律规定其无效的情况下，才能被宣告无效，并非只要是格式合同就必然无效。成某与金门大学签订的格式合同，内容合法明确，双方应该严格遵守。

其次，在格式条款发生歧义的时候，要对格式条款提供者作出不利的解释。

例如，梅州市梅江区农村信用社合作联社江南信用社（以下简称江南信用社）诉罗某玲储蓄合同纠纷案。

2000年7月6日，罗某玲在江南信用社存入77 000元，存期8年，存单的"利率"及"到期利息"栏均为空白，8年后罗某玲取走本息。江南信用社以工作人员疏忽多付罗某玲 7 万余元（利率为 17.1%），构成不当得利为由起诉至法院。

原告起诉理由是，自 1996 年 5 月 1 日起，央行就下发通知取消了 8 年定期整存整取的储蓄种类。工作人员在 2000 年仍为罗某玲办理该业务，属于工作疏忽，被告在扣除按现行利率计算的利息外余额应予以返还。

梅州市中级人民法院认为，江南信用社作为专业金融机构，对于关乎储户利益的内部规定，负有告知义务。央行的内部规定不属于法律，罗某玲作为普通储户不可能熟知该规定，原告在没有告知罗某玲的情况下，与其签订了 8 年期储蓄存单（利率为 17.1%）。当罗某玲与江南信用社就储蓄存单产生争议时，应按照一般生活常识和普通认知对合同条款进行解释，不能片面地依照银行内部规定去解释合同。在格式条款（利率是应按 17.1% 计算还是应按现行利率计算）发生歧义的时候，要对格式条款提供者——江南信用社作出不利的解释。

在这里，要注意对格式条款的提供者做不利解释的适用条件：

在条款发生"歧义"时，应该是与消费者群体普遍发生了不同的理解，而非个别消费者特有的个人理解，这不意味着只要是提供者与消费者发生歧义就做出对提供者不利的解释，而是应该按照客观解释确定存在两种以上的相左意思时，才适用该原则。

比如，张某与保险公司签订汽车保险合同，约定"车辆因载货量超重而导致事故发生，保险公司不负赔偿责任"，后张某的车辆因超载乘客发生事故。保险公司和张某对"载货量"的"货"的理解发生歧义，是"纯货物"还是"人货混合"？

最终，法院以载人超重而非载货超重判保险公司担责，即认定此处的货是"纯货物"，不包括人。

《民法典》第 496 条第 2 款规定，提供格式条款的一方未履行提示或者说明义务，致使对方没有注意或者理解与其有重大利害关系的条款的，对方可以主张该条款不成为合同的内容。

综上，上述原则为格式合同的提供者提出了更加严格的制作要求。

笔者建议，格式合同的提供者应对合同条款进行认真细致的研究，必要时交由专业人士去帮助完成合同的起草，并由专业人士提供签约说明，避免在发生争议时，被判决承担责任。

十、合同的订立方式

经常有人问律师，自己签订了合同，要不要到公证处公证一下，这就涉及合同的形式问题。

合同的形式，简单点讲，就是订立合同的方式，是书面的还是口头的，是需见证的还是需公证的。

在我们的现实生活中，合同的主要形式是口头合同，买一瓶矿泉水，就是一份口头买卖合同，你想，每年有多少瓶矿泉水被卖掉？可以想象一下，世界的商品数以亿计，每一秒会产生多少份的口头合同。但书面合同最起码需要磋商和签订的时间，在数量上当然无法与口头达成的合同相提并论了。

书面形式的合同非常普遍，关系复杂点的、不是即时履行完毕的合同，以及当事人认为重要的合同，通常也会签订书面合同。甚至有些法律还规定某些合同必须以书面形式订立，如融资租赁合同、建设工程合同、技术开发合同、抵押合同、银行借款合同、土地出让合同等。书面合同一旦产生纠纷，可以做到有据可查，易于举证。

这里有个问题：法律规定或当事人约定必须采用书面形式订立合同而未采用书面形式的，合同是不是就没成立？

其实并不是，根据《民法典》第490条的规定，在这种情况下，一方已经履行主要义务，对方接受的，该合同成立。由此可见，书面形式是合同成立的要件，但不是生效要件。

那么合同到底需不需要公证呢？除非法律有特别的规定，通常合同只要是双方真实签订，不违反法律法规的禁止性规定，就是有效的，不需要再到公证处公证。

那可不可以去公证处公证，或者说公证都有什么好处呢？

公证，就是公证处根据你的申请，对民事法律行为、有法律意义的事实和文书的真实性、合法性出具证明的活动。所以，签了合同找公证处对其真实性、合法性进行证明，当然是可以的。

但并不是说违法的合同拿到公证处经公证就合法了，因为公证处会根据法律规定，严格审查合同，如合同违背双方意愿、违反法律禁止性规定，就不可能出具公证书。

当然，不是说合同公证就没有任何意义。如在赠与合同中，经过公证后，赠与人在财产赠与的权利转移之前就不能随便撤销赠与了。

再如，当合同引发官司时，法院在认定合同的证据（真实性、合法性）效力时，经过公证的合同证明力一般会大于其他合同，特别是对公证过的合同的真实性无须当事人再行举证证明。

鉴于重大事项通常要签订书面的合同，再加上目前网络购物的盛行，我们此处就单讲书面合同中的数据电文合同即电子合同。

电子合同，现在已经司空见惯了，就是在国际贸易中一直沿用的以传真、电子邮件、软件登录等方式签订的合同。《民法典》第491条第2款规定，当事人一方通过互联网等信息网络发布的商品或者服务信息符合要约条件的，对方选择该商品或者服务并提交订单成功时合同成立，但是当事人另有约定的除外。

在我们的生活中，如在计算机中、手机中安装一个软件，首先会要求使用者确认一份安装协议，只有同意该协议的条款，才可以进行安装。点一下"是"或"确定"，使用者就与软件开发商达成了电子合同。

再如，消费者到"京东"下订单，就是与"京东"确立了买卖合同关系。虽然电子"签名"及签约主体的认证技术尚待提升，但是这种形式已成为人们签订合同的一种重要方式。

当然，鉴于电子签名技术以及电子合同储存技术的局限，加之诚信现状，电子合同在证据证明方面还存在一些困难。

比如，在合同诉讼中，经常出现一方当事人对另一方当事人提交的通过邮件签订的合同予以否认，称"126 邮箱"或"msn 邮箱"不是本人的邮箱。由于目前邮箱申请不实行实名制，所以，邮箱名称与某人不存在特定对应关系。在这种情况下，法官很难对某人与邮箱之间的关联性做出判断，进而据此裁判由此邮箱缔结的合同成立。

我们再说说手机短信或微信信息的证据效力。

南宁市西乡塘区人民法院通过手机短信内容认定了一起借款纠纷。大致情况是，两人签订了借款合同约定借款 3 万元，借期 3 个月，届时没还，出借人与借款人之间互发了短信，一个要求还款，另一个回复要求宽限 3 个月。最终法院依据手机短信认定欠款事实成立。

手机短信或微信信息能够作为认定事实的证据吗？

在目前这个电子时代，很多领域已经实现"无纸化"工作模式，如果我们还用传统的认知观念来认定电子文档的证据效力，因为其容易被篡改、被复制而否定其证据效力，那必将脱离生活，被时代所抛弃，也不利于对事实的认定。

证据的认定，万变不离其宗，从几个方面来考察证据效力即可。短信要成为证据，就要结合具体案件情况，看看其是不是取得正当，是不是与案件相关，是不是本身可靠。

就该案来说，如果短信发出时间和手机号码、手机收到信息时间和号码、通信商的记录等形成证据链，相互印证，何必把它拒之门外，否定其效力呢？

令人欣喜的是，目前也已经出现了一些利用短信作为证据而胜诉的案例，如"梁某英诉覃某勇名誉侵权纠纷案——短信息侵犯名誉权案"，在这个案件中原告同样是利用一条短信作为名誉侵权的证据被法院采信，从而赢得诉讼的胜利。

我们有理由相信，在不远的将来，随着电子技术水平的提高，电子证据将成为法庭上常见的重要的证据。

第七讲
缔约过失责任

一、制度设立初衷

　　缔约过失责任，主要是指为了解决一方违背诚信，无意签订合同或签订了无效的合同给另一方造成损失，另一方可追责的制度。

　　通常情况下，合同签订前需要双方的友好磋商，在这个过程中，双方当事人会"敞开心扉"就合同的实质内容"亮出底牌"。但在这种情况下，不排除会有人假借磋商为名，行窃取商业机密之实，或者恶意洽谈，拖延时机，打击竞争对手。

　　如果法律对这一阶段当事人的行为不加以约束，就会影响到当事人签订合同的积极性，有悖于合同诚实信用的缔结原则。这就是缔约过失责任制度设立的初衷。

　　缔约过失责任是违反先合同义务的法律后果。所谓先合同义务，是当事人在签订合同过程中依诚实信用原则所应承担的必要的注意义务，如相互照顾、协调、保密等义务。

　　在为缔约而进行磋商的过程中，双方当事人已由一般的业务关系变成了特定信赖关系，这种关系并不是以给付为内容，而是以相互协力、通知、说明、照顾等附随义务为实质。

二、缔约过失责任的认定

司法实践中，对缔约过失责任的认定，主要从以下三个方面进行考察。

一是缔约过失行为必须发生在合同的缔结阶段。合同生效后，一方未履行合同义务给对方造成损失的，可以依据合同追究对方的违约责任。

那么法律上对缔约阶段如何界定呢？

是阶段就有始终。缔约阶段的起点，应该是要约到达相对方之日，因为从此刻起，才可能有信赖利益的产生；终点应该是合同生效前，长期以来理论界对缔约阶段的终点在哪儿争论不休，也有些观点认为是合同成立前。

笔者支持缔约阶段的终点在合同生效前的观点，否则，对于合同成立尚未生效（如需要经过审批或登记手续后方能生效）阶段，容易出现法律保护的真空地带，使当事人的信赖利益得不到有效保护。

注意：缔约阶段的起点是要约到达相对方，而不是要约邀请到达相对方，因为要约邀请不具有法律约束力，这个时期的相对方只是"一厢情愿"，不存在信赖利益的产生。

但是，如果假借要约邀请，恶意损害对方利益，则可以适用缔约过失追究责任。比如，招标公告作出的要约邀请，在投标人做了充分准备工作前来投标时，被告知招标取消，如果因此给投标人造成损失，招标人应该承担缔约过失责任。

二是必须有一方或双方存在违反先合同义务的行为。先合同义务主要概括为：无正当理由不得撤销要约的义务；使用办法的告知义务；重要事项的告知义务；协作和照顾义务；不得滥用谈判自由义务等。说白了，非诚勿扰，没诚意别忽悠，只忽悠却不办事的人要付出代价。

三是行为人存在主观过错，且给对方造成损失。主观过错，包括故意和过失，在实践中多数都是明显故意和恶意。给对方造成损失，也是缔约过失责任构成的必要条件，没有损失即没有补偿。

在司法实践中，法院认定缔约过失责任通常是慎重的，需综合各方举证和已经发生的事实，特别是要审查是否是一方的故意行为导致另一方的损失，是否违反了正常签订履行合同的诚信原则。如果是受到市场变化的影响，且根本未能签订正式的买卖合同，法院往往不会将正在履行、谈判的行为认定成缔约过失行为。

陕西咸阳星云机械有限公司（以下简称星云公司）与彩虹集团电子股份有限公司（以下简称彩虹公司）缔约过失责任纠纷案〔（2008）民二终字第8号〕。

2003年7月28日，星云公司作为供方与需方彩虹公司所属的彩虹彩色显像管总厂彩管一厂签订防爆带组件的材料、零部件认定协议，约定"……供方提供的大批量样品，如需方用于生产，且使用合格，需方可按协议价格付款。'五步认定'合格后，需方向供方出具《认定结论通知书》，作为量产供货的依据。其他未尽事宜，另行协商解决"。

上述协议签订后，星云公司购置设备、模具，按要求组织样品生产。产品经彩虹公司认定合格，可以量产。后彩虹公司提出双方正式供货合同的产品价格应在认定协议基础上下浮30%，星云公司不同意，遂提起诉讼，称彩虹公司恶意磋商，请求认定彩虹公司承担缔约过失责任，判令彩虹公司赔偿星云公司设备投资、专用模具投资、设备安装、运输、电力配套设备、员工培训费用等共计3001万元。

最终，星云公司的诉求未得到法院支持。

这个案子对计划投资新项目的企业来说是个警示。企业在投资前，应对市场风险进行评估，将全部收益寄希望于一个客户身上是非常危险的。

该案中，最高人民法院认为，星云公司为将来可能签订正式合同所进行的必要投资，应承担一定的市场风险。对因拒绝接受彩虹公司提出的合理降价而停产所产生的扩大损失，以及基于相信彩虹公司会继续接受其供货的重大误解产生的损失，由其自行负担。

双方当事人在签订正式供货合同之前签订的预约合同，已就产品价格进行了约定。彩虹公司在签订正式合同时基于市场价格出现了较大的波动而提出降价30%，不属于恶意磋商，不构成缔约过失责任。

还有一种情况的缔约过失责任是发生在合同签订后需办理批准、登记等生效手续的合同中，应该引起大家的注意。例如，采矿权、探矿权的转让合同，根据国务院的《探矿权采矿权转让管理办法》的规定，未经批准转让的合同无效。长久以来，矿业权的转让需要自然资源主管部门的审批，现在的司法实践中，转让人拒不履行报批义务，应承担什么样的责任？这在司法实践中相对来说比较混乱，意见不一致。很多法院一般考虑缔约过失责任，甚至判令受让方也承担一部分责任。

自最高人民法院《关于审理矿业权纠纷案件适用法律若干问题的解释》明确规定矿业权转让合同自依法成立之日起就具有法律约束力，即合同依法成立了，对当事人就有约束力，转让人应该按照合同约定履行，其履行义务中就包括一个报批义务。报批义务是促进合同完全生效、合同得以继续履行的基础。如果转让人以种种理由拒不履行报批义务，导致受让人的合同目的无法实现，那么受让人可以解除合同，支付的款项可以要求返还，甚至还可以要求赔偿损失，即要求转让人承担违约责任。

《全国法院民商事审判工作会议纪要》（以下简称《九民纪要》）第40条规定，人民法院判决一方履行报批义务后，该当事人拒绝履行，经人民法院强制执行仍未履行，对方请求其承担合同违约责任的，人民法院依法予以支持。一方依据判决履行报批义务，行政机关予以批准，合同发生完全的法律效力，其请求对方履行合同的，人民法院依法予以支持；行政机关没有批准，合同不具有法律上的可履行性，一方请求解除合同的，人民法院依法予以支持。

《民法典》第502条以及《合同编司法解释》第12条对此作出法律确认。

《合同编司法解释》第12条规定："合同依法成立后，负有报批义务的当事人不履行报批义务或者履行报批义务不符合合同的约定或者法律、行政法规的规定，对方请求其继续履行报批义务的，人民法院应予支持；对方主张解除合同并请求其承担违反报批义务的赔偿责任的，人民法院应予支持。人民法院判决当事人一方履行报批义务后，其仍不履行，对方主张解除合同并参照违反合同的违约责任请求其承担赔偿责任的，人民法院应予支持。合同获得批准前，当事人一方起诉请求对方履行合同约定的主要义务，经释明后拒绝变更诉讼请求的，人民法院应当判决驳回其诉讼请求，但是不影响其另行提起诉讼。负有报批义务的当事人已经办理申请批准等手续或者已经履行生效判决确定的报批义务，批准机关决定不予批准，对方请求其承担赔偿责任的，人民法院不予支持。但是，因迟延履行报批义务等可归责于当事人的原因导致合同未获批准，对方请求赔偿因此受到的损失的，人民法院应当依据民法典第一百五十七条的规定处理。"基于前述规定，对于需要履行报批义务的合同，不履行、不及时履行报批义务的企业需要承担法律责任。因此，对于需要履行报批义务的合同一方，建议从以下方面进行风险防范：及时履行报批义务，并留存已经履行报批义务的相关证据；在签订合同时要明确约定，如果合同一方履行报批义务，批准机关未通过的，可以解除合同且无须承担任何违约责任。

三、缔约责任赔偿

就上述案例，我们提出一个问题，就是缔约过失责任该如何赔偿？

首先，要搞清楚缔约过失责任赔偿的基础是什么，也就是说，什么情况下的缔约过失造成的损失要赔偿。

答案是，只有合理或者善意的信赖才予以保护。合理的信赖，是参照善意第三人在同样情况下的思维判断，否则，即便为此支付了大量费用，也不应在赔偿范围之内。

比如，甲有一处房屋想以 150 万元出售给乙时，丙前来搅局，称愿以

155万元购买该房屋，随即甲回绝了乙，乙另行购买了别人的房屋，但丙迟迟未与甲签订房屋买卖合同。正值房价下跌，甲不得已以145万元向第三人出售房屋。由于甲信赖丙购买而未卖给乙造成5万元损失，甲有权按照缔约过失责任要求丙予以赔偿。

信赖利益损失是当事人一方信赖合同有效成立，但最终因为合同不成立、无效或被撤销所产生的损失。

还有一种微妙的情况就是，在缔约阶段发生了信赖利益损失，但最终双方还是缔结了合同，那么信赖利益还需不需要补偿？举个例子，某客户约好律师前来办公室洽谈一起诉讼案件，律师来到客户处却被告知没有时间见面，后来，客户还是将此案件委托给该律师办理。问：律师白跑一趟的损失是否可以向客户主张？

在实践中，虽然律师可以按时计算出损失，但是鉴于客户是上帝，很少有律师会就空跑一趟去主张损失。但理论上讲，律师可以就无端增加的订约成本向客户主张赔付。如果客户不存在上述行为，律师可以实现更大的期待利益。如果该损失不予以赔偿，显然会导致放任不诚信行为的结果，有悖于缔约过失责任的设立初衷。

另一个问题是赔偿原则——填平原则，即赔偿的最终效果为恢复缔约前的原状。

比如，一个号称世界五百强的甲公司，打算在某高新区投资新能源汽车，并与该区老企业乙汽车厂家洽谈合作开发新能源汽车。对在苦苦寻求企业转型的乙企业来说，有这等幸运事，倍感幸福来得太突然，公司上下立刻斗志昂扬，为甲公司的来访和考察进行规划，不辞劳苦。

几个月下来，期待的"美梦"醒了，甲公司以合作时机不成熟为由撤出了某高新区。失落的乙企业静心一算，几个月来为了虚无缥缈的"新能源汽车梦"付出的考察、差旅、招待、中介评估等费用共计60余万元。

在这个事例中，乙企业可以主张的缔约过失责任赔偿限定范围应该是60余万元的实际损失，以能恢复至未发生缔约过失行为之前的"原状"所产生的费用为赔偿最高额。

四、缔约过失责任的诉讼时效

如果在合同签订过程中发生因一方过错导致自身利益受损，需要追究对方缔约过失责任的，要注意法律关于缔约过失责任的诉讼时效的规定，避免出现过了诉讼时效，造成自己权利无法追偿的情况。诉讼时效的有关知识详见第十二讲"期限和时效"。下面就不同情形下的诉讼时效起算进行讲述。

合同被撤销的，诉讼时效从撤销通知到达受要约人时开始计算；假借订立合同恶意进行磋商的，从一方恶意终止谈判之日开始计算诉讼时效；合同因为没有办理有关手续而不成立或不生效的，应从法院确认合同不成立或不生效之日开始计算诉讼时效；无效合同的诉讼时效的起算有点复杂，合同无效属于当然无效、自始无效，所以看似没有时效的起算点，至于何时起算诉讼时效，目前存在三种不同认识，最高人民法院没有就此作出了权威的司法解释。

在最高人民法院审理的中国五金交电化工公司与中国光大银行合肥分行无效借款担保合同纠纷案［（2003）民二终字第38号］中，最高人民法院认为，即使在合同应当或事后已经被确认无效的情况下，已经履行合同的一方当事人因对方不履行合同而要求返还财产或赔偿损失的，其行使该项请求权的诉讼时效期间也应从合同约定的对方履行合同义务的期限届满后的次日起计算。

同是最高人民法院审理的广西北生集团有限责任公司与北海市威豪房地产开发公司、广西壮族自治区畜产进出口北海公司土地使用权转让合同纠纷案［（2005）民一终字第104号］中，最高人民法院却又认为，合同无效系自始无效，当事人请求确认合同无效的，不应受诉讼时效期间的限制，而合同经确认无效后，当事人请求返还财产及赔偿损失的，应当适用法律关于诉讼时效的规定。

鉴于目前此类问题没有定论，虽然 2010 年 11 月 17 日最高法院发布了《关于无效合同所涉诉讼时效问题的规定（征求意见稿）》，该意见稿第 1 条规定，当事人对确认合同无效请求权提出诉讼时效抗辩的，人民法院不予支持，但当事人可以对作为债权请求权的返还财产、赔偿损失请求权提出诉讼时效抗辩。但是，该意见稿毕竟未能正式定稿发布实施，所以，为了保险起见，笔者建议读者遇到类似问题时要尽早提起诉讼，避免出现因超过诉讼时效而导致权利得不到保护。

第八讲
公 章 管 理

一、公章原理

公章，大家应该非常熟悉了。之所以将公章管理单列为一章，而且内容繁多，主要是因为这方面的诉讼太多，很多案件因公章而生。

实际上，公章的纠纷只是一个表象，章被盗刻、盗用、涂改、冒刻等问题，其背后主要是诚信问题。

在公司业务中，公章经常要配合董事长或总经理（厂长）的人名章一起使用，无论是合同、财务、税务、发票等业务专用章还是仅有公司名称的行政章，都是公司的法定标识。那为什么要使用公章呢？让我们从"法人"说起。

经常听有人说，公司的"法人"不在单位，他的本意应该是说法定代表人或法人代表不在单位。需要先纠正一下，"法人"不是人，法人不会"走开"。

法人作为民事法律关系的主体，是与自然人相对称的，它是社会组织在法律上的人格化（或者称拟制的人），是法律意义上的"人"，而不是实实在在的有机生命体，其是依法产生、消亡的。

自然人的行为能力，顾名思义，就是指能够以自己的行为依法行使权利和承担义务的能力。而法人的行为能力就很难想象，一个组织本就没有生命，如何能有行为呢。其实是法律赋予它行为的能力，这种能力是通过它的法定代表人、职工的职务行为体现的。

为了职工履行公司职务的便利并区分责任,人们想到了统一制作公章,让不会签字的"法人"能够以"章"代"签",这就是笔者所想到的使用公章的缘由。

签合同为什么要盖章呢?

正如前文所言,如果每次签合同都需要法定代表人去签字,这显然很不方便,也影响工作效率。于是,在合同上加盖的印章就成了"公司的代言人",其表明了双方当事人订立合同的要约、承诺的完成和对双方权利、义务的最终确认,标志着合同经双方协商而成立,对当事人双方发生法律效力,当事人应当基于合同的约定行使权利、履行义务。

公章的原理,有点像古代皇帝调兵遣将用的虎符。

鉴于公章关系公司兴旺,公司的公章由谁掌握也就非常重要,控制了公章也就意味着控制了公司。

陈某与上海兴义昌电器制造有限公司(以下简称兴义昌公司)返还公章案〔(2004)沪二中民三(商)终字第30号〕。

陈某曾是兴义昌公司的总经理,因某种原因,兴义昌公司董事会决定免去其总经理职务,但陈某不服,认为该决定违反公司章程,坚决不予配合,紧攥公司公章不放手。无奈兴义昌公司起诉至上海市第二中级人民法院要求陈某交出公章,最终得到二审法院支持。

在我国,因为公章诉至法院的案例不计其数,这类诉讼在中国可能也是一个特色,名为夺章,实为夺权。欧美国家不使用公司印章,自然也不会理解,更不会有为公章鏖战的"奇观"了。

二、公章的种类

公章分类,大致有以下五类:

行政公章,即印文与其代表的法人或组织名称一致的公章。其代表企业单位，使用最广、效力最高。在通常情况下，众多企业在订立合同时都加盖行政公章。

法定代表人章，即刻有法定代表人姓名的印章。基于法定代表人的特殊身份，在银行资金存取、合同签订时常需要法定代表人印章与行政公章、合同专用章、财务专用章等同时使用。该印章在以法人或组织名义使用时，效力等同于行政公章。

合同专用章，顾名思义，是在合同中使用，体现法人或组织同意订立合同并认可合同条款的专门印章。

财务专用章，是在公司财务的特定范围内使用的印章，如应用于企业之间对账、税务部门报税、银行资金划转、出具收款收据等。但在买卖合同中加盖财务专用章，则不能当然认定为法人或组织的意思表示。

部门公章，是法人或组织内部职能部门的印章（如某企业计划部印章、档案室印章等），部门公章代表该职能部门的意思表示，不代表法人或组织的意思表示。

综上，通常情况下，在订立合同时加盖行政公章、合同专用章可以证明该合同系法人或组织的真实意思表示，而加盖其他印章则要结合盖印的具体情况认定其是否为法人或组织的真实意思表示，看该盖印是否得到法人或组织的授权，或者是否构成表见代理行为（后面会讲到）。

也有些合同并非加盖行政公章或合同专用章，而是加盖物流专用章、业务专用章或是财务专用章，在这种情况下合同的效力如何认定？虽然通常情况下，合同的签订是加盖行政公章或合同专用章，但并不能以此认定合同无效。

笔者认为，认定合同的效力不是以哪枚章为原则，而应该是以当事人的意思表示是否真实以及是否符合诚实信用为前提。如使用其他公章能有合理的解释，且合同内容并不损害双方利益，就不能以公章瑕疵为由认定合同无效，毕竟这是合同当事方的一种意思表示。

当然了，签订合同还是使用大家熟悉的公章或合同章为好，没有必要绕很大的圈子去解释，徒增合同被认定无效的风险。

三、公章的效力

一个组织可以拥有多少枚章，什么名目的章呢？

既然法律没有作出强制性的规定，那么企业可以根据自身需要去篆刻公章，如外地办事机构较多，为了便利或分类管理，可以刻几枚同样式的公章，并分别加上编号。

既然盖章是合同成立的标志，那么，各方当事人在合同上盖章就应当是判定该合同已经成立有效的重要证据。

一般来说，某个合同一旦由双方当事人加盖印章，当事人将不必另行举证证明合同已经成立，《民法典》对此做了明确规定。但是，就是这样一个理论上看似简单的问题，在实践中却引发了诸多是是非非。这些是非，正是应该引起企业关注的法律风险点。

当事人经过友好协商，对合同内容达成一致并起草了合同，一方当事人在合同上盖章而对方当事人却因种种原因未在合同上盖章。这种情况怎么算呢？

例如，异地订立的合同，因一方未随身携带印章，无法在合同订立之时盖章，于是一方在合同上盖好印章后将合同文本交给另一方带回盖章，而对方当事人回去后，因各种原因迟迟不盖章，也不及时通知对方当事人。

再如，洽谈、签订合同的人并非单位的法定代表人或负责人，而仅仅是一般工作人员，合同条款确定后，一方加盖了印章，而对方要将合同文本带回交领导审阅同意后方能盖章，后领导审批未通过。

又如，一方盖章后，对方当事人盖章前，交易条件发生变化（如价格上涨或下跌等），未盖章一方反悔了，不想继续履行合同，于是拒绝在合同上盖章。

在上述情况下，如果合同尚未实际履行，则该合同不成立。但是，如果当事人一方虽未在合同上盖章，但对方当事人已实际履行了合同，且未盖章的一方已接受了履行，则应当认为合同已经成立。

在合同不成立的情况下，已盖章的一方当事人，相信合同（对方的行为让其相信有签合同的意愿）能够履行并为合同的履行做了必要准备，从而使自己在经济上遭受了损失。这种情况下，盖章的一方当事人有权要求未盖章的一方当事人承担缔约过失责任并赔偿损失。

在上述情况下，如果对方未盖章，那么就不能依据生效合同去追究对方的责任，而是要求对方承担缔约过失责任，"缔约过失责任"已在第七讲中讲述。

四、签字盖章的方式

根据《民法典》第490条第1款第1句的规定，当事人采用合同书形式订立合同的，自双方当事人签字或者盖章时合同成立。

《合同编司法解释》第22条第2款规定，合同系以法人、非法人组织的名义订立，但是仅有法定代表人、负责人或者工作人员签名或者按指印而未加盖法人、非法人组织的印章，相对人能够证明法定代表人、负责人或者工作人员在订立合同时未超越权限的，人民法院应当认定合同对法人、非法人组织发生效力。但是，当事人约定以加盖印章作为合同成立条件的除外。

由此可见，如果合同明确约定签字、盖章的方式时，就要根据不同情况来判断合同是否成立，除非是依法推定合同成立的情况。

第一种是"本合同自双方签字且盖章时生效"的情况。《新华字典》关于"且"的解释为："连词，表示进一步，前面往往有'不但、不仅'等跟它呼应。"显而易见，在这种情况下，合同签字后应该再加盖公章，否则合同不生效。

第二种是"本合同自双方签章时生效"的情况。"签章"一词源于《票据法》，应该属于一个特定名词，在票据法上有着特定的法律意思，与合同法上的签字、盖章之意不同。

依照《票据法》第 7 条的规定，票据上的签章，为签名、盖章或者签名加盖章。法人和其他使用票据的单位在票据上的签章，为该法人或者该单位的盖章加其法定代表人或者其授权的代理人的签章。在票据上的签名，应当为该当事人的本名。

我国票据签章的方式分为三种：签名、盖章、签名加盖章。但不能以此类推，认为只签字、只盖章、签字并盖章合同都生效。如果合同约定"本合同自双方签章时成立"，则此处的签章系并列词组，应该作签字且盖章理解，绝非票据法中的签章之意。

第三种是"本合同自双方签字、盖章（或'签字盖章'）时生效"的情况。这种情况与《合同法》第 32 条规定中使用的"签字或者盖章"不同，法律效力也截然不同。《民法典》第 490 条第 1 款第 1 句规定："当事人采用合同书形式订立合同的，自当事人均签名、盖章或者按指印时合同成立。"该规定一改《合同法》第 32 条"自双方当事人签字或者盖章时合同成立"的表述，用"均"字着重强调签名与盖章（按指印）两者兼备的并列关系。

《现代汉语词典》对顿号的解释是："表示句子内部并列词语之间的停顿，主要用在并列的词或并列的较短的词组中间"。根据该解释，"签字、盖章"（或"签字盖章"）表明"签字"和"盖章"是并列关系，两种行为只有同时具备才符合约定条件，而"签字或者盖章"是选择关系，只要具备两种行为的其中之一即可。

浙江顺风交通集团有限公司（以下简称顺风公司）与深圳发展银行宁波分行（以下简称宁波分行）借款合同纠纷案［（2005）民一终字第 116 号］。

宁波分行与顺风公司签订了借款合同，并如约发放了贷款。后顺风公司拖欠借款迟迟未能偿还。

2004 年 10 月 26 日，宁波分行与顺风公司法定代表人李某壬签订的《还款协议》约定，顺风公司承诺在 2004 年 12 月 20 日之前，除按合同约定支付贷款利息外，还应归还宁波分行贷款本金 1.2 亿元。逾期不还，宁波公司有权对顺风公司所欠的所有债务提起诉讼。

其间，顺风公司除按时支付贷款利息外，未归还本金。

2005年6月16日宁波分行向浙江省高级人民法院起诉，请求顺风公司归还贷款本金1.2亿元。

2004年10月26日，宁波分行与顺风公司签订的《还款协议》第6条约定"自双方签字、盖章之日起生效"。该《还款协议》设定了双方加盖公章与负责人签字栏目，在该协议中宁波分行既签署了负责人姓名也加盖了单位印章，而顺风公司仅有法定代表人李某壬签名未加盖单位印章。

关于2004年10月26日的《还款协议》是否生效的问题，一审判决与二审判决做出了两个完全不一致的认定。

顺风公司称，因顺风公司未在《还款协议》上加盖单位印章，未达到双方协议所约定的生效条件，故该《还款协议》应认定未生效。

一审法院认为，李某壬作为顺风公司法定代表人，公司法已赋予其管理公司的权限，是否加盖公司印章并不影响协议效力，因此认定《还款协议》有效。

最高人民法院则最终认定，《还款协议》因顺风公司未加盖单位印章，双方当事人协议所约定的生效条件未成就（签字且盖章），故该《还款协议》应认定未生效。《民法典》第490条规定，当事人采用合同书形式订立合同的，自当事人均签名、盖章或按指印时合同成立，该规定增加了"按指印"的方式。指印是自然人除个人印章之外的另一"印记"。

第四种是"本合同自双方签署之日生效"的情况。这种情况下的签署应作"签字"理解即合同在双方签字之日生效。

综上，为了确保合同的效力，防范法律风险，笔者建议合同加盖公章且由法定代表人签字为好。《合同编司法解释》第22条第1款甚至规定，只要有法定代表人签字且盖章的合同，对方当事人不能以所盖公章不是备案印章或者系伪造的印章为由主张该合同对其不发生效力。

五、伪造、盗用公章的效力

伪造公章，就是未经被伪造单位（本人）的同意，而以被伪造单位名义刻制的公章。

在司法实践中，经常出现一方当事人提出合同上所盖公章系伪造公章，借此否定合同效力的情形。此时，根据"谁主张，谁举证"的原则，应当由提出者承担举证责任。

一般情况下，如果经司法机构认定合同中使用的公章系伪造，不能当然认定合同对"本人"有效，但也要具体问题具体分析。

首先，一方当事人能够证明（或有理由相信）使用伪造公章系该"本人"授权行为人而为的，应认定合同系"本人"的真实意思表示，对"本人"有效。这种情况多出现在"本人"的外地分支机构（如分公司、办事处）为了办理业务需要，未经公司批准，擅自私刻了公章使用。

其次，明知他人使用以自己名义伪造的公章而不予否认，可能承担过错责任。《民法典》第171条第4款规定，相对人知道或者应该知道行为人没有代理权的，相对人承担过错责任。

"本人"使用过伪造的公章，则加盖伪造公章的合同可能被认定为"本人"的意思表示。

为什么不做一个肯定的认定呢？主要是因为"本人"对曾经用过伪造公章加盖合同效力的认定，并不必然是对其他合同效力的认定，需要结合伪造印章的使用是"本人"自行加盖还是对加盖行为予以认可等情形再结合其他证据予以认定。

综上，有争议的合同经司法鉴定认定，一方当事人的印章系伪造，且经当事人举证和法院查证，均不能证明伪造公章为该当事人自行加盖或授权他人加盖，也不能证明该当事人明知他人使用而不予以否认等情形，就不能认定或推定争议合同文本为该当事人的真实意思表示，从而认定合同对当事人有效。

《九民纪要》第 41 条第 3 款规定，代理人以被代理人名义签订合同，要取得合法授权。代理人取得合法授权后，以被代理人名义签订的合同，应当由被代理人承担责任。被代理人以代理人事后已无代理权、加盖的是假章、所盖之章与备案公章不一致等为由否定合同效力的，人民法院不予支持。

盗用印章，就是偷盖（偷用），或者偷走并加盖。盗用公章的效力，理论上存在两种观点：第一种观点是，盗用公章属于严重违法行为，具有主观恶意，本人不应为盗用人承担责任；第二种观点是，在印章被盗盖的情况下，应根据印章单位对其所有的印章管理是否有过失，来认定合同的效力，从而公平保护各方合法权益。

笔者赞同第二种观点。印章是企业的标识，盖章行为代表了企业的真实意思表示，企业应该采取有效措施妥善保管，防止其被盗用。一旦发现被盗用，应该及时采取如向相关业务单位发出通知、登报、报案等必要措施以防止损害发生，否则应该承担过错责任。

另外，如果盗用印章人系被盗印章单位的工作人员或代理人，善意第三人有理由相信盗用人有代理权，则应适用《民法典》第 172 条有关表见代理的规定，即在这种情况下签订合同对第三人和被盗印章单位有法律约束力。盗用人给被盗印章企业造成损失的，被盗印章企业可向盗用印章人要求赔偿。

代理人使用盗用公章的，如果第三人明知合同中所加盖公章系盗用而仍然以此签订合同，根据《民法典》的相关规定，该合同应被认定无效。

当然，根据《民法典》第 17 条的规定，行为人没有代理权、超越代理权或者代理权终止后以被代理人名义订立的合同，未经被代理人追认，对被代理人不发生效力，由行为人承担责任，善意第三人在得知盗盖公章人没有代理权后也可要求其承担责任。

《九民纪要》就公章滥用问题的意见如下：司法实践中，有些公司有意刻制两套甚至多套公章，有的法定代表人或者代理人甚至私刻公章或恶意加盖假章，发生纠纷后法人以加盖的是假公章为由否定合同效力的情形并不鲜见。人民法院在审理此类案件时，应当把握"看人不看章"的原则，主要审查盖章之人于盖章之时有无代表权或者代理权，从而根据代表或者代理的相关规则来确定合同的效力。

法定代表人在合同上加盖法人公章的行为，表明其是以法人名义对外从事行为，除《公司法》第15条等法律对其职权有特别规定的情形外，应当由法人承担相应的法律后果。法人以法定代表人事后已无代表权、加盖的是假章、所盖之章与备案公章不一致等为由否定合同效力的，人民法院不予支持。

代理人以被代理人名义从事行为，要取得合法授权。代理人取得合法授权后，以被代理人名义对外从事行为，应由被代理人承担责任，被代理人以代理人事后已无代理权、加盖的是假章、所盖之章与备案公章不一致等为由否定合同效力的，人民法院不予支持。行为人以加盖假章形式冒充有合法授权的，对被代理人不发生效力。

六、公章的管理

基于笔者代理的案件中常出现因疏于公章管理而造成巨额损失的情况，在此提醒读者注意如下问题。

首先，摒弃重公章轻签字的观念。因公章易伪造、篡改，往往导致证明效力低于签字，建议法定代表人或负责人签订合同时，应当亲自签字同时对对方法定代表人或负责人的身份予以审查。

另外，为了区分法定代表人或负责人的个人行为与职务行为，在法定代表人或负责人签字的同时，应该加盖法人或组织的公章。

其次，要注意认真审核盖章的真实性。在法人或组织的工作人员或者委托代理人代为签订合同时，应该重点审核单位工作人员或委托代理人的代理权限、具体身份，如果其对签订的合同有明确的授权（如授权委托书、业务办理介绍函等），则其签字即可视为法人或组织的意思表示，其签订的合同成立，除非双方约定必须再加盖公章。

如果单位工作人员或委托代理人仅持有单位印章或盖有印章的空白合同书，而无明确的授权委托书，但声称代理法人或组织前来签订合同，则应该审核印章的真实性，并结合合同内容是否属于该法人或组织的经营范围、合同签订是否符合该工作人员或代理人的身份地位、签订合同的具体场合和方式是否符合常规或交易习惯等综合因素来认定该工作人员或代理人是否具有签订合同的代理权限。

最后，要注意建立严格的公章管理制度。一是要专人保管，用印需审批、登记、备份；二是严禁出具盖印章的空白合同书、介绍信或者出借公章给他人使用；三是一旦公章被伪造、篡改，应及时通知相关业务单位，并采取适当方式予以公示。

以下为笔者曾办理的伪造公章的真实案例，请"迷信"公章的读者引以为戒。

2008年4月，甲公司向乙公司购买加气砖并签订了买卖合同，乙公司按甲公司指示送货到某工地，待乙公司向甲公司讨要货款时，甲公司矢口否认曾与乙公司签订过加气砖的买卖合同并接收过货物，因为该公司从来没有承建过某工地的工程。

乙公司起诉甲公司要求其支付货款。后经司法鉴定，合同上所盖公章与甲公司公章不一致。

最终，法院以乙公司没有证据证明与甲公司存在买卖合同关系为由，驳回了乙公司对甲公司的起诉。

该案例中，乙公司败诉的原因主要是乙公司经办人在签合同时并未核实签约主体（甲公司）的真实意思表示，只是认为合同上加盖了"公章"就与经办人以甲公司名义缔结了合同，反而忽略了核查加盖公章的行为是否为甲公司的真实意思。

也就是说，公章是法人意思表示的外在表现形式，但反过来，有了公章的表现形式并不必然推定为法人的真实意思。

所以，签订合同时应认真核实法人主体的真实性（包括主体客观存在的真实和意思表示的真实），而不能仅盯着公章，认"章"不认"人"。

七、公章管理规定

如下是公司公章管理规定的模板，供参考。

公司公章管理规定

为加强公司印章管理，规范用章行为，防范法律风险，特制定本规定，要求各部门及相关人员遵照执行。

一、公章使用

1. 公司公章包括但不限于公司所用的合同专用章、财务专用章、公司行政章、法定代表人章等。

2. 任何人不得在未经审批的情况下擅自使用公章。需要使用公章的，应认真填写《用印审批单》并附盖章材料，报相关负责人审批、签字。

3. 用印申请人在报批公章使用时，应如实说明用印目的、盖章材料内容等，因虚假申报造成损失的，应当承担相应责任。

4. 《用印审批单》《用印登记簿》格式由公司统一印制，并由公司指定各部门相关审批、签字负责人名单。

5. 在《用印审批单》上签字的负责人，应该认真审核盖章材料的具体内容，因审核不严造成损失的，应当承担相应责任。

二、公章保管

公章保管由专人负责，公章保管人应做好如下工作，因公章保管、盖章不当等造成损失的，应承担相应责任。

1. 采取可靠措施，确保公章安全；

2. 用印申请人必须持《用印审批单》申请用印，否则应拒绝盖章；

3. 严禁出具盖印章的空白合同书、介绍信；

4. 对加盖的材料认真审核，确保加盖的材料与《用印审批单》记载的一致，对重要的盖章材料，应留存复印件备查；

5. 对加盖材料有疑问的，应向《用印审批单》上签字的相关负责人核实；

6. 留存《用印审批单》，并在《用印登记簿》上登记用印时间、经办人、文件名称、份数；

7. 多于两页或连单的文件须加盖骑缝章；

8. 应亲自加盖公章，不得将公章交由用印经办人自行盖章；

9. 严禁在未经审批的情况下擅自盖章，不得外借公章供他人使用；

10. 任何人不得将公章带离公司，特殊情况需带离公司使用的，应提交申请，经领导批准，用完后及时收回；

11. 一旦发现公章遗失、被盗，应及时上报公司；

12. 保管人离任时应将《用印登记簿》及公章一并交回公司。

八、合同的盖章交付

在西周时期，借钱合同称为"傅别"。"傅"，就是把债的标的和双方的权利义务等写在契券上；"别"，就是在简札中间写字，然后一分为二，双方各执一半，札上的字为半文。当合同发生纠纷时，负责审理合同纠纷的官吏根据当事人双方各执的半份合同文书上所载明条款予以定夺。一分为二，各执一半，目的是确保合同的真实性，防止篡改。古时契约分成两半分别持有，体现了古人的智慧。

现代的合同，往往是内容一样，一式两份，双方各执一份，而不是一份合同的半部分。联系两份合同的关键点是骑缝章，就是在两份中间或在每份上加盖双方印章。

合同盖章交付时，千万要注意，一方盖章的合同原件不能全部交给另一方，至少要留一份由对方经办人在每页上签字的复印件，以防止对方篡改后，没有对比证据，难以还原事实真相。

笔者曾在代理甲银行与乙乡镇企业的案件中，眼睁睁地看着640万元的债务化为乌有。

2005年，甲银行委托笔者代理一宗讨债案件，案情异常简单。

甲银行为乙乡镇企业贷款900万元，乡镇企业经营困难，偿还了260万元后就无力偿还余款，为此银行委托律师代为诉讼。

在庭审时，乙乡镇企业向法庭出示了一份协议，该证据由甲银行与乙乡镇企业达成，主要内容是：鉴于乙乡镇企业拖欠甲银行本金640万元无力偿还，双方同意以资抵债，以乙企业的全部机器设备抵顶640万元欠款，双方债权债务一次性了结。

笔者仔细查验，该协议为原件并加盖甲银行和乙乡镇企业的公章。该协议条款中注明一式两份，双方各执一份。

蹊跷的是，该协议有些条款存在明显删改痕迹，在以资抵债的条款中，用于抵债的资产有企业厂房、土地和企业全部机器设备，但"企业厂房、土地和"几个字被黑色油性笔划掉。

笔者申请法院延期审理，以便对此进行核实，甲银行找到协议签订当期的相关负责人（已更换岗位）落实情况。

很快，事实真相浮出水面：当时乙乡镇企业因无力经营企业，与银行协商以资抵债，签订协议约定，乙企业以厂房、土地和机器设备抵顶银行640万元本金及利息。甲银行先在协议上盖章后一式两份全部交由乙乡镇企业盖章，后因银行经办人岗位变动，交由乙乡镇企业盖章的协议未取回备存。

问题就出在这里：落在乙乡镇企业处已加盖银行公章的协议，留给了该乡镇企业充分"操作"的空间，仅是简单的几笔划痕就免除了巨额的债务。银行空口无凭，任何辩解都显得苍白无力。

最终，一审、二审法院依据最高人民法院的司法解释，有证据证明该协议一式两份，银行和乡镇企业双方各执一份，银行无正当理由拒不提供，乡镇企业主张该证据的内容不利于银行（抵债的资产没有土地和厂房），可以推定该主张成立，即认定该乡镇企业提供的证据合法有效，认定双方就欠款事项已经达成协议，银行要求还款的诉讼请求不予支持。

上述案件仅是笔者执业生涯中代理的一个小案例，在写作本书期间，笔者的同事正在处理一起"天价"索赔案件，当然该案件也可能只是"中国合同篡改历史上的冰山一角"。

两家业务单位，一方为另一方供货。后因销路不畅，双方签订了"备忘录"决定终止合作。"备忘录"的条款只有两条，第1条是双方终止2012年5月13日签订的产品购销合同；第2条是卖方负责买方已购产品的售后服务到质保期满，买方收购卖方现有库存产品。

"备忘录"签署的墨迹未干，卖方就被买方告上法庭，要求赔偿1.2亿元人民币，依据是"备忘录"第3条约定：卖方赔偿买方1.2亿元人民币经济损失。

卖方法定代表人向律师陈述的事实经过与笔者代理的上述银行案件如出一辙，即卖方法定代表人代表公司在"备忘录"签字当时，"备忘录"的条款只有两条，签完字后交由买方签字盖章，自己并未留底。万万没有想到的是，对方会在"备忘录"上增加了"第3条"，而且赔偿数目是天文数字。

九、合同篡改的防范

鉴于篡改笔迹、伪造印章的手法翻新不胜枚举。先列一些常见情况，希望读者耐下性子看看，以后订立合同时注意提防。

伪造他人签名；在合同中空白处添加对自己有利的条款；在其他合同或有对方当事人签名的其他文件中，保留签名及其上面的空白处，自己在空白处另行制作一份对方当事人欠自己款项的借（欠）据或其他对自己有利的文书；篡改合同或借据中的金额，如将"1"改为"4"，将"2"改成"20"；对合同签订时间进行添加、篡改；伪造公章，包括他人的财务专用章；伪造指印；伪造打印文件。

针对这些情况，当事人应增强防范意识，在以下几个方面采取预防性措施，这些应对之策并不是法律规范，也谈不上"真经秘籍"，实则是当前诚信特定状况下的无奈之举。

要为他人出具有关文书（含合同）时，尽量自己书写全部内容，不要图省事让他人代写文书内容，而自己只签名了事。因为他人书写的文书内容比较容易更改、添加，而对更改或添加的内容做司法鉴定比较难。

在书写文书时，对金额一定要大小写俱全，因为小写金额很容易被更改，文字的字间距和行间距不要过大，纸张边距也不要留得过大，这样可以防止有人利用自己的签名伪造其他文书。

尽量使用自己的笔，这是为了涉案后提供证据方便；合同要加盖骑缝章或使用双面打印，避免合同被撤换。

在他人为自己出具文书时，不仅应让对方签名，而且应让对方盖上手印，这是为避免有人在签完名后改变字迹和书写习惯，为日后鉴定造成麻烦，平时注意保存有对方当事人签名的文件，为日后一旦发生纠纷提供依据。

另外，在合同签订时，建议订立如下"清洁"条款：

"本合同条款为打印而成的清洁文本，无手写、修改、添加条款。凡对本合同及与本合同有关的附件所做的修改和添加，均须由双方当事人在修改和添加处加盖双方的印鉴后才产生法律效力。本合同的补充协议也按照此规定执行。"

如果双方不能同时签字或盖章，需一方先盖章后交由对方盖章，就要由对方经办人在合同每一页上签字留存，防止对方篡改后无凭无据。

有个成语叫"乘虚而入""有机可乘"，说的就是趁着虚弱疏漏的地方进入。其实，很多合同的篡改和伪造是一方给对方留下了可乘之机，对方"顺手牵羊"而为。

举一件笔者办理过的真实案例。

2013年11月4日，甲公司收到江苏某法院送达的乙公司的起诉状，乙公司要求甲公司支付货款1460万元。甲公司急忙找出双方的《电缆买卖合同》，合同明确约定诉讼管辖法院为甲公司住所地法院，那么为什么乙公司在自己所在地法院提起诉讼，甲公司随即提出管辖权异议，要求将该案移送至甲公司所在地法院审理，结果被法院驳回。

法院认定有管辖权的依据是，2013年9月20日双方签订的一份"对账单"，该"对账单"备注栏手写"双方同意就买卖合同的诉讼管辖法院变更为乙公司所在地法院"。

笔者仔细核对了"对账单"，发现该"对账单"是一份表格，主要内容有买卖双方名称、货款总额、已付款额、拖欠数额、备注栏、落款时间，上述内容除标题栏打印外全部手写，并加盖双方公章（非财务专用章）。

笔者很纳闷，甲公司为什么会同意变更诉讼管辖地呢？

甲公司找到存放公章的总经理办公室和财务部的负责人对事实进行还原，事情真相大白。

2013年9月20日，乙公司业务人员刘某找到甲公司总经理办公室主任邱某，称公司财务要求在"对账单"上盖个公章。邱某就让刘某找财务部主任单某对账。单某核对账目后没有异议，就电话通知邱某说"对账单"没有问题。于是，邱某就在"对账单"甲公司名称处加盖了公司公章，但没有留存"对账单"原件和复印件。

但邱某清楚记得，当时"备注栏"是空白的。现在"备注栏"里的"双方同意就买卖合同的诉讼管辖法院变更为乙公司所在地法院"一行字，肯定是乙公司在甲公司盖章后补填上去的。

但是，甲公司没有任何证据证明乙公司篡改了"对账单"内容。

对甲公司而言，不幸中的万幸是，乙公司不过是为了诉讼便利篡改了诉讼管辖法院而已，未给甲公司造成实质上的经济损失，不伤及甲方的筋骨。

但是，如果乙公司突破底线，在备注栏中补填一句"本对账单中的拖欠数额不包含先前拖欠的货款120万元"，那甲公司就有可能再背上120万元的债务，那真是"比窦娥还冤了"。没办法，对账单在对方手里，想怎么改，只能看人家的人品了。

第九讲
合 同 效 力

合同效力，就是已经成立的合同对双方的法律约束力。合同本身不具有法律约束力，其效力源于法律的赋予，特别是有了《民法典》的"撑腰"，合同具有了"金身不坏"的生命力。

当事人不履行合同或随意解除合同，都是与《民法典》相悖的行为，本质上属于违法行为，应该承担违约责任。若一方不履行合同义务，则另一方可以借助国家强制力强制义务人履行。

在这里，需要首先厘清合同成立和生效的概念。

合同成立，是指合同当事人就合同的主要条款达成合意，就是常说的合同"签了"。多数情况下的合同自成立时生效，但准确地说，合法的合同自成立时发生法律效力，而违法的合同虽然成立但不发生法律效力，合同的生效取决于其是否符合国家的意志和社会的公共利益。

合同成立的一个原则，就是只要双方当事人意思表示一致，一个愿打一个愿挨，不违反法律法规的强制性规定，合同就成立。但仔细来说，合同成立在实质上是需要一些基本构成要件的。

举个例子：2013年11月2日，张某与李某签订一份合同，合同约定，双方同意就某企业经营进行合作，除此之外没有其他内容。

问题来了，这是双方的真实意思表示，不违反法律法规的强制性规定，那么这份合同成立吗？

看了上述例子，大家肯定觉得缺点什么。现实生活中合同签订成这样的估计不多，因为这样的合同太"简练"了，简练得几乎没有明确的实质的内容。当然，简练与否，那是当事人的事，既然合同自由，那也应该允许当事人这样签订。

而我们的问题是，到底合同具备什么样的一些内容，才算"成形"即成立了？

对合同应该具备哪些"成形"条件才算得上成立，《民法典》并没有明确规定。

在实践中，法院基本是遵照《经济合同法》（已失效）规定的原则来判断合同是否成立，即当事人就合同的主要条款达成一致的，合同成立。也就是说，按照法理解释，合同成型应该有必备条款。

《民法典》第470条规定，合同的主要条款为：当事人名称和住所，标的，数量，质量，价款，履行期限、地点和方式，违约责任，争议解决方法八大要素。但并未规定，缺乏这些主要条款的就认定合同因内容残缺不全而不成立。

2009年5月13日实施的最高人民法院《关于适用〈中华人民共和国合同法〉若干问题的解释（二）》（已失效）[以下简称《合同法司法解释（二）》]第1条第1款对此作了明确，原条文为"当事人对合同是否成立存在争议，人民法院能够确定当事人名称或者姓名、标的和数量的，一般应当认定合同成立。但法律另有规定或者当事人另有约定的除外"。

在该解释中，实际上最高人民法院确立了合同成立的三个要素是当事人名称或者姓名、标的和数量。对合同成立做出了较为完善的规定。但是，该解释仍然没有解决上述例子的实际问题。因为，如果按照该解释认定合同成立，那么对于"某企业经营进行合作"，是租赁企业还是承包企业就无法确定，双方的法律关系也就无法体现，合同根本无法履行。所以，这样的解释仍然不能作为认定合同成立的依据。当然，反过来，如果对合同成立的必备条款限制太死，又有可能侵害到合同的自由原则。

《民法典》第502条规定，法律法规规定应当办理批准等手续生效的，依照其规定。也就是说，法律法规对合同做出生效要求的，要达到该要求才能生效。就探矿权、采矿权的转让合同效力而言，法律规定经历了由审批生效到签订生效的演变过程。举例如下。

　　2014年1月15日，陈某全与团山公司签订采矿权转让协议，约定团山公司将其采矿权作价360万元转让给陈某全，并积极配合陈某全办理采矿许可证。合同签订后，陈某全依约付清了全部款项。

　　2014年2月15日，团山公司委托陈某全向河南省原国土资源厅办理采矿许可证延期手续，并于2014年7月21日办理完毕。嗣后，团山公司拒绝配合陈某全办理采矿权转让的批准、登记手续。陈某全提起诉讼，请求确认采矿权转让协议有效，由团山公司配合陈某全办理采矿权转让手续。

　　二审法院认为，陈某全与团山公司就案涉采矿权转让意思表示一致，均在转让协议上签字，该协议已成立。根据国务院《探矿权采矿权转让管理办法》第10条规定，采矿权转让应报请原国土资源主管部门审批，转让合同自批准之日起生效。案涉采矿权转让协议成立后，双方当事人在协议中约定的报批义务条款即具有法律效力，团山公司未依约办理报批手续，有违诚实信用原则。根据《合同法司法解释（二）》第8条的规定，人民法院可根据案件具体情况和相对人的请求，判决相对人自己办理有关手续。二审法院判决采矿权转让协议成立，由陈某全办理采矿权转让相关手续。

　　对矿业权的转让进行审批，是国家规范矿业权有序流转、实现矿产资源科学保护和合理开发的重要制度。矿业权转让合同未经自然资源主管部门批准并办理矿业权变更登记手续，不发生矿业权物权变动的效力，但应确认转让合同中的报批义务条款自合同成立时起即具有法律效力，报批义务人应依约履行。在转让合同不具有法定无效情形且报批义务具备履行条件的情况下，相对人有权请求报批义务人履行报批义务；人民法院依据案件事实和相对人的请求，也可以判决由相对人自行办理报批手续。允许相对人自行办理报批手续既符合诚实信用和鼓励交易的原则，也有利于衡平双方当事人的利益。

上述例子说明，绝大多数合同自成立时生效，但有些合同因附生效条件或者始期，会在条件成就或者始期届至时发生履行的效力。亦有合同由法律、行政法规规定自行政主管部门办理完毕批准、登记等手续时生效。诉争《转让矿山协议》便属于《民法典》第502条第2款规定的以行政主管部门审核批准为生效要件的合同。此类合同经自然资源主管部门审核批准时发生法律效力，于自然资源主管部门不予批准时确定不生效，于自然资源主管部门尚未表态时处于尚未生效的状态。

在实践中，有关矿业权转让合同的效力认定，存在《民法典》第215条、第502条和《探矿权采矿权转让管理办法》第10条第3款规定相冲突的争议。

《民法典》第215条规定的所谓物权登记，系设权登记。以设权登记为生效要件的物权变动场合，设权登记与否决定物权是否发生变动，但并不影响转让合同等引发物权变动的原因行为的效力。并非由此可以得出所有的合同都不再适用《民法典》第502条的规定。作为物权变动生效要件的登记，和作为合同生效要件的行政主管部门的审核批准，是两个不同的概念。《民法典》第215条的规定与登记有关，却与行政主管部门的审核批准相去甚远。相比《民法典》第502条规定的合同特别生效要件而言，《民法典》第215条属于对原因行为的一般规定，且并未从积极的层面规定过原因行为的生效要件，仅从消极角度宣明物权变动所需要的登记不再是原因行为的生效要件。以自然资源主管部门审核批准为生效要件，是防止矿业权移转给缺乏资质的受让人，避免自然资源浪费，降低乃至减少矿难发生所必要。

自2017年7月27日起施行的最高人民法院《关于审理矿业权纠纷案件适用法律若干问题的解释》第6条对合同效力作出了明确规定，矿业权转让合同自依法成立之日起具有法律约束力。该司法解释并非对国务院法规的改变，而是对物权法规定的解释。矿业权转让未经自然资源主管部门批准，当事人不能凭转让合同办理矿业权变更登记，但这并不意味着转让合同不具有任何法律效力，更不应认定合同无效。已经依法成立的矿业权转让合同，对当事人具有法律约束力，没有经过主管部门批准，不影响合同效力，只是合同不能履行而已。

在现实生活中还存在大量类似的合同需要批准的情形，如《商业银行法》《证券法》《保险法》等法律都有购买商业银行、证券公司、保险公司5%以上股权须经相关主管部门批准的规定。针对此类纠纷，《九民纪要》对此有倾向性的审判思路。

法律、行政法规规定某一类合同应当办理批准后才能生效的，批准是合同的法定生效条件，未经批准的合同因欠缺法定生效条件而未生效。

合同未生效，并不意味着没有任何效力，其效力主要表现在以下几个方面：一是具有形式拘束力。此时合同已经依法成立，任何一方当事人都不得擅自变更合同。二是不具有实质拘束力。合同未生效属于欠缺生效要件的合同，有别于有效合同，一方不能直接请求另一方履行合同或者承担该合同约定的违约责任。当事人请求履行合同、承担合同约定的违约责任的，人民法院应当向其释明，告知其将诉讼请求变更为继续履行报批义务。经释明后当事人仍拒绝变更诉讼请求的，可以驳回其诉讼请求。三是可以通过办理批准手续促成合同生效。未生效合同仍有通过办理批准手续而趋于有效的可能，故其不同于无效合同。当事人直接请求确认合同无效的，人民法院不予支持。

须经行政机关批准生效的合同，对报批义务及未履行报批义务的违约责任等相关内容作出专门约定的，该约定独立生效。一方因另一方不履行报批义务，请求解除合同并请求其承担合同约定的相应违约责任的，人民法院依法予以支持。当事人以整个合同未履行报批义务为由，主张报批义务及未履行报批义务的违约责任等相关条款未生效的，人民法院不予支持。一方请求履行报批义务的，人民法院可以依法判令另一方履行报批义务。报批义务人根据生效判决履行报批义务后，有关部门未予批准的，合同不具有法律上的可履行性，一方请求解除合同的，人民法院依法予以支持。

一、合同附条件或附期限生效

合同可以附条件生效,也可以附条件失效。在现实生活中,我们常说某某事可以做,但是得有个前提条件,其原理与合同的附条件生效相类似。

这个"条件"就如同合同效力的"启动器",像火药捻线于爆竹的爆炸,或者像开关于灯泡的点亮一样重要。但"启动器"唯一与捻线、开关不同的是,"启动器"是一个可能发生的客观事实,而点燃捻线、开关是人为可以控制的行为。一旦"启动器"人为不当操控,将失去应有效力。

广西南方控股股份有限公司(以下简称南方公司)与南宁管道燃气有限责任公司(以下简称管道公司)管道燃气管网资产确权及租赁纠纷案〔(2006)民二终字第234号〕。

南方公司与管道公司签订了一份《协议书》,约定南方公司出资委托管道公司施工建设南宁市燃气管网。同日双方又签订了《租赁合同》,管道公司租赁南方公司所投资的上述管网。

《租赁合同》附条件生效即南方公司应该在2002年2月28日前依据《协议书》的约定付清全部款项,并全部接收管道公司移交的管道。而且,《租赁合同》与《协议书》是不可分割的,如管道公司不履行或不完全履行《租赁合同》,《协议书》将自动解除,对双方没有约束力,管道公司退还全部已收款项。

在管网工程建设完工后,2002年8月1日,管道公司发函以南方公司未能依约付款为由,要求解除《协议书》。

2004年1月,南方公司要求管道公司履行合同,2005年南方公司起诉管道公司,要求将管道公司承建的管网确权给南方公司,并要求管道公司支付5年管道租金。

最高人民法院二审认为,管道公司在承建管网完成后未向南方公司交付工程并进行质量验收,并提出解除合同,致使管网无法向南方公司移交,导致南方公司无法将管网租赁给管道公司使用，其行为已经构成不当"阻止该条件生效"，应视为条件已经生效，即《租赁合同》生效。也就是说，管道公司在长期使用管网的情况下应该依照《租赁合同》的约定支付租金。因此，二审改判南方公司胜诉。

那么，哪些可以作为合同的生效条件呢？

从目前的司法实务来看，就是将来发生的、不确定的、约定的、合法的事实，这几个方面必须同时满足才行。

"将来发生的"就不再解释了。

这里的"不确定"是指客观上的不确定，与行为人主观认识无关。

例如，张三以为李四患了重病，故向王五承诺，如果王五收养李四则赠与其10万元，但实际上李四并没有病，虽然张三对李四的病情认识错误，但王五收养李四仍可作为赠与的条件。

这里的"约定"是指可以商定的，而非法律规定的或依照合同性质能确定的。

最典型的例子就是，青岛崂山区原国土资源局与青岛南太置业有限公司国有土地使用权出让合同纠纷案中，双方签订合同约定，"本合同项下宗地出让方案尚需经山东省人民政府批准，本合同自山东省人民政府批准之日起生效"。该约定被最高人民法院认定，不符合《合同法》规定的附生效条件合同的条件。因为山东省政府的批准是依据法律规定而确定的事实，而非双方可以商定的事实。

讲到这儿，很多央企或集团公司的读者会问，能否将上级主管部门或集团批准作为合同的生效条件呢？

最高人民法院有个案子，说的是中国信达资产管理公司兰州办事处与甘肃亚盛盐化工业公司借款合同纠纷，双方签订合同约定了以一方当事人的上级主管部门批准作为合同生效条件。后来该合同部分履行，一方以未经上级主管部门批准为由主张合同未生效，被法院驳回。

所以说，这个问题不能一概而论，需要具体问题具体分析。总的一个原则就是，只要当事人约定不违反法律、行政法规的禁止性规定，应该可以作为生效条件。如果上级主管部门或集团违反诚信，有意拖延办理或恶意阻止合同生效，则可以视为条件成就，合同生效。

在附条件生效的合同中，特别是在用类似"只有""只能"字眼锁定单一条件的情况下，提醒大家注意，要充分评估合同生效与否的巨大风险，避免陷入进退两难的境地。

最高人民法院公告的一个案例，说的是甲铜业公司曾与乙冶炼厂签订《加工合同》，合同履行后，冶炼厂欠铜业公司铜锭若干吨。后双方签订《有色金属项目合作合同》，约定"只能待冶炼厂有色金属项目盈利后偿还铜锭"。后因双方合作的有色金属项目未获国家批准而终止，铜业公司诉至法院要求冶炼厂偿还铜锭。

最高人民法院认为，从合同文义上看，"只能"的约定，具体限定了所欠铜锭债务履行的条件和范围，该条件就是冶炼厂偿还铜锭的前提条件，现在该条件未成就（项目未获国家批准而自行终止，不能盈利），铜业公司不能要求冶炼厂偿还铜锭。

合同可以附期限生效，也可以附期限失效。附生效期限的合同，自期限届至时生效。附终止期限的合同，自期限届满时失效。

附条件的"条件"是不确定的偶然性事实，该事实是否成就是不确定的，而附期限的"期限"则是确定的必然性事实，该事实肯定会到来。

二、无效合同

无效合同，就是指违反法律法规强制性规定的合同。细说起来，无效合同，就是指以欺诈、胁迫的手段订立的损害国家利益，或者是恶意串通，损害国家、集体或第三人利益，或者以合法形式掩盖非法目的，或者损害社会公共利益等情形下订立的合同。

1. 违反法律法规强制性规定

违反法律法规强制性规定，是指违反全国人大或其常委会制定的法律和国务院颁布的行政法规，绝非宽泛意义上的"法律"，如行政部门规章（国家市场监督管理总局颁布的规章或规定）以及地方法规（如北京市某某条例等）就不在此列。

例如，根据《企业法人登记管理条例》（已失效）第13条第2句的规定，企业应当在核准登记的经营范围内从事经营活动。虽然该条例要求企业在经营范围内从事经营活动，但并未对超出经营范围签订合同的效力作出禁止性规定，也就是说，企业签订的销售合同，虽然销售的货物不在企业经营范围之内，但该销售合同依然有效。

对此，《民法典》第505条已经作出明确规定，当事人超越经营范围订立的合同的效力，不得仅以超越经营范围确认合同无效。

再如，如果某地的法规规定，未在该市建设委员会备案的建材不得销售。暂不说这样的地方法规是怎么在地方人大通过的，单说这种情况下签订的建材买卖合同是否有效的问题。建材买卖合同并未违反法律和法规的强制性规定，不能因其违反了地方法规而认定该合同为无效合同。

那么，什么是法律法规中的"强制性规定"呢？通常是指法律条文中有"不得""必须"字样的规定，而"应当"是倡导性的表述，一般不将其理解成强制性、禁止性条款。

例如，《招标投标法》第3条规定："在中华人民共和国境内进行下列工程建设项目包括项目的勘察、设计、施工、监理以及与工程建设有关的重要设备、材料等的采购，必须进行招标：（一）大型基础设施、公用事业等关系社会公共利益、公众安全的项目……"如果违反该规定签订了合同，该合同就有可能被认定为无效。

原《合同法》第132条第1款规定："出卖的标的物，应当属于出卖人所有或者出卖人有权处分。"而根据《民法典》第597条的规定，如果出卖人就无权处分的标的物签订买卖合同，合同并不当然无效，应认定有效，出卖人不能向买受人交付标的物的,应该承担违约责任,买受人也可以要求解除合同。

其实,还有一类审判实务的强制性规定不是来自法律和法规而是来自最高人民法院的司法解释。例如,最高人民法院《关于审理商品房买卖合同纠纷案件适用法律若干问题的解释》第2条规定,出卖人未取得商品房预售许可证明,与买受人订立的商品房预售合同,应当认定无效,但是在起诉前取得商品房预售许可证明的,可以认定有效。

比如,老百姓买"楼花"的合同,在房屋没有取得预售许可证前签订房屋买卖合同无效,在起诉前取得房屋预售许可证的,可以被认定有效。这就是最高人民法院司法解释的强制性规定。

由此可见,无论是根据《城市房地产管理法》还是最高人民法院的司法解释,国家对商品房在未建成前的预售行为是进行强制干预的。这种"干预"就是强制性的规定。

从最高人民法院发布的《九民纪要》的总体指导思想来看,要根据国家政策要求,加强在民间借贷、市场秩序、国家金融调控等方面的司法监管,在"合同有效"的认定范畴方面有收紧的趋势。

《合同法司法解释(二)》(已失效)第14条将原《合同法》第52条第5项规定的"强制性规定"明确限于"效力性强制性规定"。此后,最高人民法院《关于当前形势下审理民商事合同纠纷案件若干问题的指导意见》进一步提出了"管理性强制性规定"的概念,指出违反管理性强制性规定的,人民法院应当根据具体情形认定合同效力。

但随着这一概念的提出,审判实践中又出现了另一种倾向,有的人民法院认为凡是行政管理性质的强制性规定都属于"管理性强制性规定",不影响合同效力。

《九民纪要》指出,人民法院在审理合同纠纷案件时,要依据《民法总则》第153条第1款和《合同法司法解释(二)》(已失效)第14条的规定慎重判断"强制性规定"的性质,特别是要在考量强制性规定所保护的法益类型、违法行为的法律后果以及交易安全保护等因素的基础上认定其性质，并在裁判文书中充分说明理由。

下列强制性规定，应当认定为"效力性强制性规定"：强制性规定涉及金融安全、市场秩序、国家宏观政策等公序良俗的；交易标的禁止买卖的，如人体器官、毒品、枪支等买卖合同；违反特许经营规定的，如场外配资合同；交易方式严重违法的，如违反招投标等竞争性缔约方式订立的合同；交易场所违法的，如在批准的交易场所之外进行期货交易。关于经营范围、交易时间、交易数量等行政管理性质的强制性规定，一般应当认定为"管理性强制性规定"。

《民法典》第153条第1款规定，违反法律、行政法规的强制性规定的民事法律行为无效。但是，该强制性规定不导致该民事法律行为无效的除外。仔细研究该法条，实际上，法律在此又通过"但书"的形式对合同无效的情形进一步限定，也就是说，即便违反强制性规定也不必然导致合同无效，除非强制性规定也导致民事法律行为无效。

在司法实践中，这样的合同可能被认定的结果包括：（1）合同有效，但因违反强制性规定，由行政机关根据行政法律规则进行处理；（2）合同有效，但因违反强制性规定，可能构成刑事责任，则提交公安机关，若构成刑事自诉案件，则由当事人另行提起刑事自诉。

上述处理，就使合同问题回归到民事、刑事和行政体系各司其职的范围中，为裁判者和参与纠纷处理的诉讼相关方在解决民事争议时提供了具体的解决方案。

从2023年12月5日起施行的《合同编司法解释》第17条的规定来看，合同虽然不违反法律、行政法规的强制性规定，但是有几种情形会被认定合同无效，其中包括合同存在影响政治安全、经济安全、军事安全、社会稳定、公平竞争秩序或者损害社会公共利益等违背社会公共秩序、背离社会公德、家庭伦理或者有损人格尊严等违背善良风俗等，并且人民法院在认定合同是否违背公序良俗时，应当以社会主义核心价值观为导向。

或许，在未来，社会主义核心价值观以及国家政策会被广泛引用到判决里，作为评判合同效力的依据。

有一种情况是违反了国家政策的合同效力问题。例如，很多地方政府规定，本市每个家庭最多只能购买2套住房即房屋"限购"政策。假如有人"顶风而上"，与开发商签订了房屋买卖合同，购买第3套住房，该房屋买卖合同属有效还是无效呢？

限购令出来以后，北京很多法院不再受理此类房产买卖合同纠纷案件，直到2011年12月13日，北京市高级人民法院才出了关于限购令的解释，明确规定买受人家庭（含夫妻双方及未成年子女）具备"京十五条"规定的购房资格的，可以判决或调解出卖人为买受人办理房屋过户登记；不具备资格的，法院应向当事人释明其可以变更诉讼请求即要求解除买卖合同；经释明，当事人仍坚持要求继续履行的，判决驳回其诉讼请求。

笔者认为，房屋买卖合同仍然应该认定为有效，因为认定合同无效缺乏法律依据。从北京市高级人民法院的上述解释来看，其并未认定此类合同违法和无效，而是兼顾国家政策（对不符合购房资格的，驳回买房人要求交付房屋和办证的诉求）进行了灵活处理（解除合同）。

新疆丰盛投资有限公司（以下简称丰盛公司）与新疆亚鑫国际经贸股份有限公司（以下简称亚鑫公司）合同纠纷案〔（2007）民二终字第251号〕。

丰盛公司与亚鑫公司签订合作协议，约定亚鑫公司委托丰盛公司办理以亚鑫公司为出口商的焦炭出口配额，约定丰盛公司全权控制焦炭出口配额的使用权。丰盛公司联系国内客户，亚鑫公司负责办理出口业务，并收取出口金额1.5%的代理费。

后来，亚鑫公司得到1万吨焦炭配额，但未交由丰盛公司使用，丰盛公司认为该配额是其通过"人脉关系"得到的，亚鑫公司未履行合同义务给其造成损失，故诉至法院要求亚鑫公司赔偿1400余万元。

首先，介绍一下出口配额的背景。出口配额，是指国家对有数量限制的限制出口货物，实行配额管理。也就是说，有些货物出口有数量限制，出口这些货物，就需要"特权"，这个特权就是出口配额。既然是特权，就不是什么企业或个人可以得到的，有特权就有利益。无利不起早，这是丰盛公司和亚鑫公司走到一起的主要原因。

其次，说说合作合同的效力。法院认为，焦炭系国家控制管理的商品，丰盛公司不具备国家限定公司经营的进出口经营范围，根据《货物进出口管理条例》的相关规定，配额是谁名下的就必须由谁使用，禁止买卖进出口配额证明。也就是说，即便亚鑫公司将1万吨的焦炭配额交由丰盛公司，丰盛公司依然不能作为出口商经营出口焦炭。因此，合作合同因为违反我国有关外贸进出口配额的禁止性规定，应认定为无效。

该案例认定合同无效除了因为合同违反了国家政策外，也违反了国务院行政法规的禁止性规定（国务院《货物进出口管理条例》）。

最后，要注意强制性规定是指"效力性"强制性规定，而非法律、行政法规中的"管理性"强制性规定。也就是说，即便法律、法规中有强制性规定，但如果是"管理性"的，也不能作为认定合同无效的依据。

什么是"管理性"的强制性规定呢？其就是国家从行业管理的角度作出的强制性的规定。

比如，《城市房地产管理法》第39条第1款第2项规定："以出让方式取得土地使用权的，转让房地产时，应当符合下列条件……（二）按照出让合同约定进行投资开发，属于房屋建设工程的，完成开发投资总额的百分之二十五以上，属于成片开发土地的，形成工业用地或者其他建设用地条件。"这是国家从房地产开发管理角度，禁止"纯地买卖"（未开发投资达25%以上），但是即便不符合上述规定，也并不能因此无效，因为以上规定属"管理性"强制性规定。

四川省聚丰房地产开发有限责任公司（以下简称聚丰公司）与达州广播电视大学（以下简称电大财校）合资、合作开发房地产合同纠纷案〔（2013）民一终字第18号〕。

2005年3月15日，电大财校与聚丰公司签订的《联合开发投资新建西外校区临街部分协议书》约定：电大财校以四川省达州市通川区西外镇金山路与南北干道交汇处面积约8422平方米，性质为商住用地的土地的使用权作为投资，不承担项目投资盈亏风险及销售之责，聚丰公司筹集工程建设所需的资金，并负责工程的开发建设及房地产销售。

2011年5月9日，电大财校向聚丰公司发出《解除函》，主要载明：2010年6月22日达州市政府召开专题会议，对学校临街出让土地实行阳光操作，以招拍挂方式公开进行交易。因此，学校已无法履行《合作开发协议书》，并决定解除此协议。

电大财校认为，其与聚丰公司签订的《合作开发协议书》约定电大财校只享有收益，不承担风险，该协议应为土地使用权转让合同，该转让行为因违反了法律的强制性规定而无效。

二审法院认为，电大财校主张合同无效的理由是《合作开发协议书》违反了《国有资产评估管理办法》《招标拍卖挂牌出让国有建设用地使用权规定》《事业单位国有资产管理暂行办法》《城镇国有土地使用权出让和转让暂行条例》《城市房地产管理法》之规定，但《国有资产评估管理办法》《招标拍卖挂牌出让国有建设用地使用权规定》《事业单位国有资产管理暂行办法》系行政规章，而《城市房地产管理法》第39条第1款第2项及《城镇国有土地使用权出让和转让暂行条例》第19条为法律、行政法规中的"管理性"强制性规定，均不能作为认定合同无效的依据。故判令电大财校败诉，应该继续履行合同。

但是，《九民纪要》指出：违反规章一般情况下不影响合同效力，但该规章的内容涉及金融安全、市场秩序、国家宏观政策等公序良俗的，应当认定合同无效。人民法院在认定规章是否涉及公序良俗时，要在考察规范对象基础上，兼顾监管强度、交易安全保护以及社会影响等方面进行慎重考量，并在裁判文书中进行充分说理。

2. 以合法形式掩盖非法目的

法院以该事由认定合同无效的也不在少数，这是一项类似兜底的条款，在找不出法律法规的禁止性规定，又不能违背国家的监管政策时，通常会引用该事由来认定合同无效。在《民法典》合同编中不再列该事项为合同无效的情形，而是采用第146条的表述，"行为人与相对人以虚假的意思表示实施的民事法律行为无效。以虚假的意思表示隐藏的民事法律行为的效力，依照有关法律规定处理"。

笔者认为，即便如此，也应探求当事人的真实意思表示是否"非法"，其中的"法"除非与国家的重要监管政策相违背，否则也不应做扩大性解释，变相成为法院认定合同无效的万能依据。

例如，华懋金融服务有限公司（以下简称华懋公司）与中国中小企业投资有限公司（以下简称中投公司）委托投资纠纷案 [（2002）民四终字第30号]，外商实际投资人华懋公司委托境内名义股东中投公司持有民生银行的股份，后华懋公司请求确认其股东地位时，法院以股权代持协议无效为由判决驳回华懋公司的请求。

二审法院认为，双方对国家禁止外资进入金融行业的强制性规定是明知的，为规避法律规定，双方采取委托投资的方式，使得华懋公司的投资行为表面上合法化，这属"以合法形式掩盖非法目的"的行为，故股权代持协议无效。

在城市房产价格高不可攀的年代，起早贪黑的上班族想以微薄的收入购得一居，只能是一场梦。于是，城乡接合部农村土地上的"小产权房"应运而生。

为了能买得一套"小产权房"，很多人可谓绞尽脑汁，费尽心思。为了绕开国家禁止小产权房交易的规定，有人会签订一份借款合同，大致内容是，因某村村民甲向某城市居民乙借款30万元，如到期不能偿还借款，甲愿意以自住房屋抵顶全部欠款。那么，该如何认定此类借款合同的效力呢？

首先，我国法律法规规定，建设用地使用权流转时，其地上建筑物要一同流转，地上建筑物流转时，其土地也一同流转。简单地说，就是"房随地走，地随房走"。

其次，由于我国的农村集体土地归集体经济组织成员所有，不得转让，这样就出现了地上房屋可以"走"，地却"走不了"（不能走向集体经济组织成员以外的人）的情况。所以，法律及政策上就不允许"小产权房"向该宗土地上的集体经济组织成员之外的人转让（含城市居民、其他集体经济组织成员）。

综上，法律禁止"小产权房"买卖。上述合同虽然从形式上看是一份借款合同，但实质上仍然是一份为了购买小产权房而签订的非法买卖房屋的合同，只不过是通过借款形式支付房款而已，所以，该合同应认定无效。

讲到"小产权房"买卖合同，在此也顺便谈谈法院在处理此类案件的一些实务。

虽然禁止农村集体土地流转是处理"小产权房"合同纠纷的一般原则，但是，实际上法院在处理这类案件时，要兼顾很多社会问题和交易稳定问题。

比如，卖方原是农村村民，后来"农转非"成为城镇居民，其出售的房屋所占的宅基地也因征用转为国有土地，这种情况下，就不能认定房屋买卖合同无效。因为此时已不存在农村集体土地的流转障碍了。

再如，卖方是甲村村民，买方是乙村村民，后来乙出嫁到甲村并成为该村村民，甲乙双方签订房屋买卖合同，应该认定有效。因为此时甲、乙同为一个集体内的成员，享受同等土地政策，房屋转让不再受限。

此类案件引发诉讼，多是因为土地增值、房屋拆迁、土地征用获得补偿等原因，卖方受利益驱动而起诉。在合同无效的情况下，卖方常常要负主要责任。在合同无效的处理上，法院会考虑卖方因土地升值、补偿得到的利益，以及买方因房屋现值和原买房价格差异造成的损失，平衡双方利益，而不是笼统地判令合同无效，恢复到房屋买卖前的状态，由双方相互返还那么简单。

3. 恶意串通损害他方利益

恶意串通，损害国家、集体或第三人的合法权益的合同是无效的。

例如，在商品房按揭买卖合同中，有些开发商为了套取银行资金开发房地产，就与银行某些部门切磋串通，以某人的名义签订"假按揭"合同，即银行向某购房人贷款，由开发商作为保证人并以房屋作为抵押物，最终银行的贷款流向开发商，开发商与某人之间不存在真实的房屋买卖合同关系。这种情况下签订的相关合同应该认定为无效。

因为上述借款和房屋买卖并非真实的交易，危害国家金融秩序，使名义上的借款债务人（某人）承担巨额还款责任，而真正的借款使用人开发商却无须承担责任，最终损害国家、第三人的合法权益，故应该认定合同无效。

三、无权处分的合同

按照原《合同法》传统的理论解释，未征得别人的同意出售别人家的房子，与其他人签订房屋买卖合同，房主本人压根不知情或不同意，这种情况下，该合同效力要视房主的最终意见确定：同意的，合同有效；不同意的，合同无效。

无权处分是说非权利人处分权利人财产的行为，这种情况下，处分行为做出后，如果自己变成权利人或经权利人追认，则该合同有效。但反过来，未经权利人追认，当事人一方与另一方签订的合同，并非无效合同，而要视具体情况来确定，法律理论界称为效力待定的合同。

哈尔滨京德顺集团股份有限公司与泰来县泰来油田投资发展有限责任公司（以下简称泰来公司）委托开发油田合同纠纷案〔（2009）民提字第80号〕中，前者与后者签订《委托开发合同》，允许后者使用大庆公司的采矿权进行油田开采。但事先未经过大庆公司同意，事后也未经大庆公司追认，且大庆公司明确表示不同意泰来公司的委托行为，最终《委托开发合同》被最高人民法院认定无效。

在上述案例中认定合同无效，理论界与实务界存有争议。

据笔者的经验，目前法院因无权处分人签订合同被认定无效的状况有所改变，大的趋势是尊重当事人的意思自治，只要不违反法律的禁止性规定，尽可能认可合同效力。

首先，为了激发市场活力，合同不轻易被宣布无效，已经成为法律界的共识。

其次，在最高人民法院《关于审理买卖合同纠纷案件适用法律问题的解释》中已经明确作出了相应规定，即一方以出卖人在签订合同时对标的物没有所有权或者处分权为由主张合同无效的，人民法院不予支持。也就是说，如果出卖人因未取得所有权或者处分权，最终不能交付标的物的，买受人可要求出卖人承担违约责任或者要求解除合同并主张损害赔偿，而非据此认定买卖合同无效。

当然了，此前实务中认定合同有效似乎是个趋势，但与原《合同法》第51条的规定有些不符，这是一个法律衔接的硬伤。

原《合同法》第51条是这样规定的：无处分权的人处分他人财产，经权利人追认或者无处分权的人订立合同后取得处分权的，该合同有效。

该条将无权处分合同的效力规定为效力待定，一旦权利人不予追认，合同的效力将归为无效。该规定表明，无权处分并不必然是有效的，需要权利人的追认和最终取得处分权才行。

依据现行司法解释及司法实践来看，针对上述无权卖房的案例，即使未征得别人的同意想把人家的房子给卖了，与其他人签订了房屋买卖合同，合同也应为有效，但是，卖房人不能给买房人交付房屋的，就应该按照房屋买卖合同的约定赔偿买房人的经济损失。

《民法典》已经取消该规定，其立法本意就是最大限度地保证合同的效力。《民法典》第597条规定，因出卖人未取得处分权致使标的物所有权不能转移的，买受人可以解除合同并请求出卖人承担违约责任。法律、行政法规禁止或者限制转让的标的物，依照其规定。

该条充分肯定了无权处分下的买卖合同的效力，明确了无权处分中买受人解除合同并主张违约责任的救济方式。当然，肯定合同效力并不意味着肯定物权必然会发生转移，合同效力与物权效力应分开理解。

四、合同不成立、无效或者被撤销的责任

《九民纪要》针对该问题作出了详细的说明。原《合同法》第58条就合同无效或者被撤销时的财产返还责任和损害赔偿责任做了规定,但未规定合同不成立的法律后果。《民法典》第157条对此予以完善,规定了民事法律行为无效、被撤销或者确定不发生效力的返还责任和损害赔偿责任。

在确定合同不成立、无效或者被撤销后财产返还或者折价补偿的范围时,要根据诚实信用原则的要求,在当事人之间合理分配,不能使不诚信的当事人因合同不成立、无效或者被撤销而获益。在合同不成立、无效或者被撤销的情况下,当事人所承担的缔约过失责任不应超过合同履行利益。

比如,依据最高人民法院《关于审理建设工程施工合同纠纷案件适用法律问题的解释(一)》第24条,建设工程施工合同无效,在建设工程经竣工验收合格的情况下,可以参照合同约定支付工程款,除增加了合同约定之外新的工程项目之外,一般不应超出合同约定支付工程款。

合同不成立、无效或者被撤销后,在确定财产返还时,要充分考虑财产增值或者贬值的因素。双务合同不成立、无效或者被撤销后,双方因该合同取得财产的,应当相互返还。应予返还的股权、房屋等财产相对于合同约定价款出现增值或者贬值的,人民法院要综合考虑市场因素、受让人的经营或者添附等行为与财产增值或者贬值之间的关联性,在当事人之间合理分配或者分担,避免一方因合同不成立、无效或者被撤销而获益。

在标的物已经灭失、转售他人或者其他无法返还的情况下,当事人主张返还原物的,人民法院不予支持,但其主张折价补偿的,人民法院依法应予以支持。折价时,应当以当事人交易时约定的价款为基础,同时考虑当事人在标的物灭失或者转售时的获益情况综合确定补偿标准。标的物灭失时当事人获得的保险金或者其他赔偿金、转售时取得的对价,均属于当事人因标的物而获得的利益。对获益高于或者低于价款的部分,也应当在当事人之间合

理分配或者分担。

双务合同不成立、无效或者被撤销时，标的物返还与价款返还互为对待给付，双方应当同时返还。关于应否支付利息的问题，只要一方对标的物有使用情形，一般应当支付使用费，该费用可与占有价款一方应当支付的资金占用费相互抵销，故在一方返还原物前，另一方仅须支付本金，而无须支付利息。

合同不成立、无效或者被撤销时，仅返还财产或者折价补偿不足以弥补损失的，一方还可以向有过错的另一方请求损害赔偿。在确定损害赔偿范围时，既要根据当事人的过错程度合理确定责任，又要考虑在确定财产返还范围时已经考虑过的财产增值或者贬值因素，避免双重获利或者双重受损的现象发生。

五、情势变更的合同

情势变更原则，是指合同有效成立后，因不可归责于双方当事人的事由而使合同的基础动摇或者丧失，若继续维持合同会显失公平，因此允许当事人通过协商或者司法程序变更合同内容或解除合同的原则。

"情势"，是指客观情况，具体泛指一切与合同有关的客观事实，如战争、经济危机、金融危机、重大政策调整。"变更"，则指"合同赖以成立的环境或基础发生重大变化"。这种变化是重大的，有可能导致合同当事人预期的权利义务严重不对等，从而使合同失去本来的平衡和公平。

例如，2003年6月13日，甲公司将某市A地块出租给乙公司，租赁合同约定，年租金为30万元每亩，租赁期限20年。2017年1月1日起，某市出台政策提高土地使用税，由此A地块的土地使用税增加，甲公司须缴纳土地使用税25万元每亩，扣除土地使用税，租赁费所剩无几。甲公司以情势变更为由要求变更合同。最终法院判令增加土地租金（数额相当于政府提高的土地使用税）。

而在山东晋煤同辉化工有限公司与山东凯孚化工有限公司土地租赁合同纠纷案［（2015）鲁民一终字第477号］中，山东省高级人民法院认为，土地租金与土地费用的差距属于正常的商业风险，不适用法律规定的情势变更原则，并未认定土地使用税的上升属于情势变更。

《民法典》的立法本意体现了意思自治的当事人主义，虽然该法规定了情势变更原则是对合同自由的一种修正，其目的是实现合同正义，但如果允许法官依职权对合同的内容做变更，显然是对合同自治的干涉。因此，对于情势变更，司法应从严掌握。

《合同法司法解释（二）》（已失效）第26条和最高人民法院《关于正确适用〈中华人民共和国合同法〉若干问题的解释（二）服务党和国家工作大局的通知》（法〔2009〕165号）要求，严格履行适用情势变更的相关审核程序。要求各级人民法院务必正确理解、慎重适用；严格区分变更的情势与正常的市场商业风险之间的区别，审慎适用情势变更原则；坚持调解优先的原则，积极拓展调解工作领域，不断创新调解方式，将调解工作贯穿民事诉讼全过程。如果根据案件的特殊情况，确需在个案中适用，应当由高级人民法院审核。必要时高级人民法院应报请最高人民法院审核。要求对必须适用情势变更原则进行裁判的个案，要层报高级人民法院审查批准，最大限度地避免对交易安全和市场秩序造成大的冲击。

《民法典》第533条规定，合同成立后，合同的基础条件发生了当事人在订立合同时无法预见的、不属于商业风险的重大变化，继续履行合同对于当事人一方明显不公平的，受不利影响的当事人可以与对方重新协商；在合理期限内协商不成的，当事人可以请求人民法院或者仲裁机构变更或者解除合同。人民法院或者仲裁机构应当结合案件的实际情况，根据公平原则变更或者解除合同。

《合同编司法解释》第32条第1款规定，合同成立后，因政策调整或者市场供求关系异常变动等原因导致价格发生当事人在订立合同时无法预见的、不属于商业风险的涨跌，继续履行合同对于当事人一方明显不公平的，人民法院应当认定合同的基础条件发生了《民法典》第533条第1款规定的"重大变化"。但是,合同涉及市场属性活跃、长期以来价格波动较大的大宗商品以及股票、期货等风险投资型金融产品的除外。

由此可见,《民法典》及其司法解释已为未来合同情势变更的处理提供了法律支持。笔者认为,在维护合同的"契约自由""意思自治"的前提下,司法要发挥无形之手的作用,适当干预因情势变更造成的当事人利益的不均衡。

在此建议:在签订合同时对情势变更的情形作出明确的除外约定,避免合同被法院变更或解除。就上述案例而言,如果合同约定土地使用税的提高不属于情势变更,估计土地租赁合同就不会被法院判令变更。

第十讲
表 见 代 理

一、冒名贷款的责任

在讲表见代理的知识之前,先讲一个故事,一个传奇人物的悲惨人生。

崔某先,1963年出生,深圳机场的掌门人,优秀企业家,曾为深圳屡创奇迹的人物,主持筹备了深圳第一条高速公路——梅观高速公路的建设,运作深圳市机场股份有限公司(以下简称深圳机场公司)股票在深交所上市,使深圳机场公司成为中国民航四大航空货运中心之一,曾被评为"中国最具发展潜力上市公司50强"之一,企业经济效益综合指标在深圳市属国有企业中名列前茅,在全国民航同业中是效益最好的机场之一。

但谁会想到,这位有着辉煌"战功"的人物会因贷款诈骗沦为"阶下囚"。

这正是是非成败转头空,青山依旧在,几度夕阳红。

事情的败露起源于崔某先的自首,也是其落入朋友张某明所涉骗局的惊醒。

事情还得回到2003年6月,崔某先的朋友张某明介绍兴业银行广州分行副行长与崔某先认识。之后,为了帮助张某明贷款,崔某先踏上了一条不归路:盗用深圳机场公司的名义(私刻公章,伪造授权书、董事会决议)与银行商谈所谓"贷款业务"。

为使骗局得逞,张某明指使田某伟、李某海冒充机场公司的财务人员办理具体贷款事宜,并获得银行授信3亿元,实际贷款2.25亿元。

贷款即将到期时，崔某先如热锅上的蚂蚁，急忙与兴业银行有关人员商定，采取"借新还旧"的方式，利用授信额度内剩余的0.75亿元贷款额度，循环贷款三次，共计2.25亿元。之后，又向上海浦东发展银行广州分行流花支行骗取了3000万元贷款。

最后，因上述欠款均没有偿还给银行造成巨额损失，崔某先涉嫌贷款诈骗罪、合同诈骗罪被提起公诉。

崔某先在被告席上表达了自己的悔恨，其本人没有想过要骗取银行的钱，也没有得到任何利益，是因为交友不慎被牵连进来的，第一次向民生银行贷款是在醉酒之后不清醒时签的名、盖的章，后来为借新还旧一步一步被套进去。

张某明犯贷款诈骗罪、合同诈骗罪，被判无期徒刑，崔某先获刑6年。

……

始作俑者受到了法律的惩处，但残局仍需要收拾。

2005年，兴业银行起诉深圳机场公司，以崔某先构成表见代理为由，要求深圳机场公司偿还欠款2.25亿元及利息[①]。

法院认为，崔某先是深圳机场公司的总经理、董事会董事，当时主持深圳机场公司的日常工作。崔某先利用总经理的职务便利，亲自与兴业银行广州分行人员商谈贷款事宜，为授信合同、贷款合同签订人李某海提供虚假身份（名片、介绍信等），为诈骗案提供了一系列的虚假文件，指使李某海以私刻的公章代表深圳机场公司与兴业银行广州分行签订贷款合同骗取贷款，在两份贷款延期合同上亲笔签名，并在兴业银行广州分行有关查询函上签字确认。而且，该案所涉两份贷款合同均在崔某先的办公室所签订。

崔某先上述一系列的作为，使兴业银行广州分行有理由相信崔某先是在履行职务行为。崔某先在2年多的时间内多次以深圳机场公司的名义骗取巨

[①] 兴业银行广州分行与深圳市机场股份有限公司借款合同纠纷案，最高人民法院（2008）民二终字第124号。

额贷款而不为深圳机场公司所知，深圳机场公司董事会严重失职，负有对公司高管失察、放任管理的重大过错责任，又因为深圳机场公司董事会的这一重大过错与兴业银行广州分行的贷款损失具有直接的因果关系。因此，深圳机场公司应当对兴业银行广州分行贷款损失承担与其过错相适应的民事责任。崔某先利用职务之便使用深圳机场公司的真公章先后与民生银行和浦发银行签订贷款合同，骗取了巨额贷款。贷款虽然没有被深圳机场公司实际使用，但对民生银行和浦发银行贷款的清偿责任依法应由深圳机场公司承担。

另外，兴业银行广州分行在签订和履行该案 2.25 亿元贷款合同的过程当中，未尽审慎注意义务，对私刻的深圳机场公司公章、伪造的证明文件和董事会决议未进行必要的鉴别和核实，在贷款的审查、发放、贷后跟踪检查等环节具有明显疏漏。深圳机场公司作为上市公司，在长达 2 年的时间内未在上市公司半年报和年报中披露该案所涉贷款，兴业银行对此亦未能察觉并采取相应措施，反而与其签订了借新还旧的新合同。故兴业银行广州分行在该案中也存在一定过错，对该案的损失应承担相应的民事责任。

笔者认为，在该案例中，双方当事人都很震惊，并为此付出了高昂的代价，不用说，这个案例肯定会成为双方培训课堂的警示教材，用以教育和警示后来者。

拿这个案例来讲，是希望更多企业不要重蹈覆辙、步人后尘。每个企业都应该从中吸取教训，加强企业制度建设和对高管的监管，防微杜渐，避免后患。否则，即便始作俑者被科以重刑，也于事无补，因为由此造成的苦果仍要由企业去承受，到了那个时候，什么样的补救都晚了。

在这个案子中，涉及的一个知识点就是崔某先是否构成表见代理。

二、表见代理的认定

表见代理，常出现在合同签订或履行过程中，因一方未能准确识别合同相对方的经办人或负责人，而与其进行了一些交易，事情末了，合同相对方对此不予认可，继而涉及这些交易的后果应由谁承担的问题。

比如，施工合同中约定的项目经理辞职后仍然负责工程施工，其在辞职后签字确定的工程量是否有效？就可能涉及表见代理的问题。

了解表见代理知识对企业的意义是，要防止合同款项被"冒领"，避免公司为别人"背黑锅"，替人受过。

表见代理，就是行为人没有代理权（代理权终止、超越代理权限、没有获得授权）仍以被代理人名义订立合同，而善意相对人客观上有充分的理由相信行为人具有代理权的情况，具有有效代理的法律后果，即被代理人要按照合同约定承担合同义务。

同理，对于法定代表人超越职权或被撤职的代表行为（非代理行为），善意相对人客观上有充分的理由相信行为人具有代表权的，具有有效代表的法律后果。在此姑且称之为表见代表（法律书上没有这个概念，但最高人民法院的判决书上曾有此表述）。

表见代理制度是为了保护善意第三人及交易安全而设的，如果要求善意相对人为不能识别代理人的合法代理权而承担不利后果，善意相对人就不敢轻易相信代理人从事的行为了，这样就会增加社会交易成本和交易难度。之所以有真实代理或代表的后果，并非被代理人主观存在什么过错，而是为了市场交易的安全，法律作出了这样的倾向性选择，优先保护善意第三人的利益。

判断是不是表见代理，主要看两方面：一方面是没有代理权的一方要以被代理人名义订立合同并具有代理权的表象；另一方面是合同对方当事人应该没有任何过错。这两个方面缺一不可。

笔者曾代理甲公司与山东省郓城煤矿买卖合同纠纷案，大致情况是：甲公司与郓城煤矿签订了《煤炭采购合同》，合同价款6000万元，郓城煤矿应于甲公司支付煤款后两个工作日内，开具提煤单并交付给甲公司以便其提煤。

合同签订后，甲公司办理了承兑汇票 6000 万元并支付给郓城煤矿，郓城煤矿出具了收款收据，甲公司带回收据，却迟迟未提煤。

后甲公司又与山东企发能源有限公司（以下简称山东企发公司）签订了"背对背"的煤炭采购合同，合同条款与郓城煤矿签订的合同内容基本一致。山东企发公司的实际控制人殷某、董某芝持伪造的甲公司"授权委托书"，骗取了郓城煤矿的提煤单将煤炭提走。

在案件诉讼庭审中，郓城煤矿的抗辩理由是山东企发公司的实际控制人殷某、董某芝虽然没有获得甲公司的授权，但与甲公司一起参与了合同的磋商和履行，并在合同签订时、承兑汇票的开具时、煤炭勘验时均到场，郓城煤矿有理由相信上述两人系甲公司的表见代理人，故其提煤行为应视同甲公司的提煤行为。

后郓城煤矿向最高人民法院申请案件再审，上述两人伪造授权书骗取提煤单的行为终未被认定为表见代理行为。

再举个例子：业务员张某曾在某国际品牌丙公司从事过采购工作，并与国内乙公司有过多次业务合作。某天，张某代表丙公司拟与乙公司签订一份设备买卖合同。乙公司就设备供应的情况以及张某代理情况向丙公司进行核实，丙公司未作出否认。后得知，张某已于 4 个月前离开丙公司，设备买卖合同所盖公章系张某私刻。

上述情况中张某的行为被认定为表见代理的可能性较大，主要原因是丙公司在乙公司催告核实张某身份的情况下并未对其离职一事做出否认，乙公司有理由相信张某仍系丙公司的业务员。

但是，为什么又不能肯定说是表见代理呢？这是因为这种制度本身就是通过牺牲被代理人的利益去保护善意相对人的利益和交易安全的，行为人与相对人的行为是否构成表见代理对各方当事人利益影响巨大。所以在理论界和司法实践中，存在多种学说和不同认识，仁者见仁智者见智，莫衷一是，但总体掌握的原则是慎重认定。

最高人民法院和地方高级人民法院都针对表见代理的适用问题发布过指

导意见，实务认定中需要根据具体案情及证据进行具体分析，最终判断"善意相对人客观上是否有充分的理由相信行为人具有代理权"。

笔者对法院的一些考察因素进行了总结，结合上面第2个例子讲述，以便能够帮助读者理解表见代理的法院认定原则。

1. 张某要以被代理人丙公司名义订立设备买卖合同，如果张某不是以丙公司名义订立合同，而是以自己或别人的名义签订合同，就不存在丙公司与张某之间被认定为是表见代理的问题。

2. 张某要与丙公司有职务、身份上的关联性。如果张某曾任采购经理而非普通的业务人员，被认定表见代理的可能性会更大。

3. 丙公司曾经给予张某类似授权，虽然后来这种授权被取消，但是没有告知乙公司。在这种情况下，乙公司有理由相信授权依然有效，丙公司与张某之间被认定为表见代理的可能性会更大。

4. 如果乙公司交付货物是在丙公司或由丙公司负责的其他场所，那么丙公司与张某之间被认定为表见代理的可能性会更大。

另外，法院会从以下几个方面来考察相对人是否善意无过失。

1. 相对人与被代理人之间是否存在交易历史和相互熟悉，如果乙公司和丙公司初次进行交易，那么就要看乙公司是否还有其他理由信赖张某具有代理权。

2. 相对人举证证明其善意或无过失的证据是来自纠纷发生后还是交易行为发生之时。也就是说，相对人的证据是交易当初为了考察行为人代理权，还是为了推脱责任而后期收集的。如果是前者，那么通常认定相对人是善意无过失。

3. 相对人的注意义务与交易规模大小是否相称，也就是说，如果张某代表丙公司与乙公司的交易数额较大、数量多，乙公司就更应该谨慎，否则，可能被认定有过失。

4. 相对人对交易效率和核对行为人代理权的成本是否相称。也就是说，如果乙公司核查张某的代理权的真实性，无论从合同签订效率还是从核查成本上都可能妨碍交易快速达成，在这种情况下，乙公司花大力气核查张某的代理权，通常不应认定乙公司有过失。就该案而言，乙公司向丙公司发传真对张某进行了核查，由此应该认定乙公司无过失。

下面，说说在前面的案件中崔某先的行为是否构成表见代理。

根据表见代理的定义，该案中崔某先作为公司法定代表人，系公司的代表人非代理人，同时由于兴业银行本身存在过错，所以，不适用表见代理的有关规定。

但笔者认为，崔某先的行为应该依据原《合同法》第 50 条关于法定代表人超越权限签订合同效力的规定，即法人或者其他组织的法定代表人、负责人超越权限订立的合同，除相对人知道或者应当知道其超越权限的以外，该代表行为有效。

最终，法院是以深圳机场公司和兴业银行广州分行签订的贷款合同系以合法形式掩盖非法目的而认定无效，再在无效合同项下，根据各自的过错程度认定民事责任的思路做出判决：判决深圳机场偿还兴业银行本息 1.925 亿元，兴业银行自担 3250 万元的损失。

案件的知识点讲完了，这个故事给了我们哪些启发呢？

骗局之所以能瞒天过海，少不了企业内外人员的合意和配合。就该案而言，2.25 亿元之所以能够从银行流出，除了张某明和崔某先的主谋之外，兴业银行某些工作人员的"里应外合"是不可缺少的，否则，骗子们是很难绕过银行内部的审批流程的。这个不多说。单从合同风险防范的角度来评价，兴业银行是忽略了合同的履行监督的。如果兴业银行能对贷款的用途、资金投放的项目状况多一些了解，特别是对上市公司深圳机场公司的公告状况多一些了解，对资金流向等多问几个为什么，该案可能就不会发生。

三、法人代表的假象

在这里，再补充一个关于"一把手"（法定代表人）的工商登记可能涉嫌"表见代表"的问题。

在北京公达房地产有限责任公司（以下简称公达公司）与北京祥和三峡房地产开发公司（以下简称三峡公司）合同纠纷案中，刘某章作为三峡公司的法定代表人与公达公司签订了一份项目转让合同，在该合同上有刘某章的签字和三峡公司的公章。但此时刘某章早已被上级单位停止了工作（免职），但三峡公司未及时到工商部门变更法定代表人登记。最终，项目转让合同被法院认定为三峡公司签订的合同。

由此可见，公司法定代表人变更，应该及时办理工商登记的变更。如果公司不及时去办理，使善意第三人与该公司原法定代表人签订合同，则构成表见代表，该合同会直接约束公司，公司也应该履行合同项下的义务。

另外，值得提醒的是，在公司业务代表、项目负责人、企业负责人发生变更时，应及时书面通知对方客户，并对相关事宜作出重新安排，一旦钱被冒领了，合同被冒签了，声誉被败坏了，再亡羊补牢，将为时已晚。

讲到这里，想起来经常在报纸上看到这样的声明：某公司所有对外签订的合同和文书，必须经过现任公司法定代表人某某某的签字认可，否则无效。那么，这样做，是否可以达到声明的法律效果？也就是说，如果出现合同或者其他文书仅有公章，没有现任法定代表人的签字，公司还承担责任吗？

上面的声明通常是公司股东之间或者管理层之间发生"权力"之争，而公章不在现任法定代表人手中，现任法定代表人为了获得公司的实际控制权而作出的。这就好比说，公司的合同没有现任法定代表人的签字同意，即便盖章也白搭，公司也不认。那么公司到底要不要承担责任呢？

笔者认为，这是一个比较复杂的问题。一个单位对外签订合同，一般有公章即可，除非双方在合同中特别约定法定代表人签字且公司盖章才生效，通常情况下盖章的行为完全可以代表公司的行为。即便是签了法定代表人某某某的名字，除非是现场签署，否则，也不能确认某某某的真实意思和签名。在这种情况下，即便登报声明，也难以保证签字的真实性。所以，即使现任法定代表人的签字被"冒名"，只要是加盖了公司公章，也可能被认定为构成表见代理，被作为有效处理，公司仍要承担责任。

《民法典》第61条第2、3款规定，法定代表人以法人名义从事的民事活动，其法律后果由法人承受。法人章程或者法人权力机构对法定代表人代表权的限制，不得对抗善意相对人。当然，公司章程或权力机构对法定代表人的代表权作出限定，而法定代表人超越权力限制给公司造成损失的，应该予以赔偿。

有些自然人同时兼任几个关联公司的法定代表人，为了工作和管理的需要，法定代表人印章会做区别并用于不同公司，如"张某某印"用于甲公司业务办理，"张某某章"用于乙公司业务办理。这种情况下，如"张某某印"印章印在乙公司签订的合同上，合同效力是否因此受到影响呢？

对此，最高人民法院的判例认为，法定代表人印章的区别属于公司内部的区别，对外没有法律约束力，即该合同效力并不因"张某某印"和"张某某章"的区别而受到影响。

由此可见，对于公章的使用，法院是推定为公司的意思表达行为的，除非有相反的证据能够推翻这种推定。例如，公司能够证明印章丢失并经报案，公告原印章失效，或者公司能够证明使用人是采用不正当的手段窃取公章而使用等。

下面就是一起被法院认定为法定代表人"表见代表"的案例。

招商银行股份有限公司大连东港支行与大连振邦氟涂料股份有限公司、大连振邦集团有限公司借款合同纠纷案〔（2012）民提字第156号〕。

2006年4月，大连振邦氟涂料股份有限公司（以下简称振邦股份）为其股东大连振邦集团有限公司向银行贷款提供连带责任保证及抵押担保，并办理了抵押登记手续。

2008年，因大连振邦集团有限公司逾期未偿致诉。振邦股份以其法定代表人周某越权提供担保、《股东会担保决议》上部分股东印章虚假、使用变更前的公司印章等理由主张担保无效。

最高人民法院认为，案涉《股东会担保决议》虽存在部分股东印章虚假、使用变更前的公司印章等瑕疵，以及被担保股东出现在该决议中违背《公司法》规定的情形，但该担保决议上的签字及印章与振邦股份为担保行为当时提供给银行的签字和印章样本一致。而振邦股份向银行提供担保时使用的公司印章真实，亦有其法定代表人真实签名，且案涉抵押担保经过行政机关审查亦已办理登记，故银行在接受作为非上市公司的振邦股份为其股东提供担保过程中，已尽到合理的审查义务，主观上构成善意。该案周某行为构成表见代表，振邦股份对案涉保证合同应承担担保责任。

第十一讲
合同的撤销

可撤销合同是指当事人订立合同时意思表示不真实，法律允许其通过诉讼或仲裁的方式行使撤销权而使之归于无效的合同。撤销权人通常是意思表示不真实而受损害的当事人，如重大误解中的误解人、显失公平中遭受重大不利的一方。细说起来，可撤销合同主要有因重大误解订立的合同、显失公平的合同、因欺诈胁迫订立的合同、乘人之危订立的合同。

因重大误解订立的合同，主要是一方或双方对于订立合同的主要内容发生重大误解且将直接影响到当事人的权利义务的合同。比如，画廊误将赝品当作真品出售的合同。这里的"误解"应该是由当事人在意志自由状况下的过失造成的，非被欺骗或者其他不正当的影响造成的。

显失公平的合同主要是指，因为订立合同一方缺乏相应专业知识或情况紧迫导致签订的合同明显对一方不公平。比如，甲公司因资金短缺向乙借款2000万元，年息55%，这种高利贷就是显失公平的合同，这也是最高人民法院司法解释曾经限定民间借款合同最高利息不高于36%的主要原因。

其实现实生活中的实例比上面列举的情况更加复杂。从《民法典》对显失公平的定义来看，主要可以从两个方面来认定显失公平：一方面是双方享有的权利和履行的义务严重失衡，违背公平原则；另一方面是一方利用优势或对方没有经验而订立明显对自己一方有利的条款。

但笔者认为，这种规定还是太过于笼统，缺乏可操作性。照此规定，一

第十一讲 合同的撤销

方凭自己的专业优势,没有违法行为,也无恶意,就被认为交易不公平,岂不是很多合同都显失公平?比如,专家医生看病,没用5分钟,通过望闻问切,对病人病情作出诊断,并收取1000元,由此建立的医疗服务合同是不是显失公平的合同呢?

笔者的建议是,关于显失公平的认定,应该慎重。这个问题关键要看当事人是否有主观恶意,如果没有恶意,即便合同看似不公平,也应该认定有效;如果利用优势或对方没有经验的现象存在,但没有达到人们通常认为的不正常,那么即便合同的结果不公平,也应该被认定为有效。如果存在主观恶意、乘人之危或欺诈,就适用欺诈和乘人之危的有关理论处理为妥。

因欺诈、胁迫而订立的合同,主要是指因欺诈、胁迫而订立会损害了集体或第三人的利益的合同。中国传统美德讲究"仁、义、礼、智、信"。欺诈,与诚信相对,自古为法所不容,德所不齿。欺诈,是指故意告知虚假信息或故意隐瞒真实信息,诱使一方作出错误意思表示的行为。比如,明知产品存在缺陷却故意隐瞒,仍然当合格品进行销售,就属于买卖欺诈。合同欺诈,是指故意隐瞒真相或故意告知虚假信息,使对方作出错误的意思表示而订立合同。

虽然从上述的定义中区分重大误解和欺诈行为很容易,但在实务中对重大误解和欺诈行为做出区分并不是一件很容易的事,主要是因为这两者的外在特征十分相近,即都表现为一方对某事实产生错误的认识并因此作出了错误的意思表示,最终给自己造成损失。两者区分的难点在于很难说清当事人产生错误的原因到底是自己的误解还是对方的欺诈。举例如下。

张某在北京中关村信息城一商贸公司购买了一款三星笔记本电脑,双方签订的买卖合同中约定,电脑型号为三星 NP905S3G-K7(8)系列,价格 4500 元,具体型号及配置见商家宣传单页上记载的 NP905S3G 的第 8 类。商贸公司发货并为张某开具了收据,写明"三星笔记本四核 NP905S3G-K7"。

张某认为,合同中约定的型号"NP905S3G-K7(8)"和"宣传单页上记载的 NP905S3G 的第 8 类"应为八核处理器,但实际交付四核处理器的电

· 125 ·

脑，卖家存在销售欺诈，以四核处理器冒充八核处理器，隐瞒事实，诱使自己上当受骗。

而卖家则认为，双方合同约定得很清楚，处理器是四核而非八核，张某在合同上签字认可，现在出尔反尔，是在故意找碴。

法院认为，卖家不存在欺诈，虽然合同中约定型号"K7（8）"容易让人误认为是八核，但是合同型号及配置在卖家宣传单页上记载的第8类系四核处理器，如果张某仔细阅读宣传单页，就不会产生重大误解。卖家虽然没有就笔记本电脑的处理器作出特别的提醒，但已经履行了通常的告知义务，所以其不存在欺诈，买卖合同系张某因重大误解而订立。

乘人之危的合同，是指利用他人危难处境或紧迫需要，强迫对方接受其不公平条件，违背他人意愿而订立的合同。例如，出租车遇到危重病人，乘人亟待用车，司机就上前要价2000元，在这种情况下订立的合同即属于乘人之危的合同。

在买方市场中，卖方为了获得订单、讨客户开心，彰显自己的诚意，以醉酒换订单的场景司空见惯。那么，醉酒状态下签订的合同是否为可撤销的合同呢？

例如，某晚，在南方某城市，从北方来的张总被甲公司赵总灌醉，签订了一份违背自己意思且不利于公司的购销合同。清晨醒来，张总发现自己躺在医院的病床上，如梦方醒，后悔昨晚被人灌醉签订了购销合同。

在这种情况下，其是否可以乘人之危主张撤销合同呢？

答案是不能。张总作为完全行为能力人，应当对自己的行为承担责任。其代表公司履行职务，能喝多少酒，应当预见并可以控制。常言道，生意场上无君子。喝酒误事，以此诿过于人，从道理上讲不通。如果其所签的合同确实明显不利于公司，其最好以合同显失公平为由要求法院撤销，似乎更靠谱。

在我国法律体系中喝酒、醉酒不是推脱责任的合法借口。比如，酒后杀人、酒驾事故，都不能以酒致头脑不清而免责。

注意：可撤销合同，撤销权人有权决定是否提出撤销。合同在被撤销前仍然是有效合同。

一、合同保全中的撤销权

我国《民法典》规定的合同中的撤销权有几种，除了前面讲的因重大误解订立的合同、显失公平的合同、因欺诈胁迫订立的合同、受第三人欺诈订立的合同可行使撤销权外，还有合同保全制度中的撤销权以及赠与合同中的撤销权。

合同保全制度中债权人的撤销权，是指债权人撤销其债务人与其他人签订的合同，使之归于无效，即债务人侵害债权人债权的，债权人可请求法院撤销债务人与其他人签订的合同，维护债权人的权利。这似乎与前面讲到的合同相对性有些矛盾。确实，这是合同相对性的例外制度。

依据《民法典》第 539 条的规定，债务人以明显不合理的低价转让财产，对债权人造成损害，并且受让人知道这种情形的，债权人就可以行使撤销权。也就是说，债务人与他人恶意切磋，故意以价格的"低卖高买"自损身价的，债权人可以撤销债务人与其他人签订的合同或履行的行为。

在这里结合《合同编司法解释》第 42 条的规定，"明显不合理"的低价或者高价，应当按照交易当地一般经营者的判断，并参考交易时交易地的市场交易价或者物价部门指导价予以认定。转让价格未达到交易时交易地的市场交易价或者指导价 70% 的，一般可以认定为"明显不合理的低价"；受让价格高于交易时交易地的市场交易价或者指导价 30% 的，一般可以认定为"明显不合理的高价"。债务人与相对人存在亲属关系、关联关系的，不受前款规定的 70%、30% 的限制。

笔者曾经在《民法典》实施前代理过一个案件。大致情况是这样的：某央企要收购 A 公司 100% 股权，收购的前提是 A 公司的自然人股东 B 要豁免对 A 公司的 3900 万元债务，即要求 B 放弃 A 公司拖欠他的 3900 万元借款。

交易完成后，某央企成为 A 公司的股东。但不出两年，C 公司起诉 A 公司与 B，要求撤销 B 对 A 公司的 3900 万元债务的豁免，理由是，B 拖欠 C 公司 5600 万元借款无力偿还，其豁免 A 公司 3900 万元的欠款损害了 C 公司的合法债权。如果 B 与 A 公司的 3900 万元豁免协议被撤销，将给某央企造成巨大损失。最终该案件因错过诉讼时效而被驳回。

但上述案件的启示是：轻易不要做"无本"的买卖，否则可能面临被撤销的可能。在上述情况下应尽可能在交易中设定"对价"，避免出让方的债权人以交易价格明显不合理为由而行使撤销权。

《九民纪要》认为，撤销权应当由当事人行使。当事人未请求撤销的，人民法院不应当依职权撤销合同。一方请求另一方履行合同，另一方以合同具有可撤销事由提出抗辩的，人民法院应当在审查合同是否具有可撤销事由以及是否超过法定期间等事实的基础上，对合同是否可撤销作出判断，不能仅以当事人未提起诉讼或者反诉为由不予审查或者不予支持。

一方主张合同无效，依据的却是可撤销事由，此时人民法院应当全面审查合同是否具有无效事由以及当事人主张的可撤销事由。当事人关于合同无效的事由成立的，人民法院应当认定合同无效。当事人主张合同无效的理由不成立，而可撤销的事由成立的，因合同无效和可撤销的后果相同，人民法院也可以结合当事人的诉讼请求，直接判决撤销合同。

合同被撤销后的法律后果是什么样的呢？

债务人将主要财产以明显不合理低价转让给第三方，第三方在明知债务人欠债的情况下，未实际支付对价的，可以认定第三方与债务人恶意串通、损害债权人利益，与此相关的财产转让合同应当认定为无效。按照《民法典》的规定，法院应判令因无效合同取得的财产返还给原财产所有人，而不能判令第三方取得的债务人的财产直接返还给债权人。这样做的效果是，使合同恢复到被撤销或被确认无效前的状态。

但是，《合同编司法解释》第 46 条第 3 款第 1 句的规定却是，债权人依据其与债务人的诉讼、撤销权诉讼产生的生效法律文书申请强制执行的，人民法院可以就债务人对相对人享有的权利采取强制执行措施以实现债权人的债权。

根据上述司法解释,债权人撤销权胜诉后,如自己与债务人的判决也已生效且在强制执行阶段,那就可以直接强制执行相对人的财产,无须再行通过诉讼(如代位权诉讼)向债务人的相对人追偿。这可减轻债权人的诉累。

最高人民法院审理的国家开发银行与沈阳高压开关有限责任公司(以下简称沈阳高压开关公司)、新东北电气(沈阳)高压开关有限公司(以下简称新东北开关公司)、新东北电气(沈阳)高压隔离开关有限公司(以下简称新东北隔离开关公司)、沈阳北富机械制造有限公司(以下简称北富机械公司)等借款合同、撤销权纠纷案[(2008)民二终字第23号]。

沈阳高压开关公司拖欠国家开发银行贷款1.5亿元,沈阳高压开关公司与东北电气公司签订了股权转让协议,分别将其持有的新东北开关公司、新东北隔离开关公司、北富机械公司的股权转让给东北电气公司,作为股权置换,东北电气公司将其持有的沈阳添升通讯设备公司的股权以及东北输变电设备集团公司的股权转让给沈阳高压开关公司。

国家开发银行认为,东北电气公司持有的股权名存实亡,不具有实际价值,以此置换沈阳高压开关公司持有的具有实际价值的股权,属于严重不对价,最终损害到国家开发银行的债权,故要求撤销沈阳高压开关公司与东北电气公司的股权转让协议。

国家开发银行的诉求最终得到法院支持。

该案是债权人行使撤销权的成功案例。该案之所以能够获得胜诉,得益于国家开发银行能够提交证据证明沈阳高压开关公司与东北电气公司之间的股权转让行为存在严重的不对等,损害到了自己的合法利益。

这个案件胜诉的另外一个关键原因就是,案涉的公司中有些是上市公司,而这些上市公司对外披露的信息可作为事实认定的线索和证据,且这些信息容易被国家开发银行所获得。

如果不是这个原因,国家开发银行是很难获得沈阳高压开关公司与东北电气公司弄虚作假暗地输送利益，损害沈阳高压开关公司偿付能力的把柄的，当然，国家开发银行也就不能行使撤销权，从而保护自身合法权益了。

在合同保全中，债权人通常会高度关注债务人的一举一动，因为债务人的举动关乎债权人的利益能否实现。

在实务中，还有一种有意思的情况就是，债务人拒绝受领某种利益的行为。例如，债务人的一位亲戚想赠与债务人一套价值340万元的房屋，但债务人拒绝接受。在这种情况下，债权人能否行使撤销权，让债务人接受该房屋，保障自己的利益实现呢？

从常理上说，债务人接受赠与，对自己的债务偿还肯定是有百利而无一害的，而拒绝受领，自然会对债权人的债务清偿不利。

但这种情况下是不能对拒绝受赠的行为行使撤销权的，为什么呢？

撤销权制度的设立目的是恢复债务人减少的财产，防止债务人逃避债务，减少债务人通过各种不当的方式减少资产，变相危及债权人利益，最终目的是实现债务人自身资产的维持，而不是为了债务人的资产增值。

另外，法律上还有一种原则就是，不能违背一个人的意志而强制赋予利益。一个人是否愿意接受别人的赠与，不能被法律强迫，包括不能通过撤销权的行使，迫使债务人接受。

二、赠与合同中的撤销权

赠与合同的撤销权是指，在财产交付之前，赠与人可以撤销赠与，不再交付赠与财产；或者，在财产交付后，如受赠人严重侵害赠与人、不对赠与人履行抚养义务、不履行赠与合同义务的，赠与人及继承人可以撤销赠与合同，要回交付的赠与财产。

赠与合同是市场经济中一类特殊的合同，与其他合同的互动等价有偿交易的性质不同，赠与合同更多的是一方施惠于另一方。除了对具有更多社会救灾、扶贫等社会公益、道德义务性质的赠与合同不能撤销外，其他情形的赠与都可以在交付赠与财产前撤销。

讲一个"奇葩"的赠与案例：杨某福诉李某刚应按不可撤销赠与合同给付打赌所得红旗汽车案。

故事发生在重庆市璧山区，杨某福系一饭馆小老板，李某刚系一包工头。李某刚承接了镇上一水泥路面施工，其将施工用的河沙暂时堆积在路边影响到了杨某福的生意。双方就此理论。

杨某福说："你有个红旗车好不得了嘛。"

李某刚回敬："我有红旗车又怎样？你只要叫我几声干爹，给我磕头，祭拜我，我把红旗车送给你。"

杨某福随即跪地磕头，并喊了几声干爹，并当着围观群众说："我得了红旗车，明天我请大家喝酒。"李某刚随即变卦，不同意给车。

杨某福起诉李某刚索要红旗车。

法院认为，双方发生纠纷，李某刚出言不逊、恶语伤人，有悖社会公德。其在情急之下要杨某福喊干爹、磕头、送车的真实意思是羞辱杨某福，并非真的送车。而杨某福听了李某刚的话并非不知道其在骂自己，却采取不自重的自虐行为，想在众目睽睽之下给李某刚难堪，也是不理智的，被告未交付车辆也未办理过户，双方之间的赠与合同不成立，驳回了杨某福的诉求。

《民法典》第499条规定，悬赏人以公开方式声明对完成特定行为的人支付报酬的，完成该行为的人可以请求其支付。

如果该案例发生在《民法典》实施以后，那么杨某福能否根据该规定要求李某刚交付汽车呢？

答案是否定的。根据《民法典》第153条第2款之规定，李某刚的"悬赏"行为因违背公序良俗而无效。

三、合同撤销权的除斥期间

讲到合同的撤销权，就不能不讲讲合同撤销权的"除斥期间"。

按照《民法典》第 152 条的规定，撤销权自债权人知道或者应当知道撤销事由之日起 1 年内行使。如果不知道撤销事由，行使撤销权的最长期限为自债务人的行为发生之日起 5 年，逾期，撤销权消灭。

法律为某项权利行使设定期限，过期作废，这种期限在法律上就叫"除斥期间"。法律设定这种制度的目的，跟设定诉讼时效的目的有点类似，就是不让撤销权"沉睡"，督促当事人及时纠正自己的意思，及时纠正显失公平的行为标的，使不利于自己的事情能够及时得到救济。

但除斥期间和诉讼时效又有明显不同。除斥期间为不变期间，不因任何事由而延迟，不像诉讼时效那样，在某些情况下，时效中止、中断、延长；除斥期间只要时间经过，无论权利人是否行使过权利，该权利均消灭，当然如在除斥期间内已行使了该权利，就无须再行使。而诉讼时效不仅需要法定期间的经过，还需要权利人不行使权利两个方面才能产生超期的效力，即时间没过或在法定期限内行使了权利，除斥期间不产生中止、中断或延长的法律效果。

举个例子：2003 年 8 月 4 日，张某趁赵某神志不清，以超低价买得玉扳指一枚。2003 年 12 月 1 日，赵某病愈发现玉扳指售价过低，要求撤销与张某的买卖合同。

在上述案例中，撤销权的除斥期间为 2003 年 12 月 1 日至 2004 年 12 月 1 日，逾期，撤销权消失。如果赵某患病始终神志不清，那么撤销权的最长期限只能截至 2008 年 8 月 4 日。

那何谓"知道或者应当知道"呢？

"知道"当然不用解释了。何为"应当知道"，这是一个法律推定，准确地说，应该是法官根据当事人的智力、认识水平、现实状况等综合状况作出的主观推定。

比如，丈夫与第三人签订了房屋买卖合同，将自家房屋卖掉获得房款 130 万元。后房价上涨，妻子以丈夫擅自处分夫妻共有财产为由，请求撤销房屋买卖合同。

在这种情况下，法院通常会认定房屋买卖系夫妻双方共同意思表示，从而驳回妻子撤销房屋买卖合同的诉讼请求。这是为什么呢？

凡是有点生活常识的人都知道，房屋乃家庭生活之根本，出售或购买房屋必是家中重大事项，夫妻自然会共同商议。在这种情况下，妻子"应当知道"房屋买卖一事。

为什么法律要对某些权利作出这样的设定呢？主要是为了维持原有社会秩序。在一个商业交易频繁的社会中，最重要的因素不是交易价格，而是交易安全。

你想，如果很多交易关系总是不确定或者可能随时被撤销，人们总担心手中的东西哪天会被要回，那么谁还敢去购买？谁还会去积极交易？社会又如何繁荣呢？

所以法律要制定一种规则，去告诉交易的人，别担心，一般交易不会有事，有事也只会在特殊情况下发生，且只会发生在1年时间内，最长不过5年，过期自然会安然无忧。

中国工商银行蒙阴县支行（以下简称蒙阴工行）与山东省蒙阴棉纺织有限公司（以下简称蒙阴棉纺公司）、山东恒昌集团股份有限公司（以下简称恒昌公司）撤销财产转让合同纠纷案［（2005）民二终字第172号］。

2000年11月10日，蒙阴工行以恒昌公司和蒙阴棉纺公司借企业改制之机，以明显不合理的低价变卖企业核心财产为由，向临沂市中级人民法院起诉并主张恒昌公司偿还借款，蒙阴棉纺公司承担连带责任。

2003年11月20日，法院驳回蒙阴工行的诉讼请求，并告知蒙阴工行可以提起撤销权之诉。

2004年3月1日，蒙阴工行向山东省高级人民法院提起诉讼，主张依法撤销恒昌公司与蒙阴棉纺公司之间的买卖合同，并判令蒙阴棉纺公司返还恒昌公司财产或在接受财产范围内承担还款义务。

那么，问题出来了，蒙阴工行的撤销权的起算应该从哪天算起呢？从2000年11月10日起算还是从2003年11月20日法院判决告知蒙阴工行另行起诉行使撤销权之日起算?

单从蒙阴工行2000年11月10日起诉的事实看,蒙阴工行此时已明确地知道恒昌公司与蒙阴棉纺公司进行了资产买卖,并认为恒昌公司与蒙阴棉纺公司的资产买卖行为损害了自己的合法权益。撤销权应自债权人知道或应当知道撤销事由之日起一年内行使。从2000年11月10日至2001年11月10日应为蒙阴工行行使撤销权的期间。

但最高人民法院在审理该案时,却在撤销权法定期间的起算问题上作出了有利于积极主张权利的债权人的解释,即从2003年11月20日法院判决告知蒙阴工行另行起诉行使撤销权之日起算,2004年3月1日蒙阴工行的起诉主张撤销权没有超过法定期限。

最高人民法院上述认定有着一定的借鉴意义。但司法实务中会有变数,所以,笔者建议尽早行使撤销权或在诉讼中谨慎行使撤销权,避免因超过除斥期间而影响实体权利的行使。

笔者曾在一起房地产纠纷案件中代理开发商参与仲裁,因对方超出撤销权行使期间而险些败诉。

2001年6月4日,某市房产管理部门发布通知,某楼盘因某种原因无法办理房产证,但某开发商还是与某公司签订了房屋买卖合同。

2004年7月12日,某公司向仲裁委员会提起仲裁,要求撤销双方的买卖合同,退还房款。

在仲裁庭审中,笔者向对方发问:"你们怎么知道不能办证?"

对方答:"2002年3月,公司曾委托律师顾问去房产交易中心查询过,得知该楼盘不能办证。"

笔者随即向仲裁委提出,对方当事人在2年前已经知道该楼不能办理房产证,现在行使撤销权已经超出法定除斥期间,依法应予驳回其仲裁请求。

虽然该案最终调解结案无法得知仲裁委对撤销权如何认定,但是谁敢说对方当事人的撤销权没有重大瑕疵呢?

有兴趣想拓展一下知识的读者,可以看看下面这个悬案。

第十一讲　合同的撤销

深圳市蒲公堂信息咨询服务有限公司（以下简称蒲公堂公司）与深圳市南山区投资管理公司（以下简称南山公司）、深圳市科汇通投资控股有限公司（以下简称科汇通公司）撤销权纠纷案［（2007）民二终字第32号］。

自1994年始，南山公司拖欠中国工商银行深圳市分行蛇口支行（以下简称蛇口支行）本金5310余万元及利息。蛇口支行对南山公司的债权最终转让给了第一联合公司。

2005年12月9日，蒲公堂公司与第一联合公司签订《债权转让协议》，由蒲公堂公司受让了第一联合公司对南山公司的债权。

2006年5月27日，第一联合公司在《深圳商报》上刊登关于债权转让的通知公告，告知南山公司及其保证人，债权转让给了蒲公堂公司。

其中，2001年2月27日，南山公司与科汇通公司签订《转让协议书》，将其持有的深南石油35.88%的股权转让给科汇通公司。因南山公司系国有企业，其进行的股权转让行为需经国资委批准，批准的时间为2001年3月19日。

2006年3月20日，蒲公堂公司向广东省高级人民法院起诉，主张南山公司转让"无偿"股权给科汇通公司严重侵害其债权，主张撤销该股权转让行为。

注意了，戏剧性的一幕即将发生。要知道，如果蒲公堂公司能够撤销南山公司与科汇通公司的股权转让，蒲公堂公司的债权就有保障。关于股权价值，此前南山公司曾与科汇通公司协议约定以1亿元成交。

该案的关键是蒲公堂公司是否在法定除斥期间内行使了撤销权。

首先，让我们看看蒲公堂公司取得撤销权的时间。

2005年12月9日，蒲公堂公司与第一联合公司签订《债权转让协议》，由蒲公堂公司受让了对南山公司的债权。但是，因债权转让未通知债务人，对债务人尚未发生效力。也就是说，此时蒲公堂公司尚不是南山公司的债权人，包括在2006年3月20日，蒲公堂公司起诉至法院要求撤销联合南山公司与科汇通公司股权转让合同时，其仍不是南山公司的债权人。直至2006年5月27日，第一联合公司在《深圳商报》上刊登关于债权转让的通知公告，

· 135 ·

告知南山公司及其保证人，债权转让给了蒲公堂公司，蒲公堂公司才成为南山公司的债权人，才成为可以行使撤销权的权利人。

其次，让我们看看蒲公堂公司的撤销权是否还在法定除斥期限内？

2001年2月27日，南山公司向科汇通公司转让了其持有的深南石油35.88%的股权，国资委于2001年3月19日批准该股权转让行为。

根据法律规定，2001年2月27日股权转让的合同虽然成立，但需经批准方能生效，即2001年3月19日才是合同的生效日期。该合同被撤销的最长期限为5年即2006年3月19日。

2006年3月20日，虽然蒲公堂公司提起了撤销权的诉讼，但此刻因其尚未取得撤销权，故起诉行为对南山公司没有意义。待蒲公堂公司取得撤销权时（2006年5月27日），已经超过转让行为发生之日（2001年3月19日）起算的5年最长除斥期间。

最终，蒲公堂公司的诉讼请求被驳回，令人为之叹息。

成功和失败只有一步之遥。悲剧往往就发生在一步之内，前后境况截然不同。

假如历史可以复原，蒲公堂公司在2006年3月19日前的任何时刻要求第一联合公司完成债权转让公告通知，几千万元甚至上亿元的资产可能早已成为囊中之物了。但残酷的事实是，历史不能复原。

第十二讲
期限和时效

笔者经常接到这样的咨询，欠钱3年没要，是不是就"瞎了"（要不回来了）；这个官司是不是过期不能打了？等，这说明大家多少了解一些这方面的知识。

因为"时间"在法律上就是"拟定事实"，会决定民事权利义务的取得、变更和丧失，所以有必要进行一些讲解。

期限，是指一个时间点。从某一时刻开始计算，称为始期，至某一刻停止计算，称为终期。其间，就是从某一刻到另一刻的一段时间。

期限和期间作一区分的目的，就是弄清民事权利义务在何时取得、变更和丧失。比如，5月2日交付，就是在那一天必须交付；5月2日至22日交付，就是在5月2日、22日以及这中间的任何一天交付均可。

一、期限或期日的计算

下面讲讲如何计算期限或期日，一般分自然计算法和历法计算法两种计算方法，但这两种计算方法在以年或月定期间的时候会有不同，所以在签订合同时应该注意，最好作出约定，避免产生歧义。

自然计算法，以实际时间为标准计算，一天24小时，一周7天，一月30天，一年365天。如约定某月某日10时起1年，则不问是否为闰平之年，一概指365天后的10时。

历法计算法，是以日历所定的时、日、星期、月、年进行计算的方法。例如，约定1日期间，则自0时起至24时终；1年之期间，为1月1日至12月31日，不论月之大小，年之闰平，皆以历法所定。

如果约定1月的期间，从2月1日起计算，采用历法计算，应于2月28日或29日为届满；采用自然计算法，应算30天，为3月1日或2日届满。在这种情况下，义务人在3月1日履行合同义务是否违约就容易产生歧义，因为采用的计算方法的不同，1个月期间的计算的截止日期会有所不同。

再进一步讲讲期间的起算点。

按小时定期间的起算点，从规定时开始计算，例如，约定自本日14时起8小时，则应自14时起算至22时届满。

按日、月、年期间的起算点，开始的当天不计入，从次日计算。例如，不服裁定书的上诉期间为10天，签收时间为8月12日，则应从8月13日起算至8月22日24时届满。

但要注意期间最后一天终止点的问题，虽然上述计算最后一日的截止时间为24时，但有业务时间的，应该到停止业务时间时截止。比如，法院上班时间为9时到17时，则17时是该日的终止点，不服裁定书上诉，在最后一天18时去法院上诉可能就不行了。

如果以日定期间，就算该区间之日为最后一日，如12月2日的一日，就是12月2日。

在以周、月、年定区间时，例如，以该周、月、年的第一天开始的，则以周日、月末、年末为最后一日；或者，以最后周、月、年中与起算日相同日的前一日，为期间最后一日。

比如，以2个月为期间，自2013年9月1日起算，则最后一日为2013年10月31日；自2013年9月4日起算，则最后一日为2013年11月3日。

另外，如果期限最后一日为星期日或其他法定节假日，则应该以休息日的次日为最后一日，如最后一日为星期六或星期日，则应以下周一为期限最后一日。

时效，就是有效期限，是指某种事实状态经过法定时间而产生一定法律后果的法律制度。时效最常见的是诉讼时效。

二、诉讼时效的起算

诉讼时效，是指受到侵害的权利人在法定的时效期间内不行使权利，当时效期间届满时，人民法院对权利人的权利不再进行保护的制度。

在《民法典》实施之前，《民法通则》（已失效）、《民法总则》（已失效）及其相关解释，就诉讼时效期间曾有过不同的规定，在不同情况下，诉讼时效期间有1年、2年、3年之分。因诉讼时效的纷争也围绕不同情况分别展开。

在2021年1月1日《民法典》实施之后，前述的法律失效，就不存在上述时效区分问题，统一为3年的诉讼时效。将诉讼时效期间规定为三年，有利于建设诚信社会，更好地保护债权人合法权益。

还是拿前面谈到的欠钱为例吧。2014年1月10日，甲借款给乙，约定借款期限2年，2016年1月9日前还款。按照《民法通则》（已失效）"2年诉讼时效"的规定，2018年1月9日为诉讼时效最后期限，在此期限届满前，如果没有追讨，就过了2年诉讼时效。而按照现行规定，2019年1月9日为诉讼时效最后期限，在此期间之后才算过了3年诉讼时效。

如果前面的案例中借款期限为1年，2015年1月9日前还款，按照《民法通则》（已失效）的规定，2017年1月9日为诉讼时效最后期限，在此期限届满前，如果没有追讨，此后就过了2年诉讼时效。而按照《民法总则》（已失效）"3年诉讼时效"的规定，因2017年1月10日已经过了诉讼时效，未能跨越（或衔接上）2017年10月1日［《民法总则》（已失效）实施日］，就不能适用3年诉讼时效的规定了。

3年诉讼时效，是指权利人知道或应当知道自己权利被侵害了，或者知道谁是义务人，应该在知道或应当知道被侵权或义务人之日起3年期间内行使权利，过了3年再诉诸法院，法院对其受侵害的权利就不去保护了，权利人只能依靠个人能力去解决了。

说得仔细点,就是你好心借给表哥50万元,期限3个月,3个月后,表哥没还钱,但碍于面子,你也不好意思要,过了3年,你到法院起诉,表哥变卦了,向法官喊冤,说你3年多没主张过债权,过了时效了,应该驳回起诉。法院审理后就会驳回你的起诉。

在这种情况下,你就失去了"胜诉权",由强制之债成为自然之债,法院不管了,只好自己硬着头皮上门找表哥,上演一场黄世仁与杨白劳的反串戏,乞求和哭诉表哥还款,接下来的事,只有看表哥的胸怀了,表哥不还款,你也没辙,法院是不会再给你撑腰了。

虽然上述讨债办法有些悲情,但毕竟是讨得自己的债权,要还是可以要的,至于人家还不还就不一定了。但如果表哥没有欠款,你天天去"追讨",就属无理取闹,扰乱社会治安,严重的,可能构成敲诈罪。

《民法典》第196条规定了某些情况的请求权不适用诉讼时效。主要有:(1)请求停止侵害、排除妨碍、消除危险;(2)不动产物权和登记的动产物权的权利人请求返还财产;(3)请求支付抚养费、赡养费或者扶养费;(4)依法不适用诉讼时效的其他请求权。也就是说,这些情况下的权利不会时过境迁,权利人不用担心天长日久后会失去权利。

那在诉讼时效内如何行使权利呢?行使权利会产生什么样的法律后果呢?这就涉及诉讼时效中断、中止的概念。

诉讼时效中断,是指在诉讼时效期间中,因发生一定的法定事由,致使已经经过的时效期间统统归于无效,待时效中断的事由消除后,诉讼时效期间重新起算。

诉讼时效中止,是指在诉讼时效期间的最后6个月内,因不可抗力或者其他障碍不能行使请求权的,诉讼时效中止,诉讼时效从中止时效的原因消除之日起继续计算满6个月(《民法典》第194条)。

为了更好理解中断和中止的意思,拿秒表做个形象的比方。

中断,将3年诉讼时效看作秒表全盘刻度,主张权利就好比是按下秒表复位键,在全盘刻度内的任一位置按下复位键,秒针立即归零回到原点重新计时,超过3年的,丧失胜诉权。

中止,将3年诉讼时效看作秒表全盘刻度,不可抗力或其他障碍就好比是按下秒表暂停键,在最后6个月刻度范围内任一位置按下暂停键,秒针暂停,待阻却的事由排除,秒针继续计算6个月,再超过6个月的,丧失胜诉权。

那接下来的问题是,什么是行使权利?

在权利义务责任一讲中,已对权利做过阐述。主张权利,就是对债务人提出履行义务的要求,如要钱、交付货物。

那怎么算是法律上的行使权利呢?

行使权利的方式有很多,比如,可以直接向债务人送交主张权利文书,对方在文书上签字、盖章或者虽未签字、盖章但能够以其他方式证明该文书到达对方的,视为行使权利,如邮寄快递,对方签收。

对方是公司或企业的,签收人可以是其法定代表人、主要负责人、负责收发信件的部门或者被授权的人；对方是个人的,签收人可以是本人、同住的具有完全民事行为能力的亲属或者被授权的人。

如果一方是银行,依照法律规定或者当事人约定从对方账户中扣收欠款本息,也是行使权利。

如债务人下落不明,债权人在国家级或者下落不明的当事人一方住所地的省级有影响的媒体上刊登具有主张权利内容的公告的,也属于行使权利。

还有一些特殊的方式,可以被认定为行使权利,如向人民法院提交起诉状或者口头起诉,诉讼时效从提交起诉状或者口头起诉之日起中断。

申请仲裁、申请支付令、申请破产、申报破产债权、为主张权利而申请宣告义务人失踪或死亡、申请诉前财产保全、诉前临时禁令等诉前措施、申请强制执行、申请追加当事人或者被通知参加诉讼、在诉讼中主张抵销等,都是行使权利的行为。

向人民调解委员会以及其他依法有权解决相关民事纠纷的国家机关、事业单位、社会团体等社会组织提出保护相应民事权利的请求,以及向公安机关、人民检察院、人民法院报案或者控告，请求保护其民事权利的，都属于行使权利的行为，诉讼时效从其提出、报案或者控告之日起中断。

再有一种是债务人认账又反悔的情况，即3年诉讼时效已过，债务人同意继续履行义务或者自愿履行义务后，又以过了诉讼时效反悔的，人民法院不予支持。

再说说关于诉讼时效中止中的不可抗力以及其他障碍导致诉讼时效中止的情况。

不可抗力就是不能预见、不可避免且不可克服的事项，如海啸、地震、战争。详见第十九讲第四部分。

而其他障碍，是指权利被侵害的无民事行为能力人、限制民事行为能力人没有法定代理人，或者法定代理人死亡、丧失代理权、丧失行为能力。比如，7岁小孩父母双亡，没人代其主张权利。

其他障碍还包括继承开始后未确定继承人或者遗产管理人，如父亲去世前有债权，去世后还没有确定继承人替他主张权利；权利人被义务人或者其他人控制无法主张权利，如债权人被债务人限制了人身自由，无法伸张权益。

债务人在超过3年诉讼时效后收到了债权人的对账单，其在对账单上盖章，是否会产生时效中断？如果对账单上没有清偿期，诉讼时效如何计算？

笔者认为，债务人在超过诉讼时效的债权人的对账单上盖章不属于诉讼时效中断，而是属于诉讼时效的激活或再生。也就是说，已经形成的自然之债又转成了强制之债，诉讼时效重新计算，不存在时效中断的问题。如果对账单上没有约定履行期限，则视为随时可以追偿，最长有20年的诉讼时效。

进一步假设，假如债务人在超过3年诉讼时效后主动履行了部分债务，但没有承诺继续偿还剩余债务，债权人起诉剩余债务，是否超过了诉讼时效？

如前所述，超过诉讼时效的债务就是自然之债，法院就不去帮助债主"撑腰"了。债务人是否履行，履行多少，完全取决于债务人的人品了，而非受法律的强制约束。

只要是债务人没有明确表示继续偿还剩余的债务，债权人就不能要求法院来支持自己的主张,除非债权人与债务人又达成了新的还款协议,债权人重新获得了债权的请求权利。

但是,如果诉讼时效届满后,债务人作出明示同意履行债务或者自愿履行债务后,又反悔的,法院就不会支持了。

接下来说说分期付款的诉讼时效问题。

三、分期付款的诉讼时效计算

多数合同会约定分期付款,如买房合同、供货合同、租赁合同。此类合同中欠款的诉讼时效该从何时起算呢?

在这些合同中,虽然每期付款是独立的,但如果每期都单独起算诉讼时效,就会让债权人担心债权过了诉讼时效而频繁地主张权利,动摇双方的互信,一旦错过一期诉讼时效,极不利于保护债权人。

所以,从保护债权人合法权益的角度出发,法律对此规定从最后一期期满开始起算。一言以蔽之,只要是债权人提起诉讼时没有超过最后一期款项的诉讼时效就行。

秦皇岛华侨大酒店(以下简称华侨酒店)与秦皇岛市海港区工商行政管理局(以下简称海港区工商局)租赁合同纠纷案[(2011)民提字第304号]。

华侨酒店租赁海港区工商局的东方商贸城的房屋,双方签订《工商综合楼租赁使用合同》,租期18年,自1995年6月15日至2013年6月15日,免租期3年,租金缴纳每年两次。

2000年9月20日,华侨酒店与秦皇岛市海港区羊城酒店签订转租合同,约定自2000年10月1日至2014年12月16日,租金每年220万元整,每半年缴纳一次租金。

2000年11月21日,海港区工商局与八大处公司(华侨酒店中方股东)、羊城酒店签订房屋转租协议,约定对华侨酒店与羊城酒店签订的转租合同予以确认。

2001年12月4日，华侨酒店被吊销营业执照。

2005年2月3日，海港区工商局与八大处公司、羊城酒店又签订补充协议，约定租金由羊城酒店暂时向海港区工商局支付。

海港区工商局、八大处公司与羊城酒店的合同履行至2008年10月15日。后海港区工商局与八大处公司就1998年至2000年的拖欠租金发生争议。

2009年7月，海港区工商局向法院起诉追要拖欠的租金，1998年6月15日至2000年10月1日的租金共计96.83万美元。

华侨酒店对于海港区工商局的起诉提出抗辩，理由如下。

首先，2000年之前的租金，2009年起诉，远远超出1年的诉讼时效。《民法通则》规定，租金支付的诉讼时效是1年，即便按照《民事诉讼法》规定的2年诉讼时效也已经超过。而根据最高人民法院《关于分期履行的合同中诉讼时效如何计算问题的答复》（法函〔2004〕22号），分期合同中每一期的债务单独计算诉讼时效（注：该答复已失效），该案的租金也超出了诉讼时效。

其次，2000年11月21日，海港区工商局、八大处公司、羊城酒店达成转租协议，已经免除了华侨酒店缴纳租金的义务。也就是说，华侨酒店交付租金的义务已经就此终止，不再持续。

但最高人民法院对华侨酒店的上述抗辩理由并未支持。

最高人民法院的主要意见是，华侨酒店与海港区工商局之间签订了房屋租赁合同，租期18年。虽然期间又与八大处公司、羊城酒店达成转租协议，但前者租赁合同仍然存续，只不过是由羊城酒店代华侨酒店缴纳租金而已，所以华侨酒店分期缴纳租金的义务没有免除。

海港区工商局基于对其信任、合作且交往顺利的情况下，其有理由相信华侨酒店是依约履行缴纳租金义务的，其在2000年当期租金未立即主张支付，并非放弃该期间的租金，只是基于维护对华侨酒店的信任和谅解，符合市场交往的习惯，不应被认定为怠于履行权利。

2001 年虽然华侨酒店被吊销营业执照，但与该案租赁合同相关权利义务的其股东八大处公司顺利承接（履行至 2008 年 10 月 15 日），未对海港区工商局造成不利影响，2009 年 7 月，海港区工商局对同一租赁合同项下的租金在合同履行期内（至 2014 年 12 月 16 日）要求债务人履行应该得到支持。

其实，2008 年 9 月 1 日施行的最高人民法院《关于审理民事案件适用诉讼时效制度若干问题的规定》（法释〔2008〕11 号）（已失效）第 5 条明确规定，当事人约定同一债务分期履行的，诉讼时效期间从最后一期履行期限届满之日起计算。《民法典》第 189 条对此也作出同样规定。

单就分期分批合同，也分不同情况，其诉讼时效也不能笼统地认为以最后一期履行期限届满之日为诉讼时效的起算日。下面主要分三种情况来分析。

第一种情况是，只签订一份总合同，在这份总合同下，当事人要按照约定的时间、条件，分期分批履行合同义务。由于是一份合同，所以，从保护债权人合法权益的角度出发，从最后一次履行合同义务的次日计算诉讼时效。

第二种情况是，未订立书面合同的连续买卖合同，这种情况通常会被认定为与第一种情况相同，即从最后一次履行合同义务的次日起计算诉讼时效。

第三种情况是，签订了一份总合同，又在此基础上，分别签订了若干份单份合同，也就是说，这种情况下每一次履行合同都有特定的一份合同加以约束，这种情况下，就不能按照第一种情况去计算诉讼时效，而应该以每一份具体合同确定案件的诉讼时效。

四、质保金的诉讼时效

接下来一个问题是，分期付款合同中，质保金是否与分期付款的款项同样适用法释〔2008〕11 号的规定？

对此，各地法院有不同的认定，下面看看云南省高级人民法院的一份民事判决书的认定情况。

云南东方红节能设备工程有限公司（以下简称东方红公司）与英属维尔

京群岛德润集团有限公司（以下简称德润公司）建设工程施工合同纠纷案[（2010）云高民三终字第62号]。

东方红公司与德润公司于2005年2月4日签订《供货合同》，约定东方红公司为德润公司的会泽烟草公司曲靖综合楼空调工程进行设备供应和安装，合同价款为1 485 000元人民币。合同约定分四次付清工程款，最后一期工程款（注：质保金）于设备安装完毕之日（2005年11月20日）起满一年时支付。该工程于2005年12月完工。

2008年12月15日，东方红公司向法院起诉德润公司，要求其支付工程款及质保金。

在这个案例中，我们的问题是，东方红公司的起诉是否过了2年诉讼时效，诉讼时效的起算是否应以质保金作为最后一期付款来认定？

先看看一审法院对此的认定。

一审法院认为，该案中，东方红公司主张的未付款项为包括质保金在内的剩余工程款。双方签订的《供货合同》约定，除工程质保金外，其他工程款应当在设备安装调试完毕验收合格后支付。对于东方红公司主张的除质保金外的剩余工程款属于工程施工期间发生的款项，受该合同条款约束，应当在设备安装调试完毕验收合格后支付。

该工程于2005年12月15日验收合格，故该部分工程款应当于2005年12月15日起算诉讼时效，至2007年12月15日届满，故东方红公司于2008年12月15日才向法院起诉，已经超过诉讼时效。

对于工程质保金，合同约定自设备安装完毕之日起满1年时支付，即从2005年11月20日设备安装完毕之日算满1年时（2006年11月20日）支付，故质保金诉讼时效应当自2006年11月20日起算，至2008年11月20日届满，而东方红公司于2008年12月15日向法院提起诉讼，也已经超过2年的诉讼时效。

再看看云南省高级人民法院的终审判决。

云南省高级人民法院认为，根据最高人民法院《关于审理民事案件适用诉讼时效制度若干问题的规定》第 5 条规定，"当事人约定同一债务分期履行的，诉讼时效期间从最后一期履行期限届满之日起计算"，适用该规定的前提是分期履行的债务应该是同一债务，具体到该案，如果将工程质量保证金作为最后一笔工程款来起算诉讼时效，则质量保证金与工程款应该是同种性质的款项。

但根据建设部、财政部制定的《建设工程质量保证金管理暂行办法》（已失效）的规定，建设工程质量保证金，是指发包人与承包人在建设工程承包合同中约定，从应付的工程款中预留，用以保证承包人在缺陷责任期内对建设工程出现的缺陷进行维修的资金。

因此，保证金虽从工程款中预留，但质量保证金是以约定的缺陷责任期的工程是否有缺陷以及缺陷大小来确定该保证金是否返还或者返还的比例，即保证金对工程质量负有担保的功能，其保证金的发放也以工程质量是否有缺陷为条件，而工程款并无担保功能，其发放是以完成工程量的大小为结算依据的，两种款项的性质并不相同。工程款与质量保证金性质不同，其诉讼时效的起算时间也不相同。

综上，云南省高级人民法院关于剩余工程款诉讼时效的认定与原审法院认定相同，即剩余工程款支付应当于 2005 年 12 月 15 日起开始计算诉讼时效，至 2007 年 12 月 15 日届满。东方红公司于 2008 年 12 月 15 日起诉请求支付质保金外的剩余工程款已经超过诉讼时效。

至于质量保证金诉讼时效的计算问题，根据国务院《建设工程质量管理条例》的规定，建设工程的保修期（质保期），自竣工验收合格之日起计算。《供货合同》关于质保期的约定违反《建设工程质量管理条例》的规定，法院以《建设工程质量管理条例》的规定作为确定质保期的依据。

该案双方当事人于 2005 年 12 月 15 日签订《工程验收报告》，确认该工程验收合格，故该工程的缺陷责任期应该从 2005 年 12 月 15 日开始起算。

该案工程属于空调设备安装工程，根据《建设工程质量管理条例》的规定，设备安装建设工程的最低保修期限为 2 年。故涉案工程的保修期应为

2年。

涉案工程于2005年12月15日验收合格,保修期届满后,如符合退还保证金的条件,东方红公司可以请求退还质保金,故质保金的诉讼时效应自保修期届满的2007年12月15日开始起算2年至2009年12月15日届满。东方红公司于2008年12月15日起诉并未超过诉讼时效。

由此,笔者提醒,在分期付款合同中,收款方应该注意区分分期价款与质保金的诉讼时效的不同起算时点,避免出现上述案例中因超出诉讼时效而败诉的后果。

第十三讲
合同履行抗辩权

一、抗辩权的概念

抗辩权,顾名思义,就是在符合法定条件时,双务合同中的当事人一方对抗对方当事人的履行请求权,暂时拒绝履行其债务的权利。合同履行过程中有三项抗辩权:同时履行抗辩权、先履行抗辩权和不安抗辩权。

上述三项抗辩权中任何一项的行使,都是有一定的程序和条件的,下面将详细讲解。

应该注意的是,行使抗辩权是必须要在合同履行过程中提出的,而不能在合同履行完或者在合同发生纠纷提起诉讼时才提出,这样的话,就超出了抗辩权的合理期限,提出抗辩已没有实际意义。

同时履行抗辩权,就是合同双方都有向对方履行的义务,没有先后履行的顺序,这个时候一方要求另一方履行,另一方有拒绝履行的权利。这种制度主要是为了维持双方利益关系的制衡和公平,以维护交易安全。

举个例子,在买卖一瓶矿泉水的交易中,买卖双方通常不太计较付款和交货的顺序,但同样暗含着同时履行抗辩权的道理。付款和交货是双方不同的义务,没有先后顺序,这个时候,如果卖家说,先给我钱,我再给你矿泉水,那么买家就可以行使抗辩的权利,说你没给我矿泉水我也不能给你钱。这个时候,如果卖家把矿泉水给你了,你的同时履行抗辩权就随之消失了。

由此可见,同时履行抗辩权只是一种暂时性的对峙,并不能永久消灭对方的请求权。当事人一方在对方提出履行之前，可以暂时拒绝履行自己的义务，并不能因此免除或消灭自己的义务。对方履行了，自己也没话说，应该履行。

接下来一个问题，同时履行发生纠纷，法院会如何判决呢？

《合同编司法解释》第31条第2款规定，当事人一方起诉请求对方履行债务，被告主张双方同时履行的抗辩且抗辩成立，被告未提起反诉的，人民法院应当判决被告在原告履行债务的同时履行自己的债务，并在判项中明确原告申请强制执行的，人民法院应当在原告履行自己的债务后对被告采取执行行为；被告提起反诉的，人民法院应当判决双方同时履行自己的债务，并在判项中明确任何一方申请强制执行的，人民法院应当在该当事人履行自己的债务后对对方采取执行行为。

就上述例子而言，卖家起诉买家向其支付矿泉水钱，买家没有反诉要求卖家交付矿泉水，法院应判决买家在收到矿泉水的同时支付给卖家矿泉水钱，卖家申请强制执行的，应该在履行交付矿泉水后对买家强制执行矿泉水钱。买家提起反诉的，法院会判决买卖双方同时履行即"一手交钱一手交货"，任何一方申请强制执行的，应当在履行自己的义务后对对方采取强制执行。

在现实生活中，还有一种同时履行抗辩权是发生在一方当事人违约的情形。一方违约，另一方可以行使同时履行抗辩权。

在这种情形下，一方不能因为对方轻微的违约或标的物存在微小的瑕疵而行使同时履行抗辩权。比如，定制一套家具，完工交付时，定作人发现有一抽屉把手有些变形，其就不能以此拒绝支付全部加工费。

先履行抗辩权，又称后履行抗辩权、先违约抗辩权，就是先履行方在未履行义务前没有资格要求后履行方履行义务。或者说，后履行合同义务的一方在先履行义务的一方没有履行义务前有权拒绝履行义务。

还是用上面列举的买卖矿泉水的例子说说这个问题。假设双方已约定，先交货后付款，如果卖家没交货，买家就有权不付钱。同理，如果卖家交货了，买家的先履行抗辩权也就随之消失了。

不安抗辩权，就是先履行合同的一方，有充分证据证明后履行合同的一方没有或者可能丧失履行能力时，有中止履行自己债务的权利。

不安抗辩权成立，主要有以下几个要点：双方的债务要因同一份双务合同而发生，只有相互制衡的合同，才产生一方对另一方的平等对抗。不安抗辩权也有先后履行的顺序，先履行的一方对后履行的一方不放心，才可能产生不安抗辩权的问题。最后一点要注意的是，此抗辩权的行使，必须要有确切的证据证明自己的"不安"并非来自自己的揣度，否则要对后履行方承担违约责任。

不安抗辩权的"不安"，主要是指以下情况：经营状况严重恶化，财产显著减少；丧失商业信誉，抽逃资金逃避债务；给付特定物的债务合同中，特定物遗失。

当后履行方通过一些行为消除先履行方的"不安"时，不安抗辩权消灭。这些行为主要有：在合同履行期限内恢复履行能力；在合理期限内提供了履行担保。在这种情形下，先履行方的履行利益有了充分的保障，就应该恢复履行自己的合同义务。

继续拿买卖矿泉水的例子讲。假设双方已约定，先交货后付款，如果卖家发现买家实际上是穷光蛋，他就可以不给他矿泉水。但这个时候，假设买家掏出了100元，卖家就应该给买家矿泉水，然后再讨矿泉水钱。

二、抗辩权的行使

下面让我们一起分析一起复杂点的综合案例。

甲公司和乙公司订立承揽合同一份，约定甲公司按乙公司要求，为乙公司加工300套沙发，交货时间为10月1日。乙公司应在合同成立之日起10日内支付加工费10万元人民币。

合同订立后，甲公司积极组织加工。但乙公司没有按约定期限支付加工费。

同年9月2日，当地消防部门以甲公司生产车间存在严重的安全隐患为由，要求其停工整顿。甲公司因此将无法按合同约定期限交货。乙公司在得知这一情形后，遂于同年9月10日向人民法院提起诉讼，要求甲公司承担违约责任。

在这个案例中，乙公司作为先履行合同的一方当事人未按合同约定支付加工款，其行为应属违约，但是甲公司在乙公司未能按合同约定期限支付加工费时，并没有提出解除合同，因此加工合同仍然对双方存在法律约束力，乙公司仍应先行支付加工费，而甲公司也有义务交付货物。

但由于当地消防部门因甲公司生产车间存在严重的安全隐患要求其停工整顿，因此可知甲公司将无法按合同约定期限交货，乙公司有权主张不安抗辩权，中止履行其义务。

反之，如果甲公司要求乙公司先行支付加工费，由于其已明显不能履行合同，乙公司有权拒绝支付。

注意，此时乙公司并不能请求甲公司承担违约责任。因为违约交货的事实尚未发生。此时，乙公司可以要求甲公司提供担保，如果甲公司不能提供担保且未恢复履行能力，乙公司才可以解除合同，但此时，乙方应该承担未付款的违约责任。

如果合同不解除，乙方应承担不付款的违约责任，甲方应承担不能交货的违约责任。

假设该案双方又约定，乙方支付加工费在交货后10日内，那么乙方除可行使先履行抗辩权外，还可待甲方不能交货时追究其违约责任。

三、先开发票与先付款的对抗

在实务中，常常会有客户提出，能否拿对方未开具发票作为自己拒绝付款的抗辩呢？拿最高人民法院的案例讲一下这个问题。

在山海公司与智达公司、晶达公司建设工程合同纠纷案中，山海公司在

2001年3月至2003年8月，先后为晶达公司承建了厂房等十几个工程项目，为智达公司承建喷砂房等工程。

截至2005年8月31日，晶达公司的合同金额为53 185 947.19元，已付款43 059 989.04元，已开发票2580万元，欠开发票17 259 989.04元；智达公司的合同金额6 909 220.07元，未付款，未开发票。

三方就还款达成协议并约定，智达公司、晶达公司按约定分期付款，山海公司在2006年6月之前开具全部欠开的发票。

因智达公司、晶达公司未按还款协议的约定付款，山海公司起诉法院要求两公司偿清欠款，并支付违约金。

此时，智达公司、晶达公司以山海公司未开具发票作为自己拒绝付款的抗辩。

最高人民法院的意见是，依据双务合同的本质，合同履行抗辩的范围也应仅限于对价义务。一方不履行对价义务的，相对方才可以享有抗辩权。

支付工程款和开具发票是两种不同性质的义务，前者是合同的主要义务，而后者并非合同的主要义务（应该是附随义务），两者不具有对等关系，一方以另一方未及时开具发票作为拒绝支付工程款的抗辩理由不能成立。

在司法实务中，确实会有因不开具发票给付款方造成税务损失的情况，但多数法院会认为开具发票作为行政法律关系，不属于民事法律关系，要求付款方向税务部门投诉查处解决。

在此笔者也提醒企业，在对方未开具发票的情形下，应权衡拒绝付款的法律风险，特别是在合同对迟延付款约定承担较重违约责任的情况下，可考虑先付款，完成自己的合同义务，再对未开具发票事项向有关税务部门投诉解决，无法解决的，再考虑向对方主张损失赔偿。

四、合同约定的履约条件能否作为抗辩点

很多当事人会在合同付款条款中约定条件，待条件满足时付款。在付款

条件不满足时，一方可依据合同约定行使抗辩权，拒绝付款。

实务中，在认定付款条件是否已满足的问题上，往往会出现一些争议。下面以笔者曾代理的一起股权转让纠纷案件为例讲述这个问题。

甲公司与乙公司签订了关于目标公司丙公司的股权转让协议，约定甲公司购买乙公司持有的100%的丙公司的股权，丙公司是一家煤炭开采企业。合同约定甲公司支付第二笔转让款的条件为：政府批复文件应该载明，丙公司的煤炭资源额度1.5亿吨，不因任何原因被调减或收回。

2015年3月，某市政府向甲公司下发《关于丙公司配置煤炭资源股权转让有关事宜的函》，同意甲公司受让丙公司的100%股权及其相应的某井田1.5亿吨煤炭资源，但是，该项目所在的自治区原国土资源厅随即作出《关于停止丙公司转让煤炭资源配置股权的函》，要求停止办理目标煤炭资源额度1.5亿吨转让给甲公司的程序。

正是基于两级政府对转让问题意见不一致导致煤炭资源额度权利的不确定性，甲公司又与乙公司签订《补充协议》，设定"目标煤炭资源额度1.5亿吨不因任何原因被调减或收回"的特定条款。

2016年4月，某自治区原国土资源厅发文批复，同意甲公司受让丙公司的100%股权及其相应的某井田1.5亿吨煤炭资源。

乙公司随即要求甲公司支付第二笔转让款。甲公司的抗辩理由是，政府批复文件没有明确：丙公司的煤炭资源额度1.5亿吨不因任何原因被调减或收回，付款条件并没有成就。

笔者认为，从双方签约的初衷来看，甲公司要求对付款条件做如此约定，是担心1.5亿吨煤炭资源指标被政府调减或收回。但是，其所附的"苛刻"条件在现实生活中是不可能成就的，也就是说，政府不可能对甲公司作出"煤炭资源指标不因任何原因被调减或收回"的保证或承诺。

从政府已下发的批文来看，政府已经同意甲公司受让丙公司的股权和许可丙公司配备1.5亿吨煤炭资源。至于未来是否调减和收回，要根据国家政策和丙公司的开采情况确定。在政府已经批复的情况下，付款条件已经成就，甲公司不能以付款条件未成就而作出抗辩。

在这种情况下，甲公司应该在合同中设定另外的担保方式，例如，要求乙公司提供反担保，如出现非丙公司原因1.5亿吨煤炭配额被调减或收回的情况，甲公司有权要求乙公司返还全部转让款，并对担保物（保证金）行使优先受偿权。

第十四讲
合同的担保和保全

合同担保，就是为了保证合同的顺利实现而设定的保障措施。

合同的担保分为一般担保和特别担保。一般担保又称债的保全、合同履行保全或合同保全，就是以债务人为中心形成的所有债权具有担保作用的担保方式。说白了，就是将合同债务人的其他全部债权作为本合同的担保。这种担保是法定的，主要是指债务人的无限责任、债权人的代位权和撤销权。

一般担保对全部债权人都有担保作用，债权人的债权最终能否实现，关键要看债务人的财产是否足够多。当债务人的债务太多时，债权人就开始担心自己债权缩水，就会要求债务人对自己的债权设定特别的担保。

特别担保，是针对单个债务而特别设立的担保。这种担保分为五种方式即保证、抵押、质押、定金和留置。

有个成语叫如影随形，主合同与担保合同也有点这个意思。担保合同就是主合同（债务）的影子，当主债务被还清时，其影子（担保）也就随之消失。

一、保证

保证，又称人的担保，是在主合同之外的一种担保合同履行的法律制度。在含保证的合同中，债权人实际上持有二份合同，一份是债务人的债务合同，另一份是保证人的保证合同，两份合同对自己的债权起到"双保险"的作用。

保证就是债务人之外的第三人为合同履行而作的担保，即由"保证人"为债务人向债权人作出的担保。债务人不能为自己的债务做保证人，因为那纯粹是糊弄债权人，根本没有担保的效果。一个无力还钱的人，让他做出多少次的保证都没有实际意义。

大家知道，虽然保证人是以"个人魅力"（人的信誉）为标的而设立的，但是表现在交易上，还得取决于这个人的财产状况，财产多少决定了信誉的好坏。也就是说，保证能力最终指向的还是保证人的财产多寡。

历史上，商鞅变法中有一举措叫"连坐"制，即禁止父子兄弟同室而居，凡民有二男劳力以上的都必须分居，独立编户，同时按军事组织把全国吏民编制起来，五家为伍，十家为什，不准擅自迁居，相互监督，相互检举，若不揭发，十家连坐。这种严苛的法律把农民牢牢束缚在土地上，国家直接控制了全国的劳动力，保证了赋税收入。这种制度，说白了，就是最初的百姓之间的相互"保证"（联保）。

现在有些企业在生产流程中推行质量互保，即某个生产环节的上下游员工的工作"互保"并签订《担保协议》，约定一人工作出错，其他人要为其承担连带赔偿责任，为产品质量不合格共同买单。这种情况下的保证，是否适用担保法律规定，担保协议效力如何认定？笔者认为，这种保证不属于《民法典》规定的经济流转运营中的担保行为，不适用法律的有关规定。一员工为其他员工担保属于信用、人格一类的担保，目前我国法律并未作出相应规定。这个问题应该适用《劳动法》的有关规定，让弱势的劳动者为其他劳动者的过错承担赔偿责任会侵害无辜劳动者的合法权益，其签订的《担保协议》应属无效。

签订保证合同时应该关注如下重要问题：

1. 适格的保证人

在保证合同签订时，有些机构或组织不能作为保证人，即便作了保证人其保证也不生效。例如国家机关、公益性事业单位、企业法人的分支机构和职能部门都不能作为保证人。这一点在签订担保合同、选定担保人的时候要注意分辨，这关系担保合同的效力问题，不能大意。

当然，如果政府或地方财政部门明知国家禁止国家机关对外提供担保且担保无效，仍为地方利益的需要对外提供了担保，并不能因为担保无效而免责，而要根据其过错程度，对债权人产生的经济损失承担赔偿责任。

自来水公司、供热公司、供电公司这些公共服务性质的事业单位能否作为保证人？根据这些公司的性质可以断定它们能成为保证人。这些公司领取企业法人执照，属于以营利为目的的企业法人，尽管其经营活动具有公共服务性质，但其不属于公益性质的事业单位，作为具有完全民事行为能力的法人，应依法对其所从事民事法律行为独立承担民事责任。所以，这些公司与公益性医院不同，前者作为担保人不受限制。

2. 一般保证与连带保证

保证分为一般保证和连带保证。一般保证就是在债务人不能履行债务时，才有保证人承担保证责任的保证。也就是说，只有债权人通过法院或仲裁对债务人强制执行之后，债务人确实被"榨干"，没有能力清偿债务，才有一般保证人承担清偿责任。一般保证人清偿债务后可以再向债务人追偿。连带保证就是在债务人不能履行债务时，无论其有没有履行债务能力，债权人都有权要求其或/和连带保证人清偿债务。

《民法典》第686条第2款规定，当事人在保证合同中对保证方式没有约定或者约定不明确的，按照一般保证承担保证责任。这一点颠覆性地变更了原《担保法》第19条的"老皇历"（按照连带责任保证承担保证责任）。由此，当事人在签订保证合同时，应注明保证责任是一般保证还是连带保证，并注明保证人在什么情况下承担责任，避免发生保证责任不清的情况。

笔者曾代理过一个涉及保证责任与债务转移认定的案子：

甲公司、乙公司、丙公司三方签订合同约定，乙公司受甲公司委托运输一批货物，甲公司应在2011年3月23日前支付运费。另有一条款约定："在

第十四讲 合同的担保和保全

甲公司未能向乙公司支付运费时,由丙公司负责向乙公司支付运费。"后因甲公司不能支付运费,乙公司提起诉讼。

在诉讼中,乙公司与丙公司对丙公司是一般保证人还是新债务人发生争议。

丙公司认为,"未"和"不"在意思上是相同的,而且合同签订方都不是法律专业人士,签订合同时并不能完全区分"未"和"不"的意思,从普通人的认识角度看,"未"和"不"应该视同一个意思。由此丙公司主张自己承担一般保证责任,只有在甲公司确实不能清偿债务(支付运费)且在法院强制执行不能的情况下,才由丙公司清偿债务。

乙公司则认为,"未能"代表过去没有能,"不能"代表过去和未来都不能(始终不能)。所以,"未能"和"不能"有着明显区别,按照条款约定,在甲公司未能支付运费时(本案条件已经具备),应由丙公司承担,这属于债务转移。

因该案最终调解结案,法院对此如何认定不得而知。但笔者认为,结合上述合同,丙公司与甲公司被认定构成连带保证责任比较合适。丙公司仅对甲的债务提供担保,甲的债务并未转移给丙公司。由此可见,一字之差,责任各异,失之毫厘,差之千里,严谨对合同是多么重要。

3. 保证责任的认定

讲一则银行办理保证贷款的案例,看看如何认定保证责任。

2013年11月3日,甲银行让保证人张某在空白的《保证合同》的最后一页签字页(有"保证"字样)上签字后收回。

2013年12月2日,甲银行与乙公司签订了《贷款合同》。

2013年12月5日,银行又在《保证合同》上签字盖章。《保证合同》并未注明担保的主债权的金额,只补记了《贷款合同》编号和被担保人(贷款人)的名称。

问题是:保证人张某是否应该承担保证责任?张某欲以当时签订的《保证合同》是空白合同,并非为乙公司贷款担保为由拒绝履行担保义务,银行该如何证明《保证合同》与《贷款合同》的关联性？

笔者认为，张某在空白的《保证合同》上签字，即便没有注明担保金额和担保对象，也应该承担保证责任，因为此时视同张某对担保金额、担保对象无限授权。保证书上补记主合同即乙公司《贷款合同》，可见担保的目标是明确的，保证人张某应该承担责任。

如该《保证合同》注明日期，应该以此日期为合同成立日期，否则，应该以《贷款合同》的签署日期为成立日期。无论《保证合同》签署时是否为空白，均应以书面注明的内容为准，银行无须再去证明。只要是真实的签名，就应该认定张某同意为《贷款合同》担保，具体内容以授权银行补记为准。

二、抵押与抵债

抵押，就是以债务人或第三人手中的抵押物为担保，在债务不能偿还时，拍卖、变卖抵押物优先偿还债务的一种担保方式。抵债，是指将某物作价抵销债务。如以资抵债，以房抵债。也就是说，抵押和抵债，一字之差，却是不同的两个概念。

注意：抵押对应的只是优先受偿的权利，绝不意味着债务不能偿还时，抵押物就归债权人所有。也就是说，抵押不等于抵债，即便抵押双方这样约定，根据法律规定也是无效的。这涉及流押禁止的规定，下面将讲到。

举例来说：张三向李四借了高利贷，把房子抵押给了李四，同时，张三又把房子租给了王五。借款到期不能偿还了，李四对王五说："哥们，张三把房子抵给我了，他欠钱不还，现在房子已经属我所有，3天内你赶紧挪地吧。"

李四这种做法是错误的。因为他拥有的是房屋的抵押权而非所有权，其无法对王五直接行使房主的权利。即便张三还不上款后把房子给了李四，买卖不破租赁，假如房屋在租赁后抵押，李四也应该等到王五租赁合同到期以后才可以要求王五搬离。

第十四讲　合同的担保和保全

在抵押担保中，有一个非常重要的问题是，有些财产的抵押以登记为生效要件，有些财产抵押登记仅具有对抗善意第三人的作用。土地（含土地承包经营权）、房屋（含在建工程）等都是登记生效，不登记则不生效。除此之外的财产抵押可以自愿登记，如第三人与抵押人恶意切磋，将抵押物拿走、毁损、侵害抵押权利人的权益，登记的抵押权利人可以向第三人和抵押人主张赔偿；不登记的权利人，则只能向抵押人主张赔偿。

在当前民营企业融资难的情况下，《民法典》对生产设备、原材料等抵押作出了相关规定。这对那些难以找到房产做抵押物的企业来说，也算是利好的法律支持。《民法典》第396条规定，企业、个体工商户、农业生产经营者可以将现有的以及将有的生产设备、原材料、半成品、产品抵押，债务人不履行到期债务或者发生当事人约定的实现抵押权的情形，债权人有权就实现抵押权时的动产优先受偿。也就是说，协议约定动产抵押，无须再经过烦琐的抵押登记手续即可发生抵押效力。但是，因为抵押具有公示公信的效力，登记手续可以对抗善意第三人对抵押物的购买或受让，也可防止第三人因不知抵押的事实而上当受骗，所以建议如果条件允许，还是去办理登记为妥。

在现实生活中，经常出现当事人签订抵押合同未办理抵押登记，两手紧攥所有权证书，就以为可万事无忧，当出现纠纷时，才知道手里的证书对自己一点意义都没有。出现这个问题，主要是因为债权人没有认识到抵押登记的效力。

质押，就是将动产或权利交给债权人，在债务不能偿还时，拍卖、变卖动产或权利优先偿还债务的一种担保方式。动产质押比较好理解，就是动产放在债权人那里，一旦债务人不能还款，就拍卖、变卖质押物抵顶欠款。比如，甲公司将货物交由乙公司，作为其向乙公司借款的质押，一旦到期不能还款，乙公司可以就该货物拍卖、变卖抵顶欠款。

权利质押则有些难懂，都有哪些权利可以设定质押？法律中除了义务就是权利，所以权利种类很多，但并非所有的权利都可以设定质押，只有具有

· 161 ·

财产权的属性且可以转让变价的权利，才可以设定质押。例如债权、汇票、存款单、债券、仓单、提单、股份、股票、知识产权中具有财产性质的权利，等等。

在质押担保中，质押的设定程序非常重要。质押设定不仅要签订质押合同，还要交付质押标的物给债权人，否则质押不生效。对于股权、知识产权中财产权利的质押，除签订质押合同外，还应在登记机构办理出质登记，方才生效。

三、抵押、质押的禁止

1. 流押禁止、流质禁止的概念

在订立抵押合同时，抵押权利人与抵押人不得约定在债务履行期届满前，如债务人不履行到期债务则抵押物归债权人所有。这就是流押禁止。也就是说，双方在签订抵押合同时，不能出现如"到时债务不能偿还，抵押物归债权人所有"的条款，如此约定属无效条款。只有待债务履行期满后债务确实不能偿还的，才可以达成"抵押物归债权人所有"的约定。对于质押合同，同样道理，就是流质禁止。

世界各国民法一般均有流押禁止或流质禁止的规定，主要是为了保证担保合同当事人之间的公平。那为什么要有这么一个特殊的禁止性规定呢？这主要是考虑到债务人借债时往往处于急窘之境，债权人往往会利用债务人的这种不利境地和自己的强势地位，迫使债务人与其签订流押、流质契约，以价值过高的抵押物或质押物担保较小的债权额，在债务人不能清偿债务时，取得高价的抵押物或质押物，从而牟取不当利益。

为了保障抵押人、出质人的合法利益，法律规定禁止流押、流质契约，待债务履行期满后债务不能偿还的，可以约定将抵押物或质押物归债权人所有。因为这个时候，抵押、质押人以抵押物、质押物抵债可以不受胁迫，权衡抵押物或质押物的价值与所欠债务数额，自主决定是否以物抵债。

《民法典》对此作出的规定，应该引起大家的注意。《民法典》第401条规定，抵押权人在债务履行期限届满前，与抵押人约定债务人不履行到期债务时抵押财产归债权人所有的，只能依法就抵押财产优先受偿。该规定相较于原《物权法》第186条关于"禁止流押"的规定，并没有规定"不得……"而规定了"只能依法就抵押财产优先受偿"，既表明不鼓励甚至是禁止这样约定，同时，也在言明法律的后果。当然，《民法典》"禁止流押"规定限定在债务履行期限届满前，债务履行期届满后债务人不履行债务的，抵押权人可以与抵押人协议将抵押财产折价归抵押权人所有。对于质押合同，《民法典》也作出类似规定。

2. 借款合同中的"以房抵债"效力

有些当事人为了避开办理抵押的麻烦或者为了防止流押、流质，通过签订两种合同的方式保护自己权利。在这种情况下如何认定合同效力呢？下文结合几则案例对此进行分析。

朱某与山西嘉和泰房地产开发有限公司（以下简称嘉和泰公司）商品房买卖合同纠纷案［（2011）民提字第344号］。

2007年，朱某与嘉和泰公司签订14份《商品房买卖合同》并办理了销售备案登记手续，嘉和泰公司开具了1035万余元的发票。后双方又签订《借款协议》，约定嘉和泰公司向朱某借款1100万元并自愿将前述商品房抵押给朱某，约定如按期偿还借款则商品房买卖合同不再履行，否则商品房买卖合同应继续履行。因到期未偿，朱某起诉要求继续履行14份《商品房买卖合同》。

在上述案例中，同一笔款项签订了《借款协议》《商品房买卖合同》两种合同，哪份合同有效？

最高人民法院认为：双方当事人基于同一笔款项先后签订的14份《商品房买卖合同》和《借款协议》所涉及的款项，在数额上虽有差额，但双方当事人对于所涉款项属同一笔款项并无异议，即双方当事人基于同一笔款项先后签订了两份协议，且办理了商品房销售备案登记手续。

根据原《合同法》的有关规定，采用合同书形式订立合同的，自双方当事人签订或盖章时合同成立。依法成立的合同，自成立时生效。由此，案涉《商品房买卖合同》和《借款协议》均依法成立并已生效的合同。该案双方当事人实际上就同一笔款项先后设立了商品房买卖和民间借贷两个法律关系，属并列又有联系的两个合同，依法应认定上述合同和协议均成立并已生效。

那么接下来的问题是，债还不了就用房抵账，这不是典型的"流押禁止"的情形吗？

最高人民法院认为，该案《借款协议》中的诉争条款并非法律禁止的流押条款，理由如下：

其一，开发公司到期未偿借款时，朱某并不能直接依上述约定取得"抵押物"（商品房）所有权，其只能通过履行《商品房买卖合同》实现债权。

其二，双方当事人在《借款协议》中约定以签订商品房买卖合同形式为《借款协议》提供担保，并为此在《借款协议》中为案涉的14份《商品房买卖合同》附设了解除条件，该约定并不违反法律、行政法规的强制性规定。

其三，开发公司如认为履行14份《商品房买卖合同》对其不公平，损害其利益，其完全可依合同法相关规定行使合同撤销权，但其未在法定除斥期间内行使该权利，而拒绝履行生效合同，其主张不符合诚信原则，不应得到支持。

综上，最高人民法院认为案涉14份《商品房买卖合同》与《借款协议》均为依法成立并生效的合同；《借款协议》约定的商品房买卖合同的解除条件未成就，判决继续履行案涉14份《商品房买卖合同》。

通过上述案例来看，在目前多地房地产管理部门不办理民间借贷房屋抵押的情况下，这好像是一种行得通的"担保"模式。但是，2013年最高人民法院针对同样的案件（杨某鹏与嘉美公司借款合同纠纷案）〔（2013）民提字第135号〕作出相反认定，审判思路有所不同。最高人民法院在该案中认为，结合双方签订该合同的具体情况，杨某鹏未能提供销售不动产发票原件、不能说明支付款项性质等事实，应认定双方的真实意思表示是借款法律关系。

双方签订商品房买卖合同并办理备案登记的行为为非典型担保方式。既然属于担保，就应适用禁止流押的原则，也就是说，在债务人到期未偿还导致债权人自主实现担保债权时，对设定的担保财产，应当以拍卖或者变卖的方式受偿，不能直接获得担保财产的所有权。最高人民法院最终驳回了杨某鹏要求交付房屋的诉讼请求。

其实，以担保借款合同的方式订立商品房买卖合同在房地产开发融资中并不少见，通过上述最高人民法院两种截然不同的认定，我们可以看到以下分歧点：

（2011）民提字第344号案的审理思路是，欠款未还时，借款人不能直接获得房屋所有权，只能依据合同取得债权（请求交付房屋），房屋所有权的转移与否依赖于房屋买卖合同的履行情况，故不属于流押（质）条款，并从附解除条件的合同角度予以解释。

（2013）民提字第135号案的审判思路却强调，"禁止流押（质）"是原《物权法》的原则性规定，对非典型担保亦应适用，该做法变相实现了流押，从而认定买卖合同无效。

如此看来，上述"担保"方式似乎又不能保证合法有效。

我们应该看到，办理抵押登记和通过《商品房买卖合同》"以房抵债"作为"担保"这两者法律效果有所不同，抵押登记具有物权性质，债务人不还钱，可以就抵押物进行拍卖优先受偿，确保自己资金回收。而以房屋买卖合同作为借款合同的"担保"，在债务人不还钱时，债权人可以要求债务人履行另一份合同（房屋买卖合同）。虽然房屋买卖合同确立的只是债权而不是物权，不是直接对应房屋所有权，仍会存在房屋"一房两卖"、被抵押、被查封的风险，而且履行房屋买卖合同与债权人的借款初衷不符，但是不可否认，这种模式是对债权人的一种"担保"措施，由借款转为房款买得房屋，可以当房主，也可转手卖掉换得房款，手续虽烦琐，但毕竟没有大的损失。

综上，笔者认为，在法院对此类担保尚存争议的情况下，如果能够办理房产抵押自然再好不过，但若不能抵押，又没有其他更好的担保措施，可能也会获得一些法院认可。

笔者曾代理过一件类似案件，大致情况如下。

甲房地产开发商推出"零首付"售房。操作模式是：由开发商先借给买房人总房款的30%，再由买房人向银行按揭贷款总房款的70%。开发商与买房人签订两份合同：一份是《借款合同》，另一份是《商品房买卖合同》，在《借款合同》中约定，如果总房款30%借款不能偿还，《商品房买卖合同》解除，退还房屋。合同履行中，《商品房买卖合同》中约定的总房款的30%并不实际出借和交付，按揭贷款总房款的70%由银行向开发商实际支付。

后来，开发商因买房人拖欠总房款的30%欠款而诉诸法院。

前面所讲的最高人民法院案件是同一笔款项涉及两份合同，一份合同作为另一份合同的"担保"。上述案件虽然和最高人民法院案件有些类似，也涉及《借款合同》和《商品房买卖合同》两份合同，但是这两份合同虽有关联但没有"担保"作用，《借款合同》是《商品房买卖合同》解除的所附条件。所以，笔者认为，上述案件中《借款合同》与《商品房买卖合同》都属于有效合同。

《九民纪要》就以物抵债问题分两种情况作出如下详细规定。

一种情况是，当事人在债务履行期限届满后达成以物抵债协议，抵债物尚未交付债权人，债权人请求债务人交付的，人民法院要着重审查以物抵债协议是否存在恶意损害第三人合法权益等情形，避免虚假诉讼的发生。经审查，不存在以上情况，且无其他无效事由的，人民法院依法予以支持。

另一种情况是，当事人在债务履行期届满前达成以物抵债协议，抵债物尚未交付债权人，债权人请求债务人交付的，因此种情况不同于《九民纪要》第71条规定的让与担保，人民法院应当向其释明，其应当根据原债权债务关系提起诉讼。经释明后当事人仍拒绝变更诉讼请求的，应当驳回其诉讼请求，但不影响其根据原债权债务关系另行提起诉讼。

当然，从现实生活与经济发展看，债务人借债，并非都处于弱势地位，借债并进行抵押、质权担保的发生原因是多方面的。但从总体上说，为了保证担保活动的平等、自愿、公平和诚实信用，如此规定还是十分有必要的。

四、留置

留置，是跟上面所讲的保证、抵押、质押有所不同的担保方式，无须事先签订合同，只要债务人对债权人负有债务，债权人就可留置债务项下的东西，以此要求债务人偿还债务，否则，就可拍卖变卖予以偿债。由此说来，留置更是一种法律特殊规定的担保方式。

在留置担保中，要注意留置权产生的前提是债务人债务已届清偿期，且留置的东西系该债务项下，否则不能留置。例如，甲的汽车在洪顺汽修厂进行修理，约定修理好后3天内支付修理费。甲曾拖欠洪顺汽修厂租赁费3万元。甲来取车，洪顺汽修厂要求甲同时支付维修费2万元及租赁费3万元，否则就留置车辆。在这个案例中，洪顺汽修厂留置车辆是错误的，因为甲支付维修费的期限未到，洪顺汽修厂尚没有留置权，且甲拖欠租赁费系另一种法律关系，车辆不是租赁合同法律关系项下的标的物，洪顺汽修厂自然也不能以此留置车辆。

担保的另一种形式是定金。详见其他章节内容。

第十五讲
代位权行使

合同的保全，顾名思义，就是通过法律保护使合同债权获得安全实现的法律制度。说白了，就是采取一些法律措施保护债权不受债务人的不当行为损害的制度。

合同保全主要是行使代位权或撤销权两种方式，而这两种权利的行使会直接影响到合同之外的第三人，也是合同相对性突破的特殊法律制度。

一、代位权的概念

坊间有一种债，叫三角债。王五欠张三5万元，张三欠李四3万元。碍于情面，张三迟迟未向王五讨账，手头也没有钱还李四。最后，李四直接起诉王五要求其偿还其3万元。

这就是典型的代位权行使的案例。

根据合同法领域关于代位权的定义，代位权是在债务人不向其债务人（次债务人）讨要该讨的债权，影响到债权人的债权实现，法律赋予债权人直接起诉次债务人的一种法定权利。代位权涉及三方当事人，一是债权人，如上例中的李四；二是债务人，如上例中的张三；三是次债务人，如上例中的王五。

有一点需要注意，代位权虽是为保护债权人利益而设定的，但并不是说债权人对债务人和次债务人想怎么诉讼就怎么诉讼。债权人在代位权中的诉讼中，只能将次债务人作为自己的"直接"债务人起诉，不能要求债务人和次债务人为共同被告承担连带还款责任，让他们谁有钱谁还款。这里有一个特殊情况，提醒读者注意。债权人是否可以债务人为被告提起诉讼后，又再以次债务人为被告提起代位权的诉讼呢？这个问题要分以下两种情况去分析。

第一种情况是在起诉阶段，允许债权人向债务人和次债务人分别提起诉讼，但是为了保障诉讼安全，确认债权人未实现的真实债权金额，按照相关司法解释的规定，凡是受理代位权诉讼的法院在债权人起诉债务人的普通诉讼裁决发生效力以前，应中止代位权诉讼。这主要是为了确认债权人是否对债务人享有债权及准确的债权金额，避免没有债权或债权已经履行，法院无法审理或"盲目"地判令次债务人向债权人偿还债务。在该阶段可能会出现两份判决，但后判决对于前判决的债权会作出"吸收"认定，即最终只认定一份债务的履行，由次债务人向债权人履行或由债务人向债权人履行。

第二种情况是在执行阶段，在债权人已经向债务人起诉且获得胜诉，判决书进入强制执行阶段的情况下，不允许债权人再次向次债务人提起代位权诉讼，否则可能会出现两份判决判令债务人和次债务人均向债权人履行债务的现象。在执行过程中，债权人最终受偿的数额不能超过其债权。通常的代位权诉讼以债权人为原告，次债务人为被告，债务人为第三人，这样便于审理债务人与次债务人之间的债权事实，明确最终履行债务的主体和数额。

这里还要讲述一种"代位"执行的制度。代位执行制度，是指在执行中被执行人（债务人）不履行法院判决，法院可以通知被执行人的债务人（次债务人）直接向执行申请人（债权人）履行债务的一种制度。

举例：法院判决刘某偿还王某100万元，在强制执行过程中，王某获悉赵某尚拖欠刘某65万元，就申请法院通知赵某将65万元还款直接支付给王某，这就是代位执行。

代位权诉讼的好处是直接将次债务人作为被执行人；而代位执行的好处就是将债务人作为被执行人，同时可以要求次债务人作为协助执行人履行债务。

二、代位权的行使

代位权行使的关键要件有：首先，次债务人的债务确定且到期（王五欠张三的钱到期该还）；其次，次债务人的债务不履行影响债权人利益（张三不去向王五讨账影响债权人李四的利益）；最后，这种债权不能专属债务人（如伤残补贴），除此之外的债不限于合同产生的债，也包括侵权之债（如车被撞的赔偿款）。符合上述所有条件，债权人李四的代位权才成就，其可直接向次债务人王五追款。

那么，是不是代位权诉讼被驳回，债权人就无法实现债权了？当然不是，如果法院认为债务人与次债务人的债务不清，通常会以代位权诉讼不成立为由驳回债权人的起诉，债权人依然可以债务人为被告另行起诉讨要债务。

笔者认为，虽然法律赋予债权人代位权，让债权人多一条讨债的渠道，跨越债务人并取代其债权人的地位而直接找最终债务人还账，但这项权利只是一道美丽的光环，实用性并不强。前述典型案例中李四之所以能顺利行使代位权，就是得益于其能非常清楚王五欠张三钱的事实。在多数现实情况下，债权人是无法获知他的债务人与最终债务人的欠款情况的，让债权人代他的债务人去讨债，几乎不可能。所以，这只能是特定情况下可以考虑的一种讨债方案。

世纪证券有限责任公司（以下简称世纪证券公司）、南昌市人民政府与中房集团南昌房地产开发总公司（以下简称中房南昌公司）欠款代位权纠纷案［（2006）民二终字第188号］。

1991年4月10日，世纪证券公司与中房南昌公司签订合同，约定为中房南昌公司发行2000万元企业债券，并陆续为中房南昌公司垫付到期债务本息9347万余元。

中房南昌公司系南昌市人民政府所属公司，南昌市人民政府拖欠中房南昌公司多项工程款。

后中房南昌公司无力偿还世纪证券公司的欠款,世纪证券公司遂以中房南昌公司怠于行使其对南昌市人民政府的到期债权为由,诉至江西省高级人民法院,要求南昌市人民政府代位清偿欠款,并由中房南昌公司承担连带偿还责任。

关于世纪证券公司对南昌市人民政府提起的代位权诉讼是否成立,根据上述理论,世纪证券公司提交中房南昌公司财务及相关文件显示,中房南昌公司对南昌市人民政府享有到期债权但怠于行使该到期债权,损害了世纪证券公司的利益。世纪证券公司对南昌市人民政府提起代位权没有问题,但这不代表其能够赢得诉讼,最终结果也证实了其败局。

法院经审查认为,南昌市人民政府与中房南昌公司之间的经济交往长达20余年,双方互负多笔债务,主要涉及国有土地出让金是否予以补缴、是否存在无偿调拨房产、是否存在经济大楼及其立体车库欠款、收回划拨土地是否应予补偿、是否给予补助等问题。

关于中房南昌公司是否对南昌市人民政府享有到期债权问题,实质涉及对上述多笔债权债务的认定和相互抵销问题。南昌市人民政府与中房南昌公司认为,经抵销后,中房南昌公司对南昌市人民政府并不享有到期债权。根据世纪证券公司所举证据进行认定,法院认为,由于中房南昌公司对南昌市人民政府并无明确的债权金额,故中房南昌公司对南昌市人民政府是否享有到期债权尚不确定。

由此可见,代位权行使的关键要件(债权确定且到期)缺失,代位权自然就无法行使,法院驳回世纪证券公司关于南昌市人民政府向其清偿债务的诉讼请求也就顺理成章了。

三、债务"恶意串通"的防范

回过头来看,上述案件涉及南昌市人民政府与中房南昌公司之间多起债权债务结算,举证证明双方存在确定债权且已到期存在一定的难度。但如果是单一的债权债务关系，举证就会很容易吗？其实不然，债务人与次债务人之间的债务状况对债权人毕竟是秘密，更不用说债务人与次债务人会"恶意串通"，拒不承认存在到期债权。在此情况下，债权人行使代位权诉讼成功的概率几乎为零。这就是代位权诉讼"叫好不叫座"的原因。

代位权制度毕竟是对合同相对性的重大突破，直接影响债务人与第三人的权益，如果在实践中不能从严掌握，就有可能出现"三角债"的泛滥诉讼，将威胁合同相对性原则所产生的众多合同制度，造成债权人、债务人、次债务人之间的利益失衡，损害交易的安全。这也是此类案件很难获得胜诉的一个原因。

以下先举一个债务人与次债务人涉嫌"恶意串通"的例子，这种案例经常出现在债务人与次债务人关系比较密切的情形下。

中国农业银行哈尔滨市汇金支行（以下简称汇金农行）诉被告张家港市涤纶长丝厂（以下简称涤纶厂）、第三人哈尔滨工艺品进出口公司（以下简称工艺品公司）代位权纠纷案。

代位权诉讼提起以后，次债务人涤纶厂与债务人工艺品公司就到期债权达成两份还款协议。一份约定一部分债权还款期限延长10个月，另一份约定另一部分债权以每月10万元偿还计划履行，最长还款时间为8年。

在这个案例中想要讲的问题是，工艺品公司与涤纶厂的债权到期后，又与涤纶厂达成延期还款协议，在延期还款期限届满前，汇金农行能否行使代位权？对于这个问题学界有以下争议。

一种观点认为，如果要求债权人等到延期还款协议约定的履行期限届满才能行使代位权，那么，债务人会借此反复延长还款期限，让债权人的代位权落空，债权人的利益将受到严重损害。

另一种观点认为，如果不允许债务人与次债务人达成延期还款协议，有悖于合同自由的原则，且在多数情况下，延期还款也是一种积极的补救措施，并非一概对债权人不利。何况代位权的行使并非随意为之，需有一定限定条件，如债权到期、将对债权人造成损害，由此一概否定延期还款协议的效力不妥。

笔者认为，对于这个问题，既要兼顾债务人与次债务人延期还款协议的存在，又要考虑债务人与次债务人是否是以逃债为目的"恶意串通"损害债权人的利益，根据案件具体情况来作出评判。

恶意串通行为的判断标准，就是一个善良、正常的债权人能否作出该行为，可从以下几个方面予以考虑：首先，签订延期还款协议是否更有利于债务人自身债权的实现，也就是说，要看是否损人不利己；其次，要看约定的延期还款的期限是否合理；最后，就是要看是否放弃了大额的债权。

就上述案例来说，最终法院的认定是，第一份还款协议，工艺品公司与涤纶厂并没有损害汇金农行的意图，延期还款的期限较为合理，汇金农行也予以确认，该协议合法有效。但第二份还款协议中，工艺品公司同意每月偿还10万元，8年还清，系对自身债权风险的放任，明显损害汇金农行的利益，应当认定延期还款协议无效，不能以该协议约定的还款期满为行使代位权的前提，即汇金农行可以就第二份还款协议中的金额对涤纶厂提起代位权诉讼。

但是，若上述案件根据《合同编司法解释》第41条规定审理，结果将是大相径庭，即汇金农行提起代位权诉讼后，就不允许工艺品公司无正当理由延长涤纶厂的履行期限，侵害汇金农行代位权诉讼利益。

债务人与次债务人涉嫌"恶意串通"的案例，在诉讼过程中也经常发生。例如，债权人甲银行向次债务人丙公司提起代位权诉讼，在案件审理过程中，丙公司向债务人乙公司付清了300万元欠款。这种情况下，丙公司的付款行为是不是让甲银行失去了代位权？在这种情况下，丙公司向乙公司付款的行为应该被认定为无效，即法院应该判令甲银行的代位权成立，丙公司应该向甲银行还款。理由如下。

首先，丙公司的行为损害了甲银行的利益。法律赋予债权人代位权，实际上就赋予了债权人较债务人以优先受偿权。显然，丙公司的行为让甲银行失去这种优先权。

其次，丙公司既然已经知道甲银行行使代位权，且在胜诉后将可以直接受偿，却故意向乙公司付款，存在逃避诉讼、规避法律的恶意。在这种情况下，法院也将很难查明债务人与次债务人之间的债务实际情况。

最后，如果法院认定丙公司向乙公司履行付款行为有效，将严重挫伤甲银行的代位权诉讼的积极性，纵容债务人与次债务人之间的恶意配合。甲银行忙活了老半天，将丙公司诉至公堂，对方却明修栈道，暗度陈仓，从甲银行眼皮底下逃之夭夭。这既损害了甲银行的利益，也浪费了诉讼资源，与诉讼法的基本原理相悖。

为了防范丙公司向乙公司主动履行还款行为，笔者建议：在此类诉讼中，可以同时申请法院对债务人与次债务人的债权作诉讼保全，防止债务人向次债务人逼债，或者次债务人径直偿还债务人的欠款，让债权人的债权落空。

四、债权人与次债务人的调解

根据《民事诉讼法》的规定，原、被告双方都享有和解权或请求法院调解的权利。但在代位权诉讼中，作为原告的债权人的和解权、请求调解权则应有适当限制，以免使债务人的合法权益受到损害。

和解或调解往往是在享有权利的一方当事人作出让步的基础上进行的，和解协议或调解协议的达成常常是权利人放弃部分实体权利所产生的妥协结果，因而行使和解权或请求调解权的人原则上应当是对实体权利享有处分权的主体。

但是，就代位权诉讼而言，既然《民法典》上的债权人的代位权兼具法定债权权能和无因管理的双重特性，因此代位权诉讼的既判力不论胜败皆及于债务人。债权人在代位权诉讼中必须遵守善良管理人的注意义务，不得滥用债务人的某些实体权利和诉讼权利，否则应对债务人承担赔偿责任。

因此，笔者认为，债权人原则上只能行使债务人的权利，而不能处分债务人的权利。如果允许债权人可以随意处分债务人的权利，则不仅可能极大地损害债务人的权益，而且会造成对交易秩序的破坏。

正是基于这个道理，原告的和解权、请求调解权应当受到限制，特别是在债务人未参加诉讼的场合，应当认为债权人不得与次债务人进行和解或与之达成调解协议。值得注意的是，如果债务人参加了诉讼，那么在债权人、债务人和次债务人三方都同意的条件下，应当认为可以就代位权诉讼进行和解或调解。

五、债务人与次债务人之间的债权确定

实践中，债权人经常遇到债务人对次债务人享有的合同项下债权尚未结算，债权人对次债务人提起代位权诉讼，常常会遭遇次债务人抗辩，理由多是"尚未结算""数额未确定""尚需确认""不属于到期债权"等。在司法实践中，对代位权诉讼中的债务人和次债务人的债权数额是否需要确定，尚存在争议。

一种观点认为，该债权数额必须确定，否则不能提起代位权诉讼。例如最高人民法院在审理的（2011）民提字第7号案[1]中认为：债权成立不仅指债权的内容不违反法律、法规的规定，而且要求债权的数额应当确定。这种确定既可以表现为债务人、次债务人对债权的认可，也可经法院判决或仲裁机构裁决加以确认。

再如广西壮族自治区柳州市中级人民法院在审理的（2014）柳市民一终字第992号案中认为：融水县交通局与江西二建均述称该工程没有进行结算、审计，梁某彪、李某、梁某式亦无相关证据证明已经完成了工程结算、审计，据此，应当认定融水县交通局与江西二建就上述工程项目没有完成工程结算、审计，因此，融水县交通局、江西二建、李某有、唐某成相互之间的债权债务关系亦没有确定。梁某彪、李某、梁某式以债权人行使代位权为由诉请融

---

[1] 中国银行股份有限公司汕头分行与广东发展银行股份有限公司韶关分行、第三人珠海经济特区安然实业（集团）公司代位权纠纷案，载《最高人民法院公报》2011年第11期。

水县交通局支付工程垫资款及其利息等款项 461 144 元的理由,不符合法律规定的债权人行使代位权的条件。

另一种观点认为,债权是否确定不影响代位权诉讼的提起。例如武汉市中级人民法院在审理的(2014)鄂武汉中民终字第 00702 号案中认为:具体数额是否确定,不影响债权人行使代位权,且代位权诉讼中债务人与次债务人之间的债权具体数额是否确定,不是债权人行使代位权的要件。因为对于债权人来说,很难确切了解债务人与次债务人之间债权债务的情况,如果要求债权人在了解债务人债权的具体数额之后才能行使代位权,必然导致代位权行使困难,与立法精神相悖。该案中,钢实星源公司在武钢集团处有未结工程款 600 余万元,远高于该案诉讼标的额。在钢实星源公司对武钢集团的债权金额远大于程某勇对钢实星源公司债权金额,足以代为清偿程某勇债权的情况下,具体数额是否确定,不影响程登勇行使代位权。

从实践效果来看,次债权金额无法确定的情况主要有两种:

第一种情况是,合同订立时并没有明确给付数额,而约定在某事实成就后,再依据约定的方式来确定数额。虽然约定的事实已经成就,但债务人、次债务人的一方或双方一直未有效履行确认金额的约定步骤,导致给付金额一直处于不确定的状态。一般情况下,当次债务人向债务人给付款项所依据的前提事实已经完成时,债务人作为收款方,自然会积极履行或催促次债务人在合理期限内履行付款义务;不过,当债务人负有到期或即将到期债务时,则不排除债务人迟迟不推进,或与次债务人恶意串通,不让次债务人推进对具体金额的确定工作,继而以没有财产可供偿还为由拖欠债务。显然,在这种情况下,如果因此剥夺债权人的代位权,将放纵债务人故意损害债权人权益的行为。

第二种情况是,债务人与次债务人之间的债权债务往来时间长、数量多,债务互抵关系复杂,导致次债务人所负债务的具体数额难以查明。这种情况下,次债务人与债务人之间不一定存在恶意串通的行为,且上文已经提到,作为法定抗辩权之一,次债务人向债权人行使抵销权抗辩应当被允许。但是,由于债权人在现实生活中并未介入债务人与次债务人的商事活动,如果司法机关动辄以债务人与次债务人的债权债务关系无法查明为由,径行作出驳回代位请求的决定,也有不当剥夺债权人应有权益之嫌。

综上所述,笔者认为,只要债权人能够证明债务人和次债务人之间具有明确的债权债务关系,并且符合代位权的其他构成要件,债权人就可以行使代位权,不要求数额必须确定。

六、诉讼保全与代位权的实现

最高人民法院《关于适用〈中华人民共和国民事诉讼法〉的解释》第159条规定:"债务人的财产不能满足保全请求,但对他人有到期债权的,人民法院可以依债权人的申请裁定该他人不得对本案债务人清偿。该他人要求偿付的,由人民法院提存财物或者价款。"据此,债务人的 A 债权人诉讼保全了次债务人的到期债权后,债务人的 B 债权人直接代位权诉讼次债务人,这种情况下代位权能否实现?也就是说,债务人的不同债权人通过不同的途径对次债务人采取了诉讼措施,在这种情况下,法院会优先保护谁的利益?

笔者认为,虽然 A 债权人诉讼保全在先,但是其保全措施的法律效力并非要求次债务人向其直接清偿,而是要求次债务人暂不向债务人清偿。所以,债务人的债权仍然存续,并未强制给 A 债权人,B 债权人的代位权诉讼不因此受到影响。如果在该代位权诉讼裁判生效前,申请到期债权保全的 A 债权人不实际强制执行次债务人,那么提起代位权诉讼的 B 债权人就有可能抢先享有债务人的到期债权。

《民法典》第537条规定,人民法院认定代位权成立的,由债务人的相对人向债权人履行义务,债权人接受履行后,债权人与债务人、债务人与相对人之间相应的权利义务终止。债务人对相对人的债权或者与该债权有关的从权利被采取保全、执行措施,或者债务人破产的,依照相关法律的规定处理。也就是说，对于代位权诉讼，法院只关注代位权是否成立，如果成立，径直判决即可，至于债权被保全可依据相关规定办理。

最后补充一点，如果多位债权人向同一债务人提起代位权诉讼，那么法院该如何处理？《合同编司法解释》规定，两个以上债权人以债务人的同一相对人为被告提起代位权诉讼的，人民法院可以合并审理。债务人对相对人享有的债权不足以清偿其对两个以上债权人负担的债务的，人民法院应当按照债权人享有的债权比例确定相对人的履行份额，但是法律另有规定的除外。

上述情况发生时，笔者建议后起诉的债权人要求法院合并审理，以便分享相对人的履行份额。当然，从另一个方面讲，率先提起代位权诉讼的债权人为了确保自己利益最大化，要尽快推进案件判决生效，避免后续代位权诉讼的债权人争夺相对人的履行份额。

第十六讲
合同的变更和转让

我国民法上的合同变更仅指原合同内容的变更,且合同内容的变更也仅是局部的变更,全面的变更就成了新合同,不属于合同变更的范畴。

合同的转让是指合同主体的变更,即由原签约方变更为新签约方。说白了,就是一方当事人将合同的权利和义务全部或部分转给他人,可分为合同权利的转让、合同义务的转移以及合同权利义务的概括转移三种状态。

在原《民法通则》中尚有一条款,讲到合同的转让不得牟利,可能是1986年制定该法律的时代产物,已与当前的实务及合同法规定相悖。

无论合同的变更还是转让,都应经当事人的协商一致,不能擅自变更;另外,变更还要按照法定程序进行。如果合同的变更内容不明确,那视同没有变更。而变更的内容是否明确,就要结合合同缔结中的"要约承诺"规则进行判断。

一、合同权利的转让

在打牌的娱乐中,经常发生"牌友"间转让合同权利的情形。牌友张三欠牌友李四15元,牌友王五欠牌友张三12元。怎么办?张三对王五的债权转给李四,李四向王五要12元,李四再向张三要3元,三方清账,这就是典型的合同权利转让的生活案例。

合同权利的转让，转让的是合同权利（非义务或权利义务）或者说合同债权，受让的人是合同当事人以外的第三人，根据合同内容不得转让的除外。合同内容不能转让的主要是指当事人之间有着特别信赖关系的那些合同，如委托合同、加工承揽合同。

合同权利转让，在生活中比较普遍。我们会经常看到一些银行债权公告，说的是银行的某某债权（甲、乙、丙等公司欠款）转让给中国信达资产管理股份有限公司，自公告之日起，中国信达资产管理公司对甲、乙、丙等公司享有债权。也就是说，甲、乙、丙等公司的债权人某银行将对甲、乙、丙等公司的债权（欠款追偿权利）卖给中国信达公司，从今往后，中国信达公司成为他们的新债主。

《民法典》第545条规定，债权人可转让债权，其中有例外情况，即当事人约定不得转让的可以排除债权的转让，但是，该条第2款又对当事人的约定作出了责任限定：约定非金钱债权不得转让的，不得对抗善意第三人。当事人约定金钱债权不得转让的，不得对抗第三人。

也就是说，即便合同中约定不得转让债权，但如果债权人就是违约转让了，债权转让对第三人是有效的，债务人不能难为第三人，只能向债权人追究违约责任。

1. 债权转让通知

根据《民法典》第546条的规定，合同权利转让，无须征得债务人的同意，但需要通知债务人，通知到达之日生效。

单从条文上看，通知到达债务人就行，至于债务人是否在收到后阅读了内容，在所不问。关于权利转让通知的形式以及是否以债权人名义通知，法律并未明确。

有的观点认为，债权转让通知应该由债权人发出，也有观点认为，受让人也可以发出债权转让通知。

但笔者认为，从保护债务人履行安全的角度讲，受让人受让债权的，应该提交取得债权的相关证据，如从债权人处取得债权的相关合同、公证书，

第十六讲 合同的变更和转让

否则债务人有权拒绝。这样要求，也是为了防止债务人被骗受损。

笔者认为，无论是保险起见还是从合同相对性原则来讲，都应该由债权人向债务人发出债权转让通知。因为毕竟债权人与债务人相互熟知，送达通知时债权人仍是债务人的债权人，能说得上话。而由受让人通知债务人债权转让的事实，债务人还需要对债权转让的真实性进行甄别。

通知的形式应是传真、信函、报纸公告还是其他，法律并未限定。如果没有限定，通常来说可以口头或书面方式通知，在最高人民法院公报案例——何某兰诉海科公司等清偿债务纠纷案中，法院认可了通过报纸公告的方式送达债权转让通知。

因为债权转让的通知关乎权利的转让和取得，笔者建议使用书面形式通知债务人。

在这里要注意转让通知的时间点，虽然法律没有具体规定，但是根据法律基本学理，债权转让通知的时间应该不得晚于债务履行的期限，否则，债权转让对债务人不发生效力。

当然，也可以通过签订债权转让协议的形式就债权转让的具体细节作出安排，这种形式下无须另行发出债权转让通知。

2. 债权转让效力

权利转让后会产生一些法律效果。如债务人收到债权通知后，就与原债权人没有关系了，债务人需要向新债权人还款，跟新债权人原来就有业务往来的，还可以新账旧账一起结算，对原债权人的抗辩，如时效、附加条件，仍然可以向新债权人提出。

此处有一个问题：如果没有通知债务人，合同权利转让有效吗？

佛山市顺德区太保投资公司（以下简称太保公司）与广东中鼎集团公司（以下简称中鼎公司）债权转让纠纷案［（2004）民二终字第212号］。

这个案子讲的是，2002年11月25日，中鼎公司从中国东方资产管理公司（以下简称东方资产公司）受让一批44亿元的债权，但附生效条件：签约1个月内支付首付款165 683 698.8元，中鼎公司与东方资产公司签订系列

· 181 ·

合同，并将受让债权质押给东方资产公司。而后，中鼎公司如约支付了首付款，东方资产公司向债务人送达了债权转让的通知。

2003年1月29日，中鼎公司与太保公司签订《债权转让协议》，约定根据中鼎公司与东方资产公司的协议，将44亿元债权中对顺德市桂洲建设综合开发公司（以下简称桂洲公司）的9笔债权本金人民币11 4187 454.22元、美元5 386 034.31元及利息、违约金等及相应保证人、抵押物所享有的权利转让给太保公司，并约定了债权转让款的数额及支付方式。

太保公司支付部分转让款后，未按约定向中鼎公司支付第4期应付转让款。

2004年2月6日，中鼎公司向太保公司邮寄送达"关于顺德市桂洲建设综合开发公司债权转让事宜的通知"，该通知称：基于太保公司未支付第4期款项，已构成违约，现通知解除《债权转让协议》，没收已支付的1500万元定金，对已支付的其他3750万元转让款不予退回，并按照《债权转让协议》第6条第2款的约定，按已付款占总价款比例，确定转让本金余额为人民币79 487 454.22元的债权。

同日，中鼎公司向债务人桂洲公司邮寄送达"关于债权转让及处理债务的函"，通知桂洲公司其将本金余额79 487 454.22元的债权及相应利息的债权转让给太保公司，自该通知到达之日起，太保公司对桂洲公司上述债权项下的3笔贷款享有债权，对桂洲公司的其他债权仍由中鼎公司享有。

太保公司一看，中鼎公司因其未如约支付尾款，要求解除合同，没收定金，这还了得，顿时火冒三丈，坚决要讨回已支付的转让款，还要让中鼎公司双倍返还定金共3000万元，赔偿太保公司可得利益损失人民币5832.8万元、利息损失1 911 818.22元。

随即其在广东省高级人民法院以中鼎公司债权转让时存在欺诈为由，起诉中鼎公司要求上述名目的赔偿。

最终，官司打到最高人民法院，以败诉收场。

现在再来看看上面提出的问题，也是太保公司认为合同无效的一个理由，即东方资产公司没有就其将债权转让给中鼎公司的事实通知到债务人,此刻中鼎公司是否未取得债权,其与太保公司签订的《债权转让协议》是否无效?

法院的审判思路是,《合同法》(已失效)第80条第1款规定:"债权人转让权利的,应当通知债务人。未经通知,该转让对债务人不发生效力。"(可参考《民法典》第546条第1款)据此,债权人未通知债务人的,该转让对债务人不发生效力,但这并非影响该债权转让的效力。

另外,最高人民法院《关于审理涉及金融资产管理公司收购、管理、处置国有银行不良贷款形成的资产的案件适用法律若干问题的规定》(已失效)第6条第2款规定:"在案件审理中,债务人以原债权银行转让债权未履行通知义务为由进行抗辩的,人民法院可以将原债权银行传唤到庭调查债权转让事实,并责令原债权银行告知债务人债权转让的事实。"

可见,债权转让通知义务即便到了案件审理的阶段仍可履行,债权转让通知义务未及时履行只是使债务人享有对抗受让人的抗辩权,它并不影响债权转让人与受让人之间债权转让协议的效力。

因此,向债务人发出债权转让通知并非债权转让协议的生效要件,东方资产公司没有及时向债务人和担保人发出债权转让通知,并不影响其与中鼎公司签订的《债权转让协议》的效力,也不能因此认为中鼎公司未取得本案债权。

3. 债权转让时,债务人能否行使债务抵销权

《民法典》第549条规定,债务人接到债权转让通知时,债务人对让与人享有债权,并且债务人的债权先于转让的债权到期或者同时到期的,债务人可以向受让人主张抵销。该法第568条规定,当事人互负到期债务,该债务的标的物种类、品质相同的,任何一方可以将自己的债务与对方的到期债务抵销,但依照法律规定或者按照合同性质不得抵销的除外。

问题来了:抵销权应该在什么时间和条件下实施?

笔者曾代理一起债权转让合同纠纷案件,大致案情是:乙公司拖欠甲公

司 1.1 亿元货款，丙公司拖欠乙公司 2.1 亿元。乙公司同意将对丙公司的 1.1 亿元债权转让给甲公司，并于 2018 年 7 月 12 日通知了丙公司。甲公司在 A 地法院起诉丙公司要求偿还 1.1 亿元欠款。丙公司一看大势不好，于 2018 年 9 月 1 日提出债务抵销，理由是：乙公司所供设备存在重大质量问题，给其造成重大损失。债务抵销后，丙公司不再拖欠乙公司货款。丙公司于 2018 年 10 月 11 日在 B 地法院起诉乙公司要求赔偿损失。

笔者认为，丙公司可以依法对乙公司的债权主张抵销，但前提是有证据证明其享有对乙公司的到期债权且数额确定。但是，截至庭审终结，丙公司除了口头陈述其与乙公司的债权已经抵销外，未提交任何证据证明其对乙公司享有到期债权，即丙公司提供的证据不足以证明其对乙公司享有债权且该债权先于乙公司转让的债权到期或者同时到期的事实，应承担对己不利的法律后果。

2018 年 7 月 12 日，丙公司收到债权转让通知，在此刻，只要乙公司对丙公司享有足额到期债权（高于 1.1 亿元），债权转让作为一种形成权，即可发生效力：甲公司随即成为丙公司的债权人。

至于此后（2018 年 7 月 12 日之后），丙公司与乙公司再发生任何纠纷，与甲公司没有关系。丙公司再向乙公司主张任何权利，对甲公司已不发生效力。

2018 年 10 月 11 日，丙公司起诉乙公司要求赔偿和支付违约金，如果得到法院支持，从判决生效之日起丙公司起诉的 2.1 亿元的债权（该债权能否得到法院确认尚且不论）才算到期。

退一万步讲，即便将起诉之日算作债权到期日，该债权到期也已在甲公司债权转让完成之后的 3 个月后，即丙公司的法定抵销权是在债权转让之后产生的，而此时甲公司已经享有对丙公司的债权，丙公司抵销只能针对乙公司的其他债权行使，不能针对甲公司已经受让的债权行使。

综上，虽然债务人依法享有对受让人的债务抵销权，但是在司法审判中应该举证证明其享有债权先于转让的债权到期或者同时到期，否则其不能行使该权利。

但是,《民法典》第 549 条相对于原《合同法》第 83 条的规定增加了另一种情况,债务人的债权与转让的债权是基于同一合同产生,可以行使抵销权,且没有附加条件。

也就是说,如果是同一合同产生的债权转让,债务人可以行使抵销权,不管在债权转让时债权是否到期。

上述案例如发生在《民法典》生效后,可能会有变数。如果涉及同一买卖合同的债权转让和抵销,丙公司就可以行使抵销权。如果涉及多份买卖合同的债权转让和抵销,笔者的理解应该可以成立。

如果同一笔债权被多次转让,债务人应该向谁偿还债务?

根据《合同编司法解释》第 50 条的规定,让与人将同一债权转让给两个以上受让人,债务人可以向最先通知的受让人履行。债务人明知接受履行的受让人不是最先通知的受让人,最先通知的受让人可以请求债务人继续履行债务。最先通知的受让人请求接受履行的后续受让人返还其接受的财产的,法院不予支持,但是接受履行的受让人明知该债权在其受让前已经转让给其他受让人的除外。

由此可见,最先受让债权的受让人,为了确保债权不被其他受让人"抢走",要及时通知债务人自己受让的事实,并尽可能通过一些公示方式(如报纸、网站等)对受让事实予以公告,一来让后续可能的受让人望而却步,二来能证明后续受让人明知本人在先受让债权的事实,进而要求后续受让人返还受让的财产。

二、合同义务的转移

合同义务的转移,又称债务承担,转移的是债务(全部或部分),受让的人是合同当事人之外的第三人。因为债务转移后,受让人履行能力直接影响债权人的利益,所以,债务转移和债权转让不同的是,债务转移必须要征得债权人的同意。

债务转移会产生一些法律效果。如果全部债务转移，那就是原来的债务人退出原合同的债权债务关系，由新接手的债务人和债权人履行合同权利义务。如果部分债务转移，那原来的债务人仍然在原合同的债权债务关系中，又有新的债务人加入合同关系，与原债务人共同承接债务的履行。当然，后者是债权人求之不得的。

浙江中光房地产公司（以下简称浙江中光公司）与珠海格力电力燃料公司（以下简称珠海格力公司）债务转让合同纠纷案［（2004）民二终字第143号］。

1998年3月10日，格力集团（香港）有限公司（以下简称格力香港公司）与康奥集团签订了一份协议书，格力香港公司为康奥集团提供代开信用证（进口原油项下代为垫款）1200万美元，康奥集团支付利息。

2000年4月1日，珠海格力公司、浙江中光公司、康奥集团、格力香港公司签订《转让债务协议书》，约定康奥集团对格力香港公司的债务转移给浙江中光公司，格力香港公司将对康奥集团的债权转让给珠海格力公司。

后因浙江中光公司未偿还欠款，珠海格力公司起诉至法院。

浙江中光公司的抗辩理由是，被转让的债务产生于我国香港地区，格力香港公司进口原油需有报批手续，其未报批而存在债权瑕疵，即其取得债权不合法，所以该债务转让无效。也就是说，浙江中光公司为自己不付款找的借口是，转让的债权产生时就存在问题，被转移的债务也就站不住脚，所以签订的《转让债务协议书》无效。

法院怎么认定的呢？《转让债务协议书》是四方就债权转让和债务转移达成的合意，本身不违反法律法规的禁止性规定，转让的标的物（被转让的债务）客观存在，该协议书合法有效。至于协议书中涉及的债务原始产生是否合法不影响之后债权债务转让协议的效力。

也就是说，浙江中光公司就转让的债务已达成协议，自愿承担该债务，就应该认真遵守，出尔反尔不会得到法律支持。

第十六讲 合同的变更和转让

有这么一种情况，合同当事人之外的第三人出具承诺书表示愿意承担债务，第三人的这种行为应该如何定性？是做出的保证还是债务的加入？

让我们看一个最高人民法院裁判的案例：中国信达资产管理公司石家庄办事处（以下简称信达公司）与中国阿拉伯化肥公司（以下简称阿拉伯公司）及河北省冀州市中意玻璃钢厂（以下简称冀州中意公司）借款担保合同纠纷案。

1993年10月20日，冀州中意公司向中国建设银行河北省分行贷款182万美元。阿拉伯公司出具"不可撤销现汇担保书"，载明为冀州中意公司担保本息。

1995年11月25日，河北中意玻璃钢有限公司（以下简称河北玻璃钢公司）出具承诺书，其内容为，冀州中意公司向贵行借款182万美元，为此郑重承诺：我司对归还贷款本息承担连带还款责任，并放弃一切抗辩权。

此后，建设银行将该债权转让给信达公司。在冀州中意公司不能偿还欠款后，建设银行进行了催收，河北玻璃钢公司在催收通知中注明自己为担保人身份。

最后，信达公司起诉河北玻璃钢公司、冀州中意公司、阿拉伯公司要求偿还欠款本息。

本案的焦点问题是：河北玻璃钢公司的承诺书是冀州中意公司债务的移转还是债务的加入？如果是前者，阿拉伯公司担保的债务因为债务人由冀州中意变更为河北玻璃钢公司而免除；如果是后者，阿拉伯公司的担保债务就不能免除。

法院认为，河北玻璃钢公司愿意承担连带债务，债权人银行在接受的同时，并无明确的意思表示同意债务人由冀州中意公司变更为河北玻璃钢公司，即河北中意公司的承诺不能构成债务转移，不构成债务的变更。

至于河北玻璃钢公司的行为定性是债务并入还是保证，其实处理效果都是一样的，即承担还款责任，只不过性质上会有差异。根据承诺书的具体内容以及在河北玻璃钢公司催收通知中担保人身份的注明，其出具承诺书的行为应该认定为保证。

在这里，让我们谈谈债务加入的知识。

《民法典》第 552 条规定，第三人与债务人约定加入债务并通知债权人，或者第三人向债权人表示愿意加入债务，债权人未在合理期限内明确拒绝的，债权人可以请求第三人在其愿意承担的债务范围内和债务人承担连带债务。

如果第三方愿意和债务人一起承担某项债务，就是债务加入，由一人债务变成两人债务，这对债权人来说自然是乐享其成的。当然，天下没有无缘无故的爱，这种债务加入，多数情况是为了公司股权收购、换取其他利益而作出的"仗义"行为。

对于债权人来说，对第三方的债务加入，无须支付对价，当然是求之不得的，虽然有些情况下，债权人需要付出小代价换取第三方的大代价。

三、合同权利义务的概括转移

合同权利义务的概括转移应该是上述两节的结合形态，移转的不是单纯的债权或债务，而是两者的结合。这种形态多发生在企业的合并环节中。

当然，因为合同权利义务的概括转移涉及当事人双方的债务转移，所以必须经过当事人双方的同意。其涉及权利转让和义务转移的原理和规定，可比照上面两节理解。

在企业合并与分立时，必将涉及原企业的全部合同权利义务的概括转移，这些由变更后的企业承继，这是《公司法》作出的具体规定。

《公司法》规定，企业合并、分立的，它的权利义务由变更后的法人享有和承担。具体来说，就是一个企业分立成多个企业的，多个企业对合同的权利和义务享有连带债权、承担连带债务。企业合并的，当然应由合并之后的企业承担债务和行使权利。

虽然企业的合并与分立中涉及合同权利义务的概括转移，而企业的合并或分立并不需要征得债权人的同意，但法律已经考虑到债权人权益保障问题，即通过《公司法》的规定，让原债务企业和新企业共同担责，避免原企业的债权人利益受到损害。

笔者代理过的一起仲裁案件涉及债权债务转让的效力问题。大致情况是，案涉合同第 16.8 条特别约定："未经一方当事人同意，不得将合同的权利和义务转让给第三人。"但一方当事人 A 公司将对另一方当事人 B 公司的债权转让给了第三人 C 公司，并通知 B 公司。后 C 公司提起仲裁，请求确认债权转让有效并由 B 公司支付欠款。B 公司以债权转让未经其同意为由做出抗辩。

问题来了：上述合同第 16.8 条的约定是否意味着债权的转让、债务的转让、债权债务的概括转让全都要经过 B 公司的同意才有效？该条"权利和义务转让"与原《合同法》第 88 条（可参考《民法典》第 555 条）"合同中的权利和义务一并转让"有"一并"两字之差，意思是否大相径庭？

笔者的观点是案涉合同第 16.8 条是原《合同法》第 88 条的援引，仅是权利义务概括转让的约定，并非对债权转让的另外约定。笔者的代理意见最终得到仲裁委的支持。其理由如下：

首先，原《合同法》第 79 条（可参考《民法典》第 545 条）规定："债权人可以将合同的权利全部或者部分转让给第三人，但有下列情形之一的除外……（二）按照当事人约定不得转让……"如将该条款省略的句子成分补全，应该是："债权人可以将合同的权利全部或者部分转让给第三人，但当事人约定'合同的权利全部或者部分不得转让给第三人'的除外。"该约定应该只是指"权利"，而非指"权利和义务"。案涉合同第 16.8 条的约定，实际上是原《合同法》第 88 条（注：权利义务概括转让）的援引，该条是对合同"权利和义务"转让的约定，并非针对"权利"转让的禁止性约定（注：此处如果约定"权利或义务"，意义就截然不同，即包含权利转让需要经过对方同意的意思）。

其次，合同转让的情形有三：一是合同债权的转让；二是合同债务的转让；三是合同债权债务的一并转让。不存在包括前三种情形的情形（如案涉合同第16.8条约定的情形）。前述三种情形（单独的法律行为）分别对应原《合同法》第79条、第84条和第88条的法律规定。不能以第三种情形（原《合同法》第88条债权债务转让）的约定推导出第一种情形（债权转让）也需要"对方同意"，否则，就与第一种情形下（原《合同法》第79条）中债权转让无须"对方同意"的法律规定相矛盾。

最后，案涉合同第16.8条事实上是B公司为防止A公司更换合同履行主体（概括转让）做出的特别约定，并非为了限制A公司将应收款转让（债权转让）给第三人。

综上，如果想限制合同债权转让，建议在合同中明确约定"未经一方同意，不得将债权转让给第三方"即可，不要使用如案涉合同第16.8条的写法。当然，按照《民法典》的规定，涉及金钱类债权转让限制，当事人虽可以自行约定，但不能对抗第三人。《民法典》第555条已对权利义务转让（概括转让）作出规定，无须另外约定。

第十七讲
合同权利义务的终止

一、合同的终止

合同权利义务的终止,简称合同终止或消灭,就是合同所设定的权利义务不复存在。那合同终止是不是就是合同作废呢?这里需要梳理一下。

我们常见有些合同规定了有效期,例如,"本合同有效期自 2013 年 12 月 3 日至 2014 年 12 月 3 日"。这个有效期严格说来应该是合同的履行期限,是合同权利义务的终止期限,即合同权利义务期限自 2013 年 12 月 3 日开始,至 2014 年 12 月 3 日终止,合同在 2013 年 12 月 3 日至 2014 年 12 月 3 日期间是有效的,逾期对双方无效(作废)。可按附期限的合同效力理解:2013 年 12 月 3 日合同生效,2014 年 12 月 3 日合同失效。

合同终止后有何效果?合同终止后,马放南山,一切皆归于平静,债权人不再享有债权,债务人不再负担债务。双方只需处理好善后工作即可,包括结算、通知、协助、保密等。

有多种原因可导致合同终止,合同解除只是其中之一。上面讲到的"合同有效期",实际上也是原因之一,即当事人约定了终止的情形。除此之外,还有债务已经清偿、债务相互抵销、债权人免除债务、债权债务归于一人等。

二、债务清偿

债务清偿,也可称债务履行,即债务人按照合同的约定履行义务。

注意:"清偿"不是通常理解的"偿清",也就是说,可以部分偿还,一种情况是债权人同意情况下的部分清偿;另一种情况是在不损害债权人利益的情况下,法院根据债务人的履行能力裁定的分期清偿。

在这里,我们要讲一个特别的概念:清偿抵充。它是指债务人对同一债权人有很多笔同种的债务,当其偿付能力有限时,其可决定优先偿还哪一笔债务的制度。

举个例子:甲公司拖欠银行三笔贷款,其中有些设定保证担保,有些没有担保,有的利息高,有的利息低,现在甲公司刚筹到一笔钱,决定用于偿还部分贷款。

这笔钱偿还哪笔贷款就属于清偿抵充问题了。自然地,该公司要权衡利益得失,选择对自己最有利的方式履行债务。

这个问题在司法实践中也曾经是一个难题。虽然原《合同法》对债的抵销制度做出了规定,但其对清偿抵充顺序并没有明确规定,当一个债务人对一个债权人负有数笔同种类债务,且给付不足以清偿全部债务并且没有约定时,就无所适从。清偿顺序不同,显然会影响利息的有无以及多少。当债务人的给付不足以清偿所有债务时,究竟先清偿哪笔债务就显得尤为重要。

由于不同抵充顺序会对债权人和债务人发生不同的利害后果,有时还会涉及第三人(如担保人)的利益,因而实践中争议颇大。

举个例子:张某于2008年1月借银行100万元,借款期限为2年,由赵某担保。期限届满时,张某未按照合同约定归还贷款。

2009年1月,张某又向银行借款100万元,借款期限为2年,担保人是王某。

2011年2月,张某归还贷款100万元,其余未再归还,张某认为归还的是2008年1月的贷款,银行认为归还的是2009年1月的贷款,形成争议。

认定归还了哪笔款,就直接关系到担保人赵某、王某担保责任的承担问题(注:主债务还清后,担保人责任免除),也决定着利息的起算时间和还款数额的问题。

为规范法院在债务的清偿抵充顺序方面的法律适用，2009年5月13日实施的《合同法司法解释（二）》（已失效）对此作出规定。司法解释一个基本原则是：债务人的给付应当优先抵充已到期的债务；几项债务均到期的，优先抵充对债权人缺乏担保或者担保数额最少的债务；担保数额相同的，优先抵充较重的债务；债务负担相同的，按照债务到期的先后顺序抵充；到期时间相同的，按比例抵充。但是，债权人与债务人对清偿的债务或者清偿抵充顺序有约定的除外。

《民法典》第560条完全吸纳了前述司法解释的规定，对债务清偿顺序作出了明确规定。

何为债权人与债务人对清偿债务或抵充顺序有约定呢？

还是上面借款的例子，如果张某在清偿100万元贷款时，与银行明确约定抵充的是2008年1月的贷款，那么这就是双方已经有约定的抵充，清偿抵充的就应该是该笔贷款。当然，按照前述司法解释，上述案例当事人没有约定清偿抵充顺序，应该是先抵充2008年的贷款，所以，约定抵充顺序对债务人而言很有必要。

三、合同解除

当事人可以自愿订立合同，也可以自愿解除合同，这是意思自治、合同自由的充分体现。任何一方虽然都有权决定是否缔结合同，但能否成功缔结合同需要依赖双方的共同意愿和法律规定。同样的道理，一方有权决定是否解除合同，但能否解除合同同样需要依赖双方的意愿或是否符合法定的解除条件。

合同解除包含原《合同法》中所称的约定解除和法定解除，还有双方的协议解除。

约定解除，就是事先在合同中约定何种情况下可以使合同效力归于消灭的行为，但不意味着在约定情况出现时合同必然地自动解除。

法定解除，就是合同生效后没有履行或没有履行完毕，出现法律规定的解除条件，一方当事人行使权利使合同效力归于消灭的行为。法定的解除条件有：不可抗力导致合同目的不能实现，一方的预期违约、迟延履行主要债务导致不能实现合同目的等。

合同解除还有一种形式是协议解除或者叫合意解除，就是在合同生效后没有履行或没有履行完毕，双方根据合同履行情况协商一致，使合同效力归于消灭的行为。

四、抵销

抵销，就是俗称的了账、冲账，就是双方都负有债务，相互充抵，使债务在相等数额范围内消灭，其分为法律规定的法定抵销和协商之下的合意抵销。

抵销在什么情况下发生呢？一是双方互负债务，为了便利，就抵销了事；二是互负债务，一方履约能力出现严重恶化，另一方向其履行可能得不到相应履行回报，行使抵销权，双方就此了结，克服了履行方吃亏的弊端，双方利益都得到保障。

但要注意，法定抵销的是同一种类的债务，一般是金钱债务或种类债务，而不是提供劳务的债务。对于同一种类债务，当事人任何一方均可行使该权利。

如果一方拿货物去主张抵销欠款，除非债主同意，否则不能主张抵销，因为这不是法定抵销定义下的同一种类债务。

当然，一方可以拿走别人的物品作为对方还款的担保，在别人不付款时，要求以此抵债，但这不是抵销，除非对方同意可抵销（法律术语就是合意抵销）。

由此可见，合意的抵销几乎没有限制条件，只要双方同意，无论债务是不是同一种类、同一品质，统统由双方商议确定。而法定抵销就要限定一些条件。例如，双方互负债权债务，债务给付的为同一种类，双方的债务都到了清偿期而且是可以抵销。

抵销的法律后果是什么？首先，双方的债务债权在抵销数额内消灭，如甲欠乙 3000 元，乙欠甲 4000 元，两者相抵，乙欠甲 1000 元。

其次，抵销一旦开始，抵销的债务的利息、违约金等的计算随之停止。

最后，抵销不得附条件，因为附条件的抵销具有不确定性，不利于对相对方的利益保护。

甲方拖欠乙方 500 万元，已经超过 3 年的诉讼时效，后来乙方又拖欠甲方 500 万元，尚在诉讼期限内，问：乙方能否要求与甲方债务抵销？

根据《合同编司法解释》第 58 条的规定，乙方不能要求与甲方债务抵销，但是，甲方可以要求与乙方债务抵销。

这里的基本道理是，甲方的债务已经因为超过诉讼时效而变成自然之债，而乙方的债务尚为强制之债，两者债务实质不对等，若法律允许一方用自然债权抵销对方的强制债权，则将产生强制履行自然债务的结果，会损害被动债权人的时效利益，从而导致权利失衡。

五、提存

提存，就是债务人向债权人履行债务的时候，遭到了对方拒绝或客观上无法找到对方，只好将标的物交付给提存机关，免除自己的义务。

举例说明：张三为李四制作了一套沙发，李四已支付 80% 货款，按照合同约定，张三应在 2014 年 3 月 12 日前送货上门，否则应该支付 20% 的违约金。

2014 年 3 月 12 日，当张三送货到李四办公室时，发现李四人去楼空，怎么办？把沙发拉回，担心李四反过头来追究自己未按时交货的违约责任；如不拉回，又担心放在门口被人偷走，李四不认账。

这个时候，张三可以向提存机关提存，并告诉提存机关，沙发会由李四提取，其来提取时必须支付剩余 20% 货款。

如果李四迟迟不来提取超过 5 年，扣除提存费用，沙发收缴国有。法律规定有权接受提存物并为其保管的机关就是提存机关，如公证处。

接下来一个问题是，什么情况下可以通过提存免除交付义务呢？

要掌握一个原则是，在有些债务难以履行的情况下，可考虑提存。这些情况主要包括：债权人无理由拒绝受领，如买东西后反悔了，借此退货；债权人下落不明，如上面的案例，找不到可交付的人；债权人死亡也没找到继承人等。

讲到这里，有人可能会想，反正无法联系到债权人，是不是随便提存点货物就行了。当然不行，交付的货物仍然应该与合同约定的相符，否则，不能免除自己的合同义务。

另外，有些易腐易烂的、容易灭失的、提存费用高等不宜提存的标的物，应该及时变卖、拍卖变现，提存现金。

提存有何法律效果呢？提存作为债权消灭的原因，标的物提存后债务人就不再有清偿的责任了，提存物的灭失、毁损风险也由债权人承担。

六、债务免除和混同

债务免除，就是债权人免除债务人全部或部分债务，债务人无须再向债权人履行。

混同，就是债权债务归于一人，合同终止。混同常发生在以下两种情况中：一种情况是概括承受。例如，甲、乙两个公司之间存在合同关系，甲为债权人，乙为债务人。后来，甲、乙两公司合并，成立丙公司，原有的甲、乙公司的债权债务由丙公司享有和承担了，甲、乙公司之间的合同关系因为两者的合并而混同，乙无须再向甲履行。再如，独生子、富二代儿子欠爸爸200万元，后爸爸去世，其继承遗产，拖欠爸爸的200万元债务因遗产继承而消灭。另一种情况是特定承受。例如，甲、乙两公司之间存在合同关系，甲为债权人，乙为债务人。甲将合同权利转让给债务人乙，或者乙将债务转移给债权人甲。在这种情况下，乙无须再向甲履行债务。

第十八讲
合 同 解 除

一、合同解除条件

合同的解除，就是一份有效的合同在完全履行完毕前，一方当事人依据法律规定或合同约定或双方协商后将合同关系归于消灭的一种法律行为。

由此可见，合同的解除可以通过协商解除，也可以在合同中提前约定好解除条件，待条件成就时解除，后者称约定解除。这里有个问题：合同履行过程中，是不是一旦出现合同约定解除条件就可以解除合同或者合同自行解除呢？

《九民纪要》指出，合同约定的解除条件成就时，守约方以此为由请求解除合同的，人民法院应当审查违约方的违约程度是否显著轻微，是否影响守约方合同目的的实现，根据诚实信用原则，确定合同应否解除。违约方的违约程度显著轻微，不影响守约方合同目的的实现，守约方请求解除合同的，人民法院不予支持；反之，则依法予以支持。

法定解除的条件是什么呢？

一是不可抗力情况下的解除，因不能实现合同目的，合同双方都有权利行使解除权，并免除部分或全部责任。

在适用不可抗力解除合同时，要注意根据不可抗力的影响来判断部分或者全部免除责任，而不是存在不可抗力就免除全部责任。

北京市第一中级人民法院曾经审理的孟某诉中佳国际合作旅行社旅游合

同纠纷案中，孟某与中佳旅行社签订了旅游合同，并交纳了旅游费，后孟某以出现"非典"疫情为由提出解除合同。

法院认为，虽然我国出现了"非典"疫情，但疫情范围很小，不对普通公众的日常生活形成危害，也不影响旅游出行，所以，孟某以此为由要求全部免除其合同责任不予支持。

二是一方当事人提前明确表示不履行合同义务，在这种情况下，其是明摆着预期违约，如果再让对方当事人等到合同履行期限届满后行使解除权，则可能给对方当事人造成不可挽回的损失，所以这种情况下法律就赋予守约方解除权。

例如，甲火车站候车大厅内酷暑难耐，急需安装空调，火车站与乙公司签订了海尔牌空调买卖合同，约定在合同签订10日内安装，合同签订后第5天，乙公司给火车站发函称"海尔厂家生产能力有限，不能在合同约定期限内供货"。这就是预期违约，在这种情况下，火车站可解除合同，另行订货。

三是债务人故意拖延不履行合同，几经催告，仍然不理会，说白了，债务人豁出去耍赖，在这种情况下，当然应该容许债权人解除合同。

例如，某公司销售的电冰箱在保质期内出现质量问题，其拒绝维修，几经消费者催告，也无动于衷。这个时候，消费者就可理直气壮地委托其他维修单位进行维修并要求卖家承担维修费用，也可以解除买卖合同，要求卖家退货。

四是在债务履行没有意义的情况下，也可行使解除权，即迟延履行债务或其他违约行为导致合同的目的无法实现或继续履行毫无意义，在这种情况下可以行使解除权。

这种情况在约定履行期限的合同中经常见到，如结婚前购买喜糖，过年前买鞭炮，如果卖方迟迟不履行合同交付货物，过了特定期限，交付货物对买方已没有意义，为保护买方的利益，法律赋予买方解除权利。

二、合同解除期限

为了督促解除权及时行使，使合同关系和履行行为尽快确定和完成，法律为解除权设定了期限，如果当事人在法定期限内不及时行使自己的解除权利，则不再享有此项权利。

法定的期限主要有两种：第一种是根据法律规定或合同履行时间确定的合同效力期间，是行使合同解除权的期间。合同失效或履行完毕，当然就没必要行使解除权了。第二种是当事人在合同中明确约定了解除权行使的期限，过期不行使而解除权消灭。

其实，现实中的很多合同并没有约定合同解除的期限，这种情况下，怎么办？

《合同法》（已失效）第95条（可参考《民法典》第564条）规定，享有解除权的当事人经对方催告后在合理期限内不行使解除权的，解除权消灭。

但问题是，合理期限到底为多长时间，法律并未明确规定。当然，因为合同的性质和履行期限长短不一，也很难作出一个明确的规定。最高人民法院《关于审理商品房买卖合同纠纷案件适用法律若干问题的解释》中，对合理期限作出3个月的规定。

该解释规定，卖房人没有及时交房或者买房人没有及时付款，经催告后3个月仍不履行的，对方有权解除合同，当事人另有约定的除外。从催告通知到达之日超过3个月未行使的，解除权消灭，要继续履行合同。如果没有催告，解除权的存续期限为1年，从解除权发生之日起算，超过1年解除权随即消灭。

《民法典》第564条第2款对此作出规定，法律没有规定或者当事人没有约定解除权行使期限，自解除权人知道或者应当知道解除事由之日起1年内不行使，或者经对方催告后在合理期限内不行使的，该权利消灭。注意：该法条中当事人解除权的消灭并不意味着以后不能再享有解除权，若当事人此后又约定了解除权或发生了新的法定事由而使该当事人享有了解除权,则其依然可以依法行使解除权。

在这里要注意一个问题,债权人即便被赋予了解除合同的权利,但行使权利时也应该严格按照法律规定的期限和解除程序,向对方发出解除通知,解除通知到达对方时才能生效。

假设当事人想解除合同,但没有通知对方而直接到法院起诉,是否可以?这涉及合同解除通知与诉讼的关系问题。

对这个问题,学术界有不同的观点:一种观点认为,解除权是当事人的权利,解除合同应当通知对方,而不能直接起诉;另一种观点认为,向法院起诉解除合同就是合同解除的通知方式。

实务中的问题是,违约方收到解除合同的通知后,便向法院起诉要求确认解除合同的效力,那么,合同解除的起算点是收到通知日还是法院判决生效日?

如果法院判决生效日合同解除,此前合同没有解除,与原《合同法》规定的"合同自通知到达对方时解除"相矛盾;如果通知到达之日合同解除,一旦法院认定合同不解除,则双方已经解除的合同还要恢复原状,继续履行合同,这样就可能会造成不必要的损失。

《民法典》第565条规定:当事人一方依法主张解除合同的,应当通知对方。合同自通知到达对方时解除;通知载明债务人在一定期限内不履行债务则合同自动解除,债务人在该期限内未履行债务的,合同自通知载明的期限届满时解除。对方对解除合同有异议的,任何一方当事人均可以请求人民法院或者仲裁机构确认解除行为的效力。当事人一方未通知对方,直接以提起诉讼或者申请仲裁的方式依法主张解除合同,人民法院或者仲裁机构确认该主张的,合同自起诉状副本或者仲裁申请书副本送达对方时解除。

由此可见,起诉状副本或者仲裁申请书副本送达对方之日为合同解除日,而不是判决生效之日为合同解除日。

这一点给我们的启示是，不要认为合同解除通知送达给对方，就不用再理会合同的履行了，一旦法院没有支持合同解除，则可能要面临合同不履行导致的损失赔偿风险。

法院判决解除合同的，如何起算解除日期？

由于合同解除日期关系到当事人双方合同关系的消灭，双方从此"一刀两断"，所以，这是一个很关键的问题。

按照原《合同法》的规定，解除通知到达对方时解除。对方有异议的，可以请求法院或仲裁机构确认解除合同的效力。当事人双方都有权利请求法院或仲裁机构确认解除合同的效力。

《九民纪要》对合同解除的意见是，人民法院在审理相关案件时，要审查通知解除方是否享有约定或者法定的解除权来决定合同应否解除，不能仅以受通知一方在约定或者法定的异议期限届满后未起诉表示异议这一事实就认定合同已经解除。要根据诚实信用原则，并结合合同性质、合同目的以及交易习惯来确定约定或者法定的解除条件是否成就，理解确定相关条款的意思。

但因为当事人诉讼请求不同，合同解除的起算日期就会有所不同。

请求确认解除合同通知效力，法院认为对方的异议不成立的，合同自通知到达对方时解除；如请求判令解除合同，法院支持的，合同自起诉状送达之日解除。

三、合同解除程序

合同解除，决定着当事人双方是否还要继续履行合同，是否继续受合同的约束，关乎双方合作"蜜月"的持续。

何种情况下可行使解除的权利，前面已经讲到，不再啰唆，单说合同如何解除。

还是拿婚姻做例子，离婚就是解除婚约（虽然婚姻不是合同法概念上的合同，但有很多相同点）。虽然离婚没有结婚那么喜庆，但仍然需要经过必要的形式宣示，需要两人协商好到婚姻登记处办理离婚登记，当然，协商不成的，需要到法院判决离婚，这都是法定的必经程序，即便两人同床异梦好多年，只有走完上述程序，两人才算完全分开了。

合同的解除同样是这番道理，无论是法定解除还是约定解除，必须都要履行法定的程序，防止当事人故意久拖不决，使双方当事人的权利义务长期处于不确定状态，破坏交易秩序。举个日常生活中的例子：

某建筑公司向某钢材厂订购了一批钢材1200吨，约定2003年度内分3次送货。

2003年1月，送货400吨并结清货款，4月至10月需要继续供货时，钢材厂以产品供不应求，要优先保证大客户供货为由拒绝供货，建筑公司只好加价从别处购买了500吨。

11月，钢材供应滞销，钢材厂向建筑公司发货600吨，建筑公司提出：4月已加价购买了500吨，年末补发钢材，无处存放，且也不能用尽，只同意接受300吨。

双方协商未果，钢材厂起诉建筑公司违约并要求支付600吨货款。建筑公司反诉，要求解除合同并由钢材厂承担违约责任。

在这个案子中，建筑公司与钢材厂好像都有违约行为，应该各打五十大板。也许有人也会这么想：合同没有约定供货时间，钢材厂何时供货都可以，凭什么拒绝接受钢材？反过来说，虽然没有约定具体的供货时间，但应该是在1年内分3次供货的，该供货时不供货，不该供货时再供货，显然是唯利是图，不讲诚信。

对于这个问题，我们应该先温习一下原《合同法》的有关规定。该法第62条第4项规定：履行期限不明确的，债务人可以随时履行，债权人可以随时要求履行，应当给予对方必要的准备时间。

在本案中，建筑公司曾在4月至10月向钢材厂多次催要钢材，钢材厂为了大客户而拒绝供货，这已经构成迟延履行，等到别的客户都不要货了，为了转嫁市场风险，其再向建筑公司供货，而此时建筑公司已经高价购买了500吨钢材备用。在这种情况下，钢材厂的供货对建筑公司已经没有实际意义，建筑公司可以提出解除合同。

四、解除通知送达

说到合同的解除，按照原《合同法》的规定，行使合同解除权必须以通知的方式告知对方，自通知到达对方时合同解除，合同解除不需要对方的同意。

有个案子，就因为通知方式的问题折腾了很久。

德胜电厂诉南华公司的买卖合同案［（2006）民二终字第200号］。

德胜电厂向南华公司采购大量燃料油，合同约定电厂每次收油后应在5天内付款，逾期超过10天的，南华公司可以视情况解除合同。

在合同履行过程中，德胜电厂总是付款不及时，拖期十几天甚至四十几天也常有。时间一长，南华公司觉得划不来就停止供油，德胜电厂随即起诉要求继续供油并支付违约金。官司由广东打到最高人民法院，结果电厂败诉。

法院是这样认定的，尽管德胜电厂迟延付款构成违约并导致合同解除的条件成就，但这不意味着合同自动解除，仍需要解除权人通知对方，才能产生解除效力。但法律没有规定"通知"的方式是书面形式，关键是看是不是向对方传达了解除合同的意思表示。

南华公司停止供油并电话通知对方，而且对电厂要求供油的合同函予以回复，已经明确表达了解除合同的意思表示（注意：不是明确提出解除合同），已经产生合同解除效力。

上述案子中的合同解除，本是很简单的一件事，一纸书面通知即可，可南华公司就是憋着一口气，以不供油回敬电厂的不付款，就不给对方书面通知明确提出解除合同。要不是法院费了老大劲儿，综合了诸多事实推断出南华公司明确表达了解除合同的意思，这案子孰赢孰败，还真不一定。

其实，现实中这样的情况很多。守约方在对方违约时，往往会理直气壮地终止履行合同，不再搭理对方。但这种处理方式可能会使其为此付出代价，有理变无理。

既然解除合同不通知对方容易引发不利后果，那就说说如何发送解除通知。

首先，签合同时，要在合同中明确双方地址，并约定该地址为有效送达地址，如果地址有变，应该通知对方，如若不然，一方按此地址邮寄送达视为送达。这样做的目的就是先确定通知目的地。经常看到一些企业签订的合同上只有签约方的名称和印章，就是没有双方的详细地址、联系电话。一旦一方违约时"跑路"，发解除通知就无处可发，不能送达通知，解除合同就不能及时解除。

拿租房举例。出租方最怕租客什么？租金拖欠着，房子被占着，租客失联了。想破门而入，又担心租客"碰瓷"，反咬一口说放在房子里的贵重物品丢失，左右为难。这个时候，很多人会后悔没留对方的地址。

其次，发通知要留证据。没证据，遇到对方抵赖，事实就说不清了。

例如，一人被妻子起诉离婚，他当庭狡辩说，自己不是原告的老公，请原告提交证据证明他是原告老公。原来他早把结婚证烧掉了，以为妻子没证据就打不赢官司，但他忘了当年在婚姻登记处还保存了一份。

怎么留存通知的证据？特别重要的通知的送达，最好通过公证处公证。由公证员将发送的文件通过哪家快递公司向谁寄送的过程记录在公证书上，作为已送达的证据。

一般通知可以通过快递公司、邮政快递送达，在快递封面上写明送达的文件名称，留好快递底联以及对方签收的回执单，以备诉讼时当作证据使用。最高人民法院《关于进一步加强民事送达工作的若干意见》第8条规定："当事人拒绝确认送达地址或以拒绝应诉、拒接电话、避而不见送达人员、搬离原住所等躲避、规避送达，人民法院不能或无法要求其确认送达地址的，可以分别以下情形处理：（一）当事人在诉讼所涉及的合同、往来函件中对送达地址有明确约定的，以约定的地址为送达地址……"在合同中明确约定送达地址，在发生纠纷时，法院可依据该地址及时、准确送达起诉状等法律文书。

最后，要注意解除通知送达的时效问题。例如，解除的通知送达对方后，如果还要求对方承担违约责任（如赔偿或返还多少钱），应该及时行使诉讼权利，不要超过了3年诉讼时效。

第十九讲
违 约 责 任

违约责任，顾名思义，就是没有按照合同约定履行义务而应该承担的责任。没有按照合同约定履行义务，包括没有全面履行和只部分履行义务，除了法律规定或合同特别约定不算违约外，其他任何情况下的违反合同约定的行为，都应承担违约责任。

例如，我们从国美商店购买了一台海尔牌电冰箱，约定付款后 2 天内送货，3 天后国美才送货到家。迟延 1 天送货的理由是厂家海尔公司未及时供货。

在这种情况下，国美所称的因第三方原因未及时供货导致延期交货的理由，不是法定或合同约定的责任除外的理由，其应该对消费者承担违约责任。

违约责任可以由双方当事人自行约定，这与合同自由原则相一致，毕竟违约责任是违反合同义务的责任，而合同又是自由约定的产物。

由此，双方可以在合同中约定什么情况视为违约，违约后应该承担什么样的责任，可以约定固定数额或者按合同总额确定一定比例金额作为违约金。

违约责任是合同当事人因过错而不履行或者不完全履行合同时应当承担的民事责任。违约责任条款应该具体、明确，这样才能在发生违约时迅速确定当事人应当承担的责任大小，减少举证计算的难度。

但在我国，有些当事人由于碍于情面或者有些公司利用自己的优势地位规避责任，不在合同中提及违约责任，或者只作轻描淡写。

在实践中，我们经常会看到合同中对违约责任做如下约定："双方应严格遵守本合同条款，如一方违约，另一方可根据法律规定或者合同法的有关规定追究其违约责任。"实际上该约定形同虚设，不具有任何意义和可操作性。解决该问题最简洁、最有效的方法就是按照原《合同法》第114条（可参考《民法典》第585条）的规定，当事人可约定一方违约时，根据违约的情况向对方支付一定数额的违约金或者约定违约的损失赔偿额的计算方法。

当然，违约金也不能约定得过高，应该掌握怎样约定原则，稍后将详细讲解。

在这里，要注意违约责任的承担和守约方有无实际损失没有必然联系，即不能因为违约未给守约方造成实际损失而免责。

换言之，一方违约了，除非有如不可抗力、合同约定的免责事项等，否则就应该承担违约责任，至于其违约是不是给对方造成损失，损失是不是其过错造成的在所不问。

违约责任系合同中的责任，所以，一方违约了，应该按照合同相对性原理，向合同相对人承担违约责任，不论违约是否由第三方"拖累"造成，这就是"严格归责"。

下面拿上海市第二中级人民法院关于丁某如与石某房屋买卖合同纠纷案来说明"严格归责"规则。

2008年10月7日，丁某如与石某签订了房屋买卖合同，约定购买上海市长宁区案涉房屋，建筑面积661.96平方米。

2008年11月8日，双方到房产交易中心办理房产过户手续时，被告知案涉房屋因为有违法建筑且结构相连而被房产部门"冻结"办理房产交易过户。随后，丁某如起诉石某要求交付房屋并赔偿损失。

石某辩称：房屋出售前由前妻使用，其在国外居住多年，并不清楚房屋真实情况，后了解到该房屋于2006年被其前妻拆除重建，但未办理相关审批手续，2007年离婚后案涉房屋才归其所有，现在房屋已经是违法建筑，双方签订的合同应该认定为无效合同。

法院最终认为，双方就案涉房屋的买卖合同系双方的真实意思，结合不动产的公示公信效力，双方签订的合同合法有效。行政机关的限制并非为了阻止房屋买卖，而是为了督促违法行为人予以改正。在石某未能积极履行相应义务的情况下，丁某如愿意按现状接受房屋并自愿代替石某承担恢复义务，故在丁某如完成恢复义务，且行政机关撤销权利限制后，双方完成权利交付是可行的，买卖合同能够继续履行。所以，双方签订的房屋买卖合同合法有效。

从上述案例可以看出，石某虽然没有参与违章建筑的拆建，房屋被限制过户也并非其过错导致，但作为出卖人，其不能交付房屋并办理过户，就构成违约，就应该向丁某如承担合同违约责任。

一、违约行为的形态

违约行为的形态分类，实际上是理论界作的人为划分，主要是为了分析当事人在一方违约的情况下，该寻求哪些补救方式来保护自己的利益。不同的违约行为，会对应不同的补救方式，对违约行为作区分，实际上也就对不同情况下的补救方式作出了区分。

另外，违约形态的分类，也便于法官根据不同的形态去确定当事人的违约责任，决定合同是不是可以解除。

理论界普遍认同将违约行为分为预期违约和实际违约两种。

1. 预期违约

预期违约，也叫先期违约、提前毁约，就是在履行期限尚未到来之前的违约，主要表现是明确表示不履行合同或以自己的行为表明不可能履行合同。预期违约又可以细分成明示毁约和默示毁约。

预期违约，对期待合同履行的守约方是一记"打击"，但至少不会像实际违约那样让守约方猝不及防，通常也不会造成守约方期待利益损失，其可及时"叫停"守约方合同履行的准备工作和投入，避免产生更大的实际损失。这好比到餐馆吃饭，点完菜后不想吃了，应在菜下锅前及时告诉服务员，别等菜做好准备上桌了，再说不吃，那样的话，菜可以不吃，但餐馆不会不收钱。

（1）明示毁约

预期违约中的明示毁约，就是一方当事人没有任何正当的理由，明确告知对方其将在合同履行期限到来时不履行合同的主要义务。没有任何"正当理由"，主要指不存在下列情况：因为一方违约在先使另一方享有合同法定解除权利；合同没有成立、无效、被撤销；不可抗力；债务人享有抗辩权等。有正当理由而不履行合同是合法的，不构成明示毁约。

在一方明示毁约的情况下，另一方该怎么办呢？是拒绝对方的明示毁约，还是应该根据对方作出的明示毁约采取一些行动？例如，终止合同，要求承担违约责任，守约方就要根据具体情况具体分析。

首先，如果明示毁约方并没有合同解除的权利，守约方可以完全不考虑其做出的明示毁约或佯装不知而坚持要求其履行合同，待履行期限到来后要求其履行合同或承担违约责任。

其次，要考虑不同情况下的利益得失，看怎么划算，然后决定采取何种行动。

如在履行期限到来以后请求对方承担赔偿责任比在履行期限到来前请求对自己更有利，当然可以等到履行期限到来后提出请求。

如果担心毁约方可能会在履行期限到来前撤回毁约表示，也可以等到履约期限到来后再要求对方承担违约责任。

如果相信毁约方不可能撤回毁约表示，或者等到履行期到来后提出终止合同可能自身遭受更大损失，应该尽快终止合同，要求对方承担违约责任。

最后，应该注意履行期到来前后的责任是有区别的，守约方采取行动时应该对此有所考虑。确定预期违约时计算损害赔偿额，只能根据履行期前的市场价格而不是履行期到来时的市场价格计算损失。

另外，如果一方预期违约，另一方通常应该采取一些措施减少损失，未采取适当措施导致损失扩大的，扩大部分应由守约方自行承担，不能计算到预期违约的损失中。

(2) 默示毁约

预期违约中的默示毁约，就是以行为表明预期违约。以行为表明主要是指：经营状况严重恶化；转移财产、抽逃资金、逃避债务，丧失或可能丧失履行能力的情形。说白了，即从客观表象上看，在合同履行期到来前，当事人已不可能履行合同义务。在这种情况下，可以要求对方提供相应的履约担保，如果对方拒绝提供担保，守约方可以解除合同，要求赔偿损失。

沛时投资有限公司（以下简称沛时公司）诉天津市金属工具公司（以下简称工具公司）中外合资合同纠纷案。

沛时公司与工具公司签订了合资经营天津南华工具（集团）有限公司（以下简称南华公司）的合同，约定沛时公司分5期现金出资7696.5万元，占比51%；工具公司以现有固定资产、分厂、门市部以及其他资产出资，占比49%。逾期欠缴者，须向对方按月支付欠亏额的2%的迟延利息。

后沛时公司支付3期共计4233万元，尚有2期合计3463.4万元资金未到位。工具公司将投资协议约定的房屋和设备交由南华公司使用，尚有部分房产未办理过户登记手续。

工具公司经多次催促沛时公司按期支付出资款无果后，向法院提起第一次诉讼，要求沛时公司支付第4期1539.3万元的迟延利息，得到了法院支持。

法院拍卖沛时公司在南华公司的股权1578万元作为对工具公司赔偿。

随后，工具公司又提起了第二次诉讼，请求终止执行合资合同，并要求沛时公司支付第5期出资款1924万元的迟延利息，同样得到了法院的支持。

至此，沛时公司已被"赶出"合资公司，其前期投资基本颗粒无收，都成了工具公司的囊中之物。

从判决书描述的案情来看，沛时公司未能及时对双方的合资作出决断，对于咄咄逼人、步步紧逼的工具公司只有招架之功而无还手之力。

既然工具公司未将出资的实物办至南华公司名下，沛时公司为何不提出异议并要求其承担迟延利息？既然沛时公司无力或决定不再继续投资，为何不尽早解除合同？到头来反让工具公司去不断收取高额的迟延利息。不得不说，沛时公司吞食苦果是自己不认真作为造成的。

脱开本案，再说说合同履行中出现预期违约时，守约方该怎么办。

首先，留存好预期违约的确切证据，这是认定对方违约行为的关键。注意：一定要取得违约方预期违约的确切证据，而不是预计或错误推测，否则可能因为误判而使自己陷入被动，甚至违约在先。

其次，根据自身实际情况选择终止合同或要求对方全面履行合同。预期违约并不意味着合同自动终止，接受预期违约也不意味着免除对方违约责任，其只是一种违约事实。守约方可采取相应的自救措施，如中止履行合同或停止合同履行的准备工作，与第三方签订替代合同等，避免损失扩大。

如果一方确实因某种原因不能或不想继续履行合同了，笔者也建议，尽早与对方沟通解除合同，并向对方发出书面的解除合同通知。

2. 实际违约

实际违约，就是在履行期限到来时不全面、认真履行合同的行为。套用《安娜·卡列尼娜》中的一句名句：幸福的家庭都是相似的，但不幸的家庭各不相同。完美的合同履行都是相似的，但不完美的合同各不相同，违约的行为各色各样。有拒绝履行的，有不适当履行的，有部分履行的，不一而足。

二、违约责任的承担方式

违约责任的承担方式，主要是指违约方违约后承担责任的途径，主要有实际履行等。

1. 实际履行

实际履行，又称继续履行、依约履行、强制实际履行。也就是说，守约方可以要求违约方继续履行合同。

举个例子：承租方与出租方签订了房屋租赁合同，租赁期限为3年，但到第2年，承租方想退租，出租方可要求承租方继续履行合同，不能退租。

但是，《九民纪要》对房屋租赁合同作出了一些"松绑式"的规定。

违约方不享有单方解除合同的权利。但是，在一些长期性合同如房屋租赁合同履行过程中，双方形成合同僵局，一概不允许违约方通过起诉的方式解除合同，有时对双方都不利。在此前提下，符合下列条件，违约方起诉请求解除合同的，人民法院依法予以支持：（1）违约方不存在恶意违约的情形；（2）违约方继续履行合同，对其显失公平；（3）守约方拒绝解除合同，违反诚实信用原则。

《九民纪要》同时规定，人民法院判决解除合同的，违约方本应当承担的违约责任不能因合同解除而减少或者免除。

当然，并不是所有的合同违约都可以主张继续履行，关键要看合同的性质或法律有无除外的规定，下面这几种情形下守约方就不能要求违约方继续履行了：依合同性质不能继续履行；法律上不能继续履行；事实上不可能履行；实际履行在经济上不合理而导致不能继续履行。

依据合同的性质不能继续履行的有：与人身依赖关系相关的合同，如委托合同、合伙合同。这些合同主要与信任、特殊技能等相关，如果强制执行，会严重损害当事人合作积极性，可能无法取得良好的社会效果并影响合同目的实现，故这些合同不适宜要求违约方继续履行。

依据法律不能继续履行的情况有：与人身关系有关的合同，如提供个人服务的合同，如果强制履行就与公民人身自由不受侵犯相悖；破产程序中的合同，如果赋权债权人可以要求继续执行，该债权人就享有了优先权，与破产中其他债权人平等分配的原则相违背，故这些合同也不适宜要求违约方继续履行。

依据事实不可能继续履行的情况有：标的物是特定物，其被查封、损毁或灭失，想继续履行已不现实。

实际履行在经济上不合理而导致不能继续履行的情况：考虑实际履行费

用过高，给予守约方经济补偿，可以尽早让守约方在市场中找到合适的对象重新签订合同来实现合同目的，则没有必要采取实际履行的方式。

甲公司向乙公司采购一批辊轴，该辊轴系美国进口。后因海运费用大幅提高，乙公司进口辊轴销售给甲公司已不划算，故提出退回货款，让甲公司向国内的欧洲进口商购买。此时该辊轴的欧洲市场价格远低于乙公司从美国进口的价格。但甲公司坚决要求乙公司继续供货。

在这种情况下，继续要求乙公司履行合同已在经济上不合理，同时，甲公司又可以通过其他公司购买到所要的产品，故甲公司要求继续供货不应得到支持。

《民法典》第580条第2款规定："有前款规定的除外情形之一，致使不能实现合同目的的，人民法院或者仲裁机构可以根据当事人的请求终止合同权利义务关系，但是不影响违约责任的承担。"从某种角度讲，该规定赋予违约方在合同不能履行情形下的解除权。

2. 损害赔偿

损害赔偿，是因违约方不认真履行合同给对方造成损失而应承担的责任。

我们国家的损害赔偿采用的是填补式赔偿，非惩罚性赔偿，也就是损失多少赔偿多少。

打个比方，损失额像地上的深坑，赔偿额就像填平坑所用的土量。

当然，损害赔偿也可以由双方在合同中约定，可约定实际损失的比例金额或固定金额。

例如，双方合同约定，一方违约给对方造成损失的，应该赔偿10万元，只要证明一方违约并造成损失，就可要求赔偿10万元，至于实际损失是不是10万元在所不问。

当然，如果实际损失超过10万元，受损方要求违约方赔偿实际损失的，应该举证证明才可能得到法院支持。

无效合同损失如何确定也是一个重要问题，因为实务中有大量的无效合同存在。

无效合同的损失，仅限于信赖利益，包括直接和间接损失，但不包括合同在有效情况下合同履行可获得的利益。当事人有过错的，按过错大小承担相应责任。

有一个例子是：甲与乙村委会签订了砖厂承包合同，约定乙村委会将砖厂承包给甲，承包期限为5年，每年承包费2万元，用地手续由乙村委会办理。后因砖厂所用土地系耕地，且在基本农田保护范围之内，村委会的用地申请未获批准。

甲诉至法院要求乙村委会退还承包费2万元，并赔偿损失80万元（具体包括：修建砖窑5万元，不能及时供砖向第三方支付的违约金3万元，设备费22万元，承包期内利润50万元）。

法院认为，双方签订的合同违背法律法规的强制性规定，应为无效。村委会对合同无效存在主要过错，应该赔偿对方损失。承包期内的利润属于合同履行后的可得利益，不属于无效合同的损失范围。所购设备不专属于承包合同，可以继续使用，不应全额赔偿，合同无效导致设备闲置，应给予一定赔偿。

另外，甲本人对合同的无效也有一定过错，应自担30%的责任。故法院判令乙村委会退还2万元承包费以及赔偿部分设备费、70%修建砖窑损失，驳回甲要求50万元利润赔偿的诉讼请求。

在生活中，经常有人针对某种损害提出精神损害赔偿。比如，医疗事故造成残疾的可以提出精神损害赔偿。那么，合同违约能否提起精神损害赔偿呢？

答案是否定的。我们国家奉行严格的精神赔偿法定主义，只有在特定情况下承认精神损害赔偿。主要是精神、身体、生命、健康、人格等与人身有关的侵权事项才适用精神损害赔偿，合同纠纷不认可精神损害赔偿。

在这里，需要讲一下"损失"的确定，因为这决定着赔偿多少钱或者得到多少钱赔偿这个焦点问题。

损失，就是守约方的实际损失和合同履行后的可得利益损失。实际损失不用赘述，单说可得利益损失。

3. 可得利益损失

可得利益损失，就是合同履行后获得的一种未来利益的损失。可得利益是当事人在签订合同时可以预见到的，合同如期履行也是可以获得的利益。

注意：如果合同解除，解除以后的预期可得利润就不能计算了。因为合同解除就停止了合同的如期履行。

广汉市三星堆汽车客运服务公司（以下简称三星堆公司）与广汉市人民政府投资合同纠纷案［(2009)民二终字第37号］。

三星堆公司与广汉市人民政府签订合同，前者投资对三星堆客运站进行投资建设，后者给予前者特许经营权40年，经营期满后无偿交付政府所有，即双方采用BOT模式，政府为吸引投资，给予三星堆公司垄断经营权利，保障对方投资利益，最后自己获得项目所有权。

但在合同履行过程中，因政府未能保证三星堆公司的独家经营权，三星堆公司通知政府解除合同，并起诉政府要求赔偿损失。

在这个案例中，法院就只支持了政府应该移交特许经营权的要求与合同解除期间的可得利益主张，合同解除以后的预期可得利益损失不属于赔偿范围。

从法院的判决结果看，如三星堆公司迟一点解除合同，从理论上，可能获得更多的可得利益赔偿。

另外，在确定可得利益损失赔偿的时候，受损方应该证明损失与违约行为有直接的因果关系，以及这些损失是签订合同时可以预见的，不能简单地加减。

假如，甲在设备投运后每天可获得产品销售利润10万元，乙迟延交付设备20天。那么甲是不是可以向乙主张赔偿200万元利润损失呢？

其实并不这么简单，因为利润的取得受到多种因素如生产情况、原料供应情况、产品市场的销售情况等影响，只有上述因素都具备的情况下才可能获得每天10万元的利润。因此，不能简单认定甲方有200万元利润损失。

可得利益损失，应该只计算合同违约引起的损失而非商业损失。

例如，甲购买了一批钢材，每吨4000元，合同约定交货日市场价格为每吨3000元，卖方迟延交货10天，实际交货日的市场价格为每吨2500元。

对于甲应该以每吨3000元减去每吨2500元（每吨500元）为基数计算损失，因为交货时每吨由4000元跌至3000元（每吨1000元）的损失是甲方应该承担的商业风险，与卖方违约交货无关。

另外，可得利益必须是纯利润而不包括取得利益应该支付的费用。

例如，甲从乙处以5000元/月租得房屋一套，又以6000元/月转租给丙，租期2年，在订立转租合同时，甲已经支付了广告等费用8000元。1年后乙毁约，甲要求乙赔偿1年房屋差价12000元和8000元费用。

显然，这8000元不应计算在损失之内，因为这8000元是为了赚取房屋转租差价而应支付的代价，并通过转租差价得到相应补偿，即便乙不毁约，这8000元也应该支出。

4. 损害的可预见性规则

损害赔偿中还有一个重要规则，叫"损害的可预见性规则"，即损害的赔偿不应超过合同订立时预见或可以预见的范围，超过部分法院通常不会支持。

例如，张三卖300吨大豆给李四，每吨4000元，后李四又与王五签订大豆买卖合同，约定如不能按期交货，每天按5000元支付赔偿金。李四与王五签订合同一事，张三并不知晓。后来，因张三未及时交货，李四向王五延期10天交货，赔偿王五5万元。李四向张三要求赔偿5万元。

在这种情况下，张三因为签订合同时不能预见李四与王五签约约定赔偿金，故其没有义务赔偿李四5万元。

讲到这里，需要提醒读者，为了明确合同赔偿责任，有必要在合同中对特定事项作出披露，让对方可以预见其不履行合同的后果，这样在对方违约时可以主张该损失。

同时，在合同中对特定事项作出披露，也便于对方权衡合同履行风险，决定是否签订合同或在合同签订后是否严格遵守。

就上述案例而言，如果张三知道李四与王五合同约定的赔偿金额，通常情况下，其会及时供货或者拒绝与李四签订该合同。

国外很多的合同文本中会有"陈述或保证"的条款（前面讲到的"鉴于条款"），其主要目的是对合同的签订背景、合同目的、标的物特殊用途等作出描述，以提醒合同双方对合同履行的可能后果应有清醒的认识。

虽然历经数百年的发展，可预见性规则成为全世界很多国家共同采用的规则，但是老百姓乃至法官对该规则的认识还是有些模糊，有待最高人民法院出台司法解释作出进一步的阐释。下面让我们对司法实践中的认定进行梳理。

法院在适用该规则时，通常会将损失分为"一般损失"和"特殊损失"，对一般损失就用一般人的判断标准去判断该损失是否能够预见到；特殊损失是因特殊情势所产生的损失，对其就要以违约方的实际预见能力，综合合同主体的特殊性、合同履行地、履行方式、标的情况、合同对价等多种因素来确定违约方是否应该预见到。

可预见性规则本身是对损失赔偿的一种限制，目的是使违约方免于过重的责任承担，但是可预见性规则不是为了给恶意违约者开脱责任，而是为了保护善意的当事人，规则最终落脚点是使违约方的利益不至于因为违约而失去公平保护的待遇。同样地，需要对恶意违约者适用该规则作出限制。

2014年4月5日，甲公司向乙公司采购了钢材一宗，型号S235，等级一级，价格3200元/吨，交货日期为合同签订之日起10天内，验货以丙检验机构的检验报告为准。

交货后，丙检测机构出具检验报告显示：钢材等级低于一级，甲公司向乙公司索赔，7月10日，一级钢材价格暴跌至1500元/吨。

本例中，甲公司可以向乙公司索赔因钢材质量等级降低造成的差价，而不能要求乙公司承担钢材市场价格暴跌而造成的损失，因为即便乙公司交付质量为一级的钢材，也必然会因为市场行情原因而导致收益损失。该收益损失系双方当事人签订合同时无法预见的，也不是乙公司的过错造成的，是正常的商业风险所致。

5. 违约金

支付违约金，是指经协商确定的违约发生时，独立于合同履行之外的给付。

违约金条款能成为大多数合同的必备条款，原因就是它是合同履行的重要保障，同时，违约金的支付避免了计算损失范围和举证的困难，减少诉累，提高诉讼效率。如果双方没有在合同中约定违约金的计算方式或具体数额，当事人就不能在一方违约时主张违约金。

说白了，违约金就是一副看得见的枷锁，意在增加合同约束力。说它"看得见"，就是因为违约金数额是双方在违约前已商量好的，双方比较容易预见到合同违约的风险和收益。说它是"枷锁"，就是因为它独立于合同履行行为之外，既不能以支付违约金来代替实际履行，也与合同违约履行是否造成实际损失无关。

例如，李四签订租赁合同后反悔想退租，并愿意支付违约金1000元，并将1000元违约金汇至出租方的银行卡上。

但如合同没有这种约定或出租方不同意，他就不能退租，不能因为支付1000元违约金就理直气壮地要求解除合同。如果不经出租方同意执意解除合同，出租方可没收其1000元违约金，并有权要求其继续履行租赁合同。

看一则最高人民法院案例：

青海省大柴旦大华化工公司（以下简称大华公司）与江苏绿陵润发化工公司（以下简称绿陵公司）买卖合同纠纷案〔（2009）民二终字第91号〕。

大致情况是，大华公司给绿陵公司供应化肥2000吨，每吨1690元。如不能按时交货，要支付当月计划的5%作为违约金。绿陵公司支付了部分货款，后大华公司不能按时供货，绿陵公司只好向格尔木晨飞公司高价购买化肥。大华公司发函称，不能履行合同，要求解除双方合同。后双方起纷争，诉至法院。

法院认为,双方应该严格按照合同约定履行,绿陵公司有权要求大华公司继续履行合同。但是合同已超过履行期限,大华公司表示在愿意承担违约责任并不再重新供货的前提下,继续维持合同没有实际意义,解除合同符合本案实际,但是应该承担违约责任并赔偿给绿陵公司造成的损失。大华公司违约给绿陵公司造成的损失远远高于合同中约定的违约金部分,因此在违约金之外另行赔偿绿陵公司经济损失,合法有据,应该支持。

这就是说,违约金与损害赔偿金可以并用。如果想违约,应该对合同违约责任作出清醒认识,不要简单地认为,支付违约金就可以当然解除合同。

违约金有这么多好处,当事人可以提前约定,那是不是想约定多少就是多少呢?不是的。法律对此予以必要干涉,违约金不能约定得过高或过低。

法律为什么要干涉呢?主要有如下考虑:过低,难以制裁违约行为和补偿受害人的损失;过高,又会使受害人获得不正当利益、在一定程度上恶化违约方的资产状况,似乎成为一种赌博,去鼓励当事人通过不正当的方式取得巨额利益。

《合同法司法解释(二)》(已失效)第29条第2款曾经规定,违约金最高不超过实际损失的1.3倍。《合同编司法解释》第65条第2款继续沿用该规定。

举例来说:甲付款购买一台电视机,结果电视机不能交付,卖方支付甲违约金最高不能超过电视机购买款的1.3倍的同期银行贷款利息。因为甲的损失就是支付电视机款的同期银行贷款利息。

《九民纪要》就违约金过高标准及举证责任的认定,体现的审判理念是:认定约定违约金是否过高,一般应当以原《合同法》第113条规定的损失为基础进行判断,这里的损失包括合同履行后可以获得的利益。除借款合同外的双务合同,作为对价的价款或者报酬给付之债,并非借款合同项下的还款义务,不能以受法律保护的民间借贷利率上限(一年期贷款市场报价利率4倍)作为判断违约金是否过高的标准,兼顾合同履行情况、当事人过错程度以及预期利益等因素综合确定。违约方应当对违约金是否过高承担初步的举证责任。

法律虽然这样规定了，但实践中，只有当事人对过高或过低提出异议，法院或仲裁机构才能调整，否则，不能主动调整。

当事人怎么提出异议呢？形式上可以通过提起反诉和提出抗辩两种方法，反诉要求对方承担违约责任，或者以对方主张的违约金过高为由要求降低。

但在实务中，当事人的争议多为是否违约而非违约金是否过高，法院会在这种情况下提醒当事人，如果违约成立，是否对违约金的数额提出异议。如果当事人不提出，就视同没有异议。

三、定金罚则

定金，首先是一种合同债权的担保方式，就是为了保证合同订立或履行，一方预先支付另一方一定数额款项用作担保的制度。

定金责任，又称定金罚则，指支付定金的一方不履行合同义务，付的钱就不能要回来；反之，收定金的一方不履行合同义务，应该双倍返还定金（返还收取的定金，再额外赔付1倍定金）。这有点对赌的味道，就是谁毁约，谁赔钱，赔偿数额就是定金数额。

定金罚则主要制裁的是由于当事人原因导致合同不能履行的情况，如果是不可抗力、意外事件致使合同不能履行，就不适用定金罚则，且定金应该予以如数返还。

但合同以外的第三人的过错引发合同不能履行的，仍适用定金罚则，这是合同的相对性所决定的。受到定金处罚的一方，可以依法向第三方索赔。

定金中有个20%限额的规定，就是定金不能超过主合同标的额的20%，超过部分无效。这样规定主要是为了防止合同出现显失公平的结果，防止有人利用定金合同进行欺诈。

定金要以交付为成立条件。只在合同中约定了定金条款，但若没有实际履行则起不了定金的作用。实际给付的定金数额多于或少于约定数额的，最终还是以实际交付的数额为准。

合同没有约定定金,一方给另一方出具的收据上写了定金,或者一方给另一方汇款的银行凭证上写了定金,因不是双方的共同意思表示,不能仅依据"定金"二字而适用定金罚则。

定金和押金、保证金、订金、预付款、违约金有所区别,作用也不相同,在签订合同时及实际生活中要注意区分。

原《最高人民法院关于适用〈中华人民共和国担保法〉若干问题的解释》第118条规定,当事人交付留置金、担保金、保证金、订约金、押金或者订金等,但没有约定定金性质的,当事人主张定金权利的,法院不予支持。

在房屋租赁中,经常会出现押金条款。例如,如果承租方迟交租金2个月,视为违约,出租方有权解除合同并没收押金。这里的押金是定金吗?承租方是否可以要求解除合同并要求2倍押金的赔偿?

上述司法解释第118条虽然没有约定押金是定金,但看上去有点和定金功能相似,承租方不交租金,出租方有权解除合同没收该款项。但该押金并非定金。主要是因为该条款既没有采用"定金"字样,也没有约定定金罚则(双倍返还),又明确只针对承租方而不是双方适用,所以不能认定是定金。

当然,"定金"字样不是判断定金罚则的唯一标准。也就是说,当事人没有采用"定金"表述,但是在条款中约定了定金罚则的适用情形,从而可判断其定金性质的(如违约定金、成约定金或解约定金),也应当认定为定金。

如果当事人采用了"定金"字样,但没有约定适用的情形,难以判断定金性质,应当推定为违约定金。

上述条款中的"押金",可以理解为具有担保的性质,同时也是针对承租方迟延给付租金这个特定违约行为的违约金。

定金、押金、保证金都是一种担保的方式,而订金、预付款、违约金则不是。

定金有双倍返还的特性,保证金、押金只能返还或冲抵货款。违约金仅

· 221 ·

在违约时由违约方支付。订金，有预付款的意思，合同成立的，折抵货款，合同不成的，如数返还支付方。

实务中常有这样的合同约定："在……条件下，定金转化为价款"或"在……情况下，定金转化为租金"。当这些约定实现或履行时，定金担保即不复存在。

举例来说：甲原国土局与乙房地产开发企业签订的国有土地出让合同第5条约定，"乙方在合同签订10日内支付1000万元作为定金，该定金在支付最后一笔土地款时转化为出让款"。如果乙企业支付了最后一笔土地款，定金消失，即使任何一方违约，也不会产生定金罚则的后果。

在既约定定金又约定违约金的情况下，一方违约时，守约方可以选择适用定金或违约金条款。但是否可以合并适用，理论界有争议，在此不展开论述。

《民法典》第588条第2款规定，定金不足以弥补一方违约造成的损失的，对方可以请求赔偿超过定金数额的损失。所以，没有必要纠结两者的合并适用，还是追求利益最大化吧。

定金带有担保的意味，如被担保的事项履行完毕，定金应返还，否则，定金被对方没收。但违约金有时候会与定金混淆，特别是在没有用"定金"字样明确约定的时候。

沃克公司与达曼公司签订房地产合作开发合同约定，为保证合同顺利执行，达曼公司在合同签订之日起15日内支付200万元给沃克公司作为信誉保证金，保证金在大楼封顶后10日内返还达曼公司，且建设项目在合同签订之日2年内完成；如不能完成则视为违约，没收信誉保证金。达曼公司向沃克公司依约支付了200万元。

问：这200万元是违约金还是定金？

在达曼公司完成合同事项时，其可收回200万元保证金，否则，不能收回，这符合《民法典》对定金的定义，所以，这个案例中的200万元保证金是定金。

因此，虽然合同并没有约定如沃克公司违约应当双倍返还定金，但在沃克公司接受200万元后，定金合同成立，如果其不履行合同，应该适用定金罚则，即应双倍返还定金。

四、不可抗力

不可抗力条款经常在复杂一点的合同中出现。

我国古代的《唐律疏议·杂律》规定，"水雨过常，非人力所防者"，行船"卒遇暴风巨浪而损失财物及杀伤人者，并不坐"。可见，对非人力所能防的自然灾害或损害不罚罪、不赔偿，自古有之。

不可抗力是一项免责条款，在不能预见、不可避免且不能克服的自然、社会现象客观情况出现时，双方互不追究责任。

为什么会把不可抗力作为免责事项呢？

在此，我们先讲法律规范暗含的一个法理，就是法律责任是为人们可以控制的行为而设定，只有人们违反了能力所及的行为规范，才会受到法律的否定性的评价或处罚。能力不能及的行为引发不利后果的，法律通常不予追责。

举个例子：10岁的孩子或精神病人杀人不追究其刑事责任，是因为这些人是不能控制自己的行为或不能认识到自己行为的违法性。而醉酒的人杀人却要追究刑事责任，是因为不醉酒是人可以控制的行为，能控制的行为引发后果的，仍要追究责任。

现在回到合同中不可抗力免责的原因分析，因为不可抗力是人所无法控制的偶然事实，所以就不能要求"不幸"的债务人为不可抗力承担责任。也就是说，合同法不能"强人所难"，让人为不可测的"破坏行为"去承担责任。

不可抗力所指的事件必须是当事人在订立合同时不可预见的事件，它在合同订立后的发生纯属偶然。

当然，这种预料之外的偶然事件，并非当事人完全不能想象的事件。有些偶然事件并非当事人完全不能预见，但是由于它出现的概率极小而被当事人忽略不计，把它排除在正常情况之外，当这种偶然事件真的出现时，这类事件仍然属于不可预见的范畴。比如，房屋拆迁就是房屋租赁合同中经常被约定为不可抗力的事件。

不可抗力中有一个奇怪的现象，就是尽管世界各国都承认不可抗力可以免责，但是没有一个国家能够确切地规定不可抗力的范围，而且由于习惯和法律意识不同，各国对不可抗力的范围理解也不同。

根据中国实践、国际贸易惯例和多数国家有关法律的解释，不可抗力事件主要由两部分构成：一是由自然原因引起的自然现象；二是由社会原因引起的社会现象。

一般来说，把自然现象及战争、严重的动乱视作不可抗力事件，各国是一致的，而对上述事件以外的人为障碍，如政府干预、不颁发许可证、罢工、市场行情的剧烈波动，以及政府禁令、禁运及其他政府行为等归入不可抗力事件，各国法律有不同规定。

因此，当事人在签订合同时应具体约定不可抗力的范围，也就是说，对于有些特殊的合同，有些特殊的事件当事人无法控制，但可能影响合同责任，最好作为不可抗力予以列明。

事实上，各国都允许当事人在签订合同时自行约定不可抗力的范围。自行约定不可抗力的范围实际上等于自订免责条款。

比如，在一份外墙施工的合同中，双方如此约定不可抗力的免责条件：当出现4.0级以上的地震、8级以上的大风、持续降水24小时且降雨量80毫米以上、37.5摄氏度以上并持续2天的高温天气时，发包方不追究施工方施工延期的违约责任。

当事人订立不可抗力条款的方法一般有以下三种：

一是概括式，即在合同中只概括地约定不可抗力事件的含义，不具体罗列可能发生的事件。如果合同签订后客观情况发生了变化，双方对其含义发生争执，则由受理案件的仲裁机关或法院根据合同的含义去解释发生的客观情况是否构成不可抗力。

二是列举式，即在合同中把属于不可抗力的事件一一罗列出来，凡发生了所罗列的事件即构成不可抗力，合同中未列举的事件，不构成不可抗力事件。

三是综合式，即在合同中既概括约定不可抗力的具体含义，又列举属于不可抗力范围的事件。

判断某种事实是不是不可抗力事件，不仅要考虑发生的事件是否为不可预见、不能避免的，还要考虑该事件造成损失是否为不可克服的。

笔者曾处理过一起暴风雨造成工程垮塌涉及不可抗力认定的案子。

2009年7月9日，甲公司正在进行暖气管道的市政工程施工。当晚天气预报称，有台风登陆青岛，10日中午普降暴雨。甲公司随即停止了施工并采取了初步的防护措施，但未顶住暴雨的冲蚀，施工时挖出的土方被冲进刚挖好的渠道。甲公司以不可抗力为由要求发包方补偿返工（重新挖掘渠道）的费用。

在这个案例中，暴风雨虽然不可避免，但是其可以预见，且其造成土方填充孔道是可以克服的，甲公司可以在暴风雨来临之前通过加固土方避免泥土流进孔道。由此，甲公司不能引用不可抗力条款免责或要求发包方承担挖掘费用。

第二十讲
违约责任的"另类"承担

这一讲，笔者讲述一个办理过的案件，希望给遇到相同困境的读者一些启示。

在这个案例中，乙公司在律师的帮助下选择了利用法律技巧"抢回"货物，这在当时的处境下确属不得已而为之。在"遭遇"合同履行的特定情况时，可以考虑以某种方式承担最终的责任。

当然，就本案而言，如果当时僵局不能打破，乙公司不决定以另类方式承担责任，其将不能如期申请到30%投资款返还，项目亏损巨大，可能真的无力支付丙公司的运费，最终的结果只能是当事人双方鱼死网破、两败俱伤。

因此，这种打破常规采取的非常措施，尽管看上去不是那么正当，却并非出于恶意，最终也基本保全了各方的利益，算是解决非常事件不得已的"另类"选择吧。

笔者认为，合同既然是市场交易的产物，那么采取何种责任承担方式，应该容许当事人作出选择。

一、挟货要债

故事开始。中国甲公司受美国乙公司委托，安排中国丙公司为乙公司运输17台3.6MW风机塔筒至美国得克萨斯州TAHOKA风场。

第二十讲 违约责任的"另类"承担

三方在青岛签订了运输合同约定，塔筒最晚于 2012 年 7 月 22 日运抵休斯敦港，最迟在 9 月 7 日前运抵风场。逾期 1 日按合同总金额的 0.5% 计付延误损失，最高限额为合同总金额（656 万美元）的 10%。如果乙公司迟延付款，逾期 1 日按 0.1% 计付违约金。合同适用法律为中国法律，诉讼管辖地为青岛某法院。

8 月 2 日，美国联邦政府公告，凡在 8 月 2 日后入港的塔筒，需要缴纳反倾销关税。

丙公司的运输船队于 2012 年 8 月 3 日抵达休斯敦港口。仅 24 小时之差，乙公司需为此额外缴纳反倾销关税 690 多万美元，突如其来的政策变化使乙公司流动资金告急，未能按约定在货物到达港口后支付第二笔运费。

8 月 9 日，丙公司从港口提取 16 号和 17 号塔筒后，运输至离风场 40 千米的地方停了下来，等待乙公司付款。

40 多天过去了，任凭乙公司和甲公司如何"央求"，丙公司坚持一手交钱一手交货，其他免谈。毋庸置疑，丙公司想以货物"要挟"，逼乙公司付清当期运费。

乙公司的加急传真不停发给甲公司。请求甲公司想尽一切办法，劝说丙公司考虑乙公司的现实状况，先将 16 号和 17 号塔筒送达风场，交由施工方进行安装以减少窝工损失。

更为重要的是，如果在 2012 年 12 月 31 日前整个风场 17 台风机不能并网发电，乙公司将不能享受到美国政府关于风场 30% 投资款（总投资款 1.6 亿美元）的返还优惠政策，这样乙公司将损失惨重。

最近一次的加急电稿几乎同时送到甲公司几位高层的办公桌上。从文件的措辞上看，如果项目亏损，乙公司应支付甲公司的货款将遥遥无期。不用说，甲公司也被逼上了"绝路"。

笔者受甲、乙公司委托，与丙公司进行过多次电话沟通，希望对方能从大局出发，先将货物送抵目的地，然后再协商运费支付问题，但未能奏效。

随后，笔者与甲、乙两公司认真梳理了案件涉及的法律关系并分析了当时的局势，得出：

一方面，在乙公司不支付运费的情况下，丙公司依法可以行使留置权，即按照合同的约定占有乙公司的动产，如乙公司不按照合同约定的期限履行付款义务，丙公司有权依照法律规定处置该留置财产，以该财产折价或者以拍卖、变卖该财产的价款优先受偿。

当然，就塔筒这种特定设备而言，丙公司不能在美国顺利地进行折价或拍卖、变卖得到价款，只能通过"压货"来对乙公司施加压力，逼其就范。

另一方面，丙公司在美国的陆路运输是委托美国当地的运输公司进行的，双方运输合同适用的法律应该是美国法律。就当时局势而言，塔筒这种巨型设备需要用特种车辆运输，承运方是一家很有实力的知名运输公司，其不愿卷入纠纷，更不愿为了丙公司的运费长期耗下去，影响其他货运生意。

虽然长期压货滞留造成的高额滞期费由委托方丙公司承担，但多台运输车辆被占用会直接影响运输公司承接其他项目。所以说，运输公司应该非常希望尽快"脱手"货物。在此前3天，丙公司曾派2人前往美国运输现场"押货"，也印证了其对当时货物控制权的担忧。

二、抢货担责

通过对局势的全面分析，笔者提出了一个大胆的想法：根据美国法律在美国通过强制令方式先将货物运抵风场，以避免损失进一步扩大，之后再解决违约问题。

当然，这样做的后果是，乙公司可能面临"违背诚实信用、与第三方合谋损害一方利益"的指控，被科以相应的法律责任。笔者提醒乙公司，充分评估这一行动的法律风险。

然而，乙公司老总们早已按捺不住。他们表示，如果不采取行动，项目可能面临巨额损失，因此，哪怕支付再高的违约金，也不能"坐以待毙"。他们宁可选择以一种违约责任承担换取另一种违约责任承担。

他们认为,丙公司运输延误违约在先,造成乙公司资金紧张、支付运费困难,责任不全在自己,舍小取大的策略也是不得已而为之,先取得货物并非逃避付款和违约责任。况且,货物原本是乙公司的,其提取并不会给丙公司扩大损失。

乙公司当即决定,委托美国当地律师按照美国法律去"抢回"货物。

让丙公司没有想到的是,乙公司委托美国律师向当地法院顺利申请到法院强制令,责令美国运输公司于2012年12月8日前将16号、17号塔筒运抵风场。丙公司派驻美国的2位工作人员眼巴巴地看着塔筒重新起运至目的地——乙公司的风场。

幸运的是,经过施工方的加紧施工,乙公司的风场终于在2012年12月28日下午2时完工发电,乙公司也最终拿到30%投资款返还。

在得知全部塔筒运抵风场后,丙公司惊愕气愤之余,多次致电甲、乙公司讨要运费,无果后于2012年12月18日向青岛某法院起诉。

截至12月8日,丙公司因货物逾期到港已给乙公司造成"双反"(反补贴反倾销税)额外损失690万美元,因迟延交货造成乙公司风场工程窝工损失240余万美元。

丙公司起诉乙公司,要求支付拖欠的运费(418万美元)及违约金72万美元。乙公司反诉要求丙公司赔偿其迟延交货造成的工程窝工损失240余万美元。

笔者作为乙公司的代理人,首先就案件本身涉及的法律关系为乙公司做了一个简单梳理。

乙、丙公司之间是多式联运合同关系,通常来说,丙公司在能够举证证明约定的货物已经运至目的地并已接受检查未发生货损、货差后,其有权根据运输合同约定要求乙公司支付运费及承担迟延付款的违约责任。

如果丙公司存在迟延交付的事实,并有证据予以佐证,乙公司可以要求丙公司支付迟延交货的违约金。

随后又从法律程序和诉讼风险方面做了利弊分析。

从程序上讲，乙公司在中国可以反诉丙公司，且在胜诉后可以申请中国法院对丙公司强制执行。反之则不然，丙公司不能在美国起诉乙公司，因为没有合同和法律依据。而在中国起诉乙公司，即使胜诉也难以在美国法院得到强制执行。

另外，根据原《合同法》的规定，当事人双方都违反合同的，应当各自承担相应的责任。本案中丙公司运输逾期到港，应按照合同约定，按逾期1日0.5%计付延误损失，最高限额为合同总金额（656万美元）的10%。至于未如期到达风场的违约责任，丙公司可能以乙公司未支付运费行使留置权为抗辩，并最终获得法院支持。

至于"双反"巨额损失，根据原《合同法》的有关规定，因违约所造成的损失不得超过违约方订立合同时预见到或者应当预见到的违约所能造成的损失。乙公司在订立运输合同时未告知美国倾销政策及返还投资额政策，则相关损失可能难以得到支持。

相比于乙公司的反诉，丙公司起诉主张运费及违约金有合同依据，并且事实清楚，举证证明容易，获得法院支持的可能性极大。特别是，合同约定乙公司逾期付款的违约金很高且上不封顶，时间拖得越长，违约金累加数额越高，对丙公司权益更有利。

当然，丙公司的诉讼目的也并非可以轻而易举地实现。即便案件胜诉，执行难度也较大，加之自身也存在违约行为，选择调解结案应是其明智选择。

经过律师与对方的多次谈判，最终丙公司同意乙公司的调解方案，即赔偿乙公司91万美元，并放弃逾期付款违约金的追偿，最终乙公司支付丙公司运费327万美元，了结本案。

第二十一讲
合 同 诈 骗

电话诈骗、网络诈骗、短信诈骗、碰瓷设局、五花八门，诈骗表现在合同领域就是合同诈骗。

一、合同诈骗的概念

合同诈骗，很容易理解，就是借签合同之名，行诈骗之实，最终获取非法利益。

其诈骗行径表现为：以虚构的单位或者冒用他人名义签订合同；以伪造、变造、作废的票据或者其他虚假的产权证明作担保；没有实际履行能力，以先履行小额合同或者部分履行合同的方法，诈骗对方当事人继续签订和履行合同；收受对方当事人给付的货物、货款、预付款或者担保财产后逃匿；以其他方法骗取当事人财物。

法律对合同诈骗的定义是以非法占有为目的，在签订、履行合同过程中，通过虚构事实、隐瞒真相、设定陷阱等手段骗取对方财产的行为；或者合同一方当事人故意隐瞒真实情况，或故意告知对方虚假情况，诱使对方当事人作出错误的意思表示，从而与之签订或履行合同的行为。

受欺诈人因受欺诈而陷入错误，也就是被蒙蔽、不能正确认识事实。这里所说的"错误"，是指对合同内容及其他重要情况的认识缺陷。例如，误将劣质产品认为是优质产品，误将有重大瑕疵的标的物认为无瑕疵，误认为欺诈人有履行合同的能力等。

这种"错误"必须是欺诈人的欺诈行为所致，即受欺诈人陷入错误与欺诈人的欺诈行为之间有因果关系，受欺诈人因听其描述、看其样品而被蒙蔽，与其签订或履行合同。错误的认识必须是进行意思表示的直接原因。

遭遇合同诈骗，受害人最先想到的就是报案，由公安部门介入调查，将骗子绳之以法，追回自己的损失，长出一口恶气。

也确实有一些个人或单位，在对方合同违约或欠债不还的情况下，通过公、检、法机关以合同诈骗为由追回自己的损失，维护了自己的合法权益。

1997年修订后的《刑法》设立了合同诈骗罪，最高刑罚可至无期徒刑，可见此类犯罪确实到了非治不可的程度了。

《刑法》规定：以非法占有为目的，在签订、履行合同过程中，骗取对方当事人财物，数额在20 000元以上的，应予立案追诉。2022年5月15日施行的最高人民检察院、公安部《关于公安机关管辖的刑事案件立案追诉标准的规定（二）》第69条规定，合同诈骗案：以非法占有为目的，在签订、履行合同过程中，骗取对方当事人财物，数额在2万元以上的，应予立案追诉。

当然在实务中，仅20 000元的合同诈骗怕是很难惊动公安机关，如果不是性质恶劣的"惯骗"，被立案追诉几乎不大可能。

《刑法》上认定犯罪嫌疑人涉嫌合同诈骗罪和民事欺诈的情形几乎一致，关键是骗取的数额是否达到20 000元以上。这也是罪与非罪的基本界限。

该类犯罪虽然往往同民事欺诈行为交织在一起，但是二者也有明显的区别，主要表现在以下两个方面。

（1）民事欺诈多是出现在经营活动中，通过花言巧语或虚构企业实力以诱使对方陷入认识错误并与其订立合同，但不是以非法占有公私财物为目的，只希望通过实施欺诈行为获取对方的一定经济利益。而合同诈骗罪是以签订经济合同为名，达到非法占有公私财物的目的，合同仅是手段而已。那么，如何理解合同诈骗罪中的"合同"呢？来看看最高人民法院的公告案例——

宋某明合同诈骗案。

从事包装服务业的被告人宋某明接受浙江康恩贝集团医药销售公司（以下简称康恩贝公司）工作人员的委托，为该公司在沈阳火车站发运药品。当日，被告人宋某明与该公司就代办运输、劳务费用、履行方式等具体内容达成口头协议。次日，被告人宋某明在康恩贝公司人员的陪同下，将首批应发运的药品从康恩贝公司药品仓库拉到沈阳火车站货场，装入集装箱并加锁。待康恩贝公司人员走后，宋某明将钥匙交给李某（搬运工）并指使李某将该批药品中的139件卸下并藏匿，随后继续办理托运手续将剩余药品依约发运至杭州。3天后，宋某明采取同样手段扣下药品8件。被告人宋某明两次共骗取药品147件，价值人民币20余万元。被告人宋某明将所扣药品变卖后携赃款逃匿并将赃款全部挥霍。

沈阳铁路运输法院认为，合同诈骗罪是从一般诈骗罪中分离出来的一个独立罪名。根据特别法优于一般法的法律适用原则和《刑法》第266条关于"本法另有规定的，依照规定"的规定，对于构成合同诈骗罪的，不应以一般诈骗罪论处。

笔者认为，应结合合同诈骗罪的侵犯客体并结合立法目的，来理解合同诈骗罪中的"合同"。

第一，以维护正常市场秩序为宗旨的《民法典》合同编基本涵盖了绝大部分民商事合同，其对于各种民商事合同的规定只作为《刑法》中认定合同成立、生效履行等相关概念的参考，对于合同诈骗罪中的"合同"不应再以典型的"经济合同"为限。同时，也不能认为凡是行为人利用了《民法典》合同编所规定的合同进行诈骗的，均构成合同诈骗罪。对于部分与市场秩序无关以及主要不受市场调整的各种"合同""协议"，如不具有交易性质的赠与合同，以及婚姻、监护、收养、扶养等有关身份关系的协议，主要受劳动法、行政法调整的劳务合同、行政合同等，通常情况下不应视为合同诈骗罪中的"合同"。

第二，在《民法典》合同编中，除法律、法规有明确规定之外，合同的订立既可以采用书面形式,也可以采用口头形式或者其他形式。口头合同与书面合同均为合法有效合同,同样受到法律的保护。在界定合同诈骗罪的合同范围时,不应拘泥于合同的形式,在有证据证明确实存在合同关系的情况下,即便是口头合同,只要发生在生产经营领域,扰乱了市场秩序的,同样应以合同诈骗罪定罪处罚。当然,在日常生活中利用口头合同进行诈骗的,因不具有合同诈骗的双重侵犯客体,不能以合同诈骗罪定罪处罚。

就本案而言,首先,从事包装服务业的被告人宋某明与被害单位康恩贝公司口头协议的事项为有偿代办托运,属于市场交易行为,符合合同诈骗罪中对合同性质的要求。其次,本案所涉口头合同具有确定的权利、义务内容,具备了特定标的、履行方式、劳务费等合同基本要件,且合同已经部分实际履行,结合此前双方已有的代办托运合作关系,足以证明该口头合同真实存在。所以,将本案件的口头合同认定为合同诈骗罪中的"合同"是正确的。

(2) 民事欺诈有民事内容的存在,即欺诈方通过商品交换、完成工作或提供劳务等经济活动取得一定的经济利益。而合同诈骗罪犯罪嫌疑人根本不准备履行合同,或根本没有履行合同的实际能力或担保,纯粹是为了"空手套白狼",获得对方的财物。

民事欺诈是无效的民事行为,当事人可行使撤销权,欺诈方应对其欺诈行为的后果承担返还财产、赔偿损失的民事责任。而合同诈骗罪是严重触犯刑律,应受刑罚处罚,行为人对合同诈骗罪的法律后果要承担双重法律责任,不但要负刑事责任,如果给对方造成经济损失,还要承担民事责任。

还是拿表见代理一讲中的案例来说明这个问题。

在那个案例中,张某明、崔某先涉嫌贷款诈骗罪、合同诈骗罪被提起公诉。下面来分析一下张某明等人的犯罪事实认定。

张某明等在拖欠别人巨额借款的情况下,骗取银行贷款目的是举新债还旧债,实际上,其并无资金来源,也未具体实施项目用于偿还银行贷款,也就是说,张某明等既没有履行的客观能力,又没有为之创造履行条件,根本就没有真正履行合同、偿还贷款的诚意。

获取银行贷款后，其没有按照合同约定的方式使用贷款、用于正当经营，而是置银行损失于不顾，任意挥霍，用于个人消费、抵偿个人债务等。贷款到期后，其不就此停手，又继续骗取其他银行的贷款弥补贷款亏空，这说明张某明等人没有履行合同的诚意，且具有非法占有他人财物的目的，且骗取数额巨大，所以其行为最终被认定为合同诈骗犯罪。

在庭审时，崔某先强调自己没有将所骗财物装进个人腰包，没有"中饱私囊"，这是否意味着不应当追究其刑事责任？

在这里，崔某先混淆了"非法占有"与"非法据为己有"的概念。按照其观点，只要其诈骗来的财物不落入自己的腰包，就是诈骗再多的财物，也不构成犯罪。此观点十分荒谬。

合同诈骗罪中的以非法占有为目的，应该理解为：以非法取得对他人财物的实际控制为目的。至于骗来的财物归谁，是自己所有（据为己有），还是转让他人，在所不问，都应追究刑事责任。

在崔某先的案件中，假设张某明等人骗取银行贷款后在银行催讨下归还货款，是否还构成合同诈骗罪？

理论上讲，只要行为人以非法占有为目的，在签订、履行合同过程中采用欺骗方法，使对方信以为真，自愿交出财物，从而使财物所有权关系发生非法转移，哪怕是最终返还，也应按合同诈骗罪既遂论处。至于全额返还，可以在量刑时作为从轻情节予以考虑。

当然，如果行为人不具有诈骗的故意和目的，事实上也没有使他人的财物所有权关系发生非法转移，即使占有时间较长，也不应认为是合同诈骗罪。

但在实践中，如果张某明等及时归还贷款，银行是不可能举报张某明合同诈骗的，因为没造成损失，谁都不愿意去蹚浑水、自曝家丑。

假设张某明手下的业务员田某伟、李某海既不收款也不用款，不知公司的履行能力，仅是根据张某明的授意签订合同，那么这两人"奉命办事"的行为是否与张某明的诈骗行为构成共同犯罪呢？

共同犯罪是指两人以上共同故意犯罪。不了解情况的一般执行人员的行为，通常是在主管人员和直接责任人员的命令下进行的，故可视为一种执行命令的行为，无共同诈骗的故意，因此不能对这些执行人员追究刑事责任。

但是在本案中，田某伟、李某海2人在明知公司没有还款能力的情况下，还假扮机场财务人员继续与银行签订合同、骗取贷款，其行为已从主观上、客观上表明其与张某明构成共同犯罪。假扮机场财务人员、联络崔某先出具虚假授权书、私刻公章等一系列行为非常明显地彼此联系、互相配合，这些欺诈行为与银行被骗结果的发生存在因果关系，都是共同犯罪中的一个组成部分，所以，两人的行为与张某明的诈骗行为构成了共同犯罪。

二、合同诈骗犯罪行为与合同效力

经常有人说，涉嫌诈骗犯罪的合同就是无效合同。其实不然，犯罪行为发生在合同订立之后，通常不影响合同效力。

比如，张某为了骗取赵某的钱财，先与赵某签订了借款合同，借款10万元，约定月息2.5%，借期2个月，借款期满本息付清。3个月后，张某又与赵某签订借款合同，借款80万元，月息2.5%，借期2个月，借款期满没有偿还本息。

在这种情况下，张某的诈骗行为已构成犯罪，应追究其刑事责任，但不影响其与赵某之间的借款合同的效力。

当然，从保护受骗人利益的角度出发，即便是以诈骗方式订立的合同，一般来说，应由受骗人来决定是否可撤销，而不应直接由法院判决合同无效，否则容易造成受骗人的利益受损。

就上述案例来看，如果合同无效，赵某只能要回本金，由张某赔偿同期贷款利息损失，而不能按照合同约定拿到远高于银行同期贷款的利息。这反而不利于受骗人的利益保护。

再如，张某被法院判决犯非法集资类犯罪的情况下，其与个人签订的借款合同是否有效？实践中，不同法院有不同认定，有认定有效的，有认定无效的。最高人民法院认为，这种情况下应该认定合同有效，这样有利于强制性规定规范目的的实现，保护出借人的利益。

三、合同诈骗之防卫

防卫合同诈骗，第一，要保持冷静头脑，最关键的原则就是不要占便宜。我们必须认识到，人为财死鸟为食亡这是一个残酷而朴素的真理。天下没有免费的午餐。要想不被骗，就要抵制住诱惑。

第二，要认清合同公证和见证的内容。一般而言，公证和见证的内容，只是可以证明双方在合同上的签名是真实的，签名的真实并不必然等于合同本身内容的真实。

因此，签订合同时应多留个心眼，不要看到有律师或公证机关的见证就轻易相信合同本身具有合法性。

第三，核实对方人员、单位的真实性。对于首次交易的对象，应通过查验身份证或前往工商局查询资料来核实对方人员、单位的真实性，防止不法分子利用虚假身份行骗。

第四，注意交易过程中的反常现象。虽然不法分子想出了不少较为隐蔽的诈骗方法，但在实施过程中并非无迹可寻，这就需要大家在交易过程中多几个心眼，注意一些反常现象，就像炒股中的大户出货，其先高价不断买进，股价抬高后全面抛售，合同诈骗中不断抬高价格也是惯用的诱饵。

第五，注意合同诈骗的常用手段，包括几次交易后突然增加交易量、交接货物时拖延时间、对方人员提供情况相互不符、频繁变换联系方式、账户信息变更等。供货方在送货时，如未收到足够的货款，应避免人货分离，给不法之徒以可乘之机。

第六，要充分利用政府职能部门及金融系统资源，及时核实用于抵押的物品、票据等的真实性。在交易过程中，如果碰到对方以房产、货物、票据作为抵押的情况，应该尽快通过房产、银行等部门核实抵押物品的真实性及是否存在重复抵押、查封的情况，降低受骗风险。

第七，对那些不熟悉的购货人，尽量避免收取其开出的"远期支票"。因为利用"空头支票"实施诈骗是犯罪分子的惯用手法，他们往往利用支付货款的"档期"，转移货物后逃匿或者将货物销售一空后潜逃。

一些人在没有资金情况下，依靠以虚构事实骗得的资金进行经营，盈利就履行合同，亏损就跑路。

目前盛行的民间借贷中时常曝出"跑路""跳楼"等极端事件，其实出现这种结果并不奇怪，借款人赚取的利润明显低于借款利息，高利息没有高利润的支撑，最后只会落得两手空空，无力还款。

其实这个道理很多人都明白，但为什么还有那么多人参与放贷？

这就如同击鼓传花，每个放贷人都有一个侥幸心理，认为放贷的风险不会降临到自己的头上，落后一棒也不会落到自己手里。这些侥幸心理，就是借款合同诈骗能够成功的原因。

那是不是合同不能履行就是合同诈骗呢？并不是这样。

合同欺诈是一方主观上有欺骗对方的故意，并实施了一定的欺骗行为，使对方产生错觉、签订合同，合同没有履行或没有完全履行，使对方蒙受巨额经济损失。而无力履行情形下的合同违约，在主观上是希望能履行合同，但因为客观原因未能履行合同义务。这是罪与非罪的界限。

简言之，如果有证明其确实是无意履行合同、非法占有他人财物的证据，就应当认定为合同诈骗，反之，则为合同违约。

下面举两起合同诈骗以及合同违约纠纷的案例。

德正资源控股有限公司合同诈骗案：据青岛市中级人民法院审理查明，被告人陈某鸿注册成立了德正资源控股有限公司，并以该公司为基础，先后实际控制经营60余家境内外公司。在"德正系公司"明显不具备还款及履行合同能力的情况下，为持续获取资金，按照陈某鸿的指使、授意，被告人江某、杨某、陈某军、刘某洲、袁某、王某宏、黄某发采取重复编排货物信息、私刻印章等手段共同伪造青岛港（集团）有限公司大港分公司、烟台港集团蓬莱港有限公司氧化铝、铝锭、电解铜的仓单、转货证明等货权凭证,并使用伪造的货权凭证欺骗在国际上具有较高信誉的仓储监管公司出具监管仓单,或者通过贿赂被告人张某春、薛某出具内容虚假或超出库存数量的仓单、核库确认书等证明文件,并利用上述虚假的仓单或证明文件,以"德正系公司"名义与大量国内外公司签订销售、回购合同,或欺骗其他公司为"德正系公司"提供担保等方式,骗取多家公司资金共计 123 亿余元。

法院经审理认为,被告单位德正资源控股有限公司以非法占有为目的,采取伪造货权凭证签订合同等方式,骗取对方当事人财物,数额特别巨大,情节特别严重,其行为构成合同诈骗罪。被告人陈某鸿作为公司直接负责的主管人员,除组织、领导上述犯罪行为外,还以单位名义诈骗银行贷款,数额特别巨大,情节特别严重,其行为分别构成合同诈骗罪,信用证诈骗罪,骗取贷款、票据承兑、金融票证罪,对单位行贿罪,贷款诈骗罪。

在这起事件中,"德正系公司"涉嫌犯罪(金融诈骗、合同诈骗),主要是因为借款人在明知没有足够质押仓单的情况下,以欺诈形式骗取货物或贷款,最终无力偿还贷款,并给对方当事人及银行造成巨额损失。

而 2013 年 12 月,北京晚报曾经报道一件案件,该案件被认定为合同违约纠纷。

北京市人民检察院指控漯河石化集团高新区石油公司(以下简称漯河石油公司)的法定代表人吴某民诈骗抚顺市某公司总价款为 738 307.5 元,最后法院判决吴某民无罪。

为什么这个案件被认定为合同违约纠纷而非合同诈骗?

法院认为,吴某民代表漯河石油公司与抚顺市某公司签订合同,并未采取虚构事实、隐瞒真相的手段。从合同的履行情况看,吴某民在履行合同约定的义务后,因油品质量问题无法履行合同,双方又签订了补充协议,并付给抚顺市某公司 10 万元货款,后因其做其他生意被骗,在客观上导致无法支付合同约定的剩余款项。

　　由此可见，虽然漯河石油公司未能全部履行合同给付货款，且吴某民变更身份证信息在他处隐匿，但由此认定吴某民具有非法占有他人财物的故意，显然证据不足。

　　此外，吴某民是以漯河石油公司法定代表人的身份签订的合同，后来给付抚顺市某公司徐某的柴油也是抵扣漯河石油公司所欠债务，均不是个人行为，由此法院判决吴某民无罪。

第二十二讲
合同的解释

一、合同解释的概念

当我们赞美诗一般的文字带给我们无限想象空间时,我们也不得不面对文字丰富内涵带给合同的尴尬。

文字符号不是数学符号,它的天然缺陷就是词不达意。由文字写成的合同同样逃脱不了这样的命运。当合同出现歧义或漏洞的时候,就需要对此作出说明,这就是合同的解释由来。

文字的多义性和标点符号的特殊用法,都会使合同条款发生争议。例如,"还欠款20 000元",这里的"还",既可理解成"归还"的"还",还可理解成"还有"的"还"。

再如,我们在商场常见的"小心地滑"的提示牌,这里的"地",既可理解成"地面"的"地",还可理解成状语"小心"后、动词"滑"前的助词"地",表明滑动时要小心。

根据两种不同的理解,就会得出截然不同的结论,而这些不同的结论,就可能关乎当事人的行为和切身利益,这就需要法律对此作出合理解释。

例如,某公司与甲签订劳动合同,约定"经公司许可:甲可以使用单位车辆"。后甲使用车辆发生车祸,某公司主张甲系盗开车辆。甲却认为,根据合同其有权使用车辆,不存在盗开一说。

笔者认为,"许可"之后为冒号,而冒号通常用于提示下文或总结上文,所以,"甲可以使用单位车辆"应该是"许可"的具体内容。甲开车是合同赋予的权利而非擅自使用。但如果"许可"之后为逗号,因为逗号主要表示停顿,一般情况下不表示解释或说明,则该条款就应理解为,甲使用单位车辆需经过公司许可,否则,属于擅自使用。

有个词语叫百密一疏,说的是智者千虑必有一失。用到合同上,就是说即便合同研究得再仔细,也可能会出现纰漏或者出现不同理解和认识,由此引发的争议闹到法院或仲裁委,就要由法官或仲裁员依据一定的事实,遵循有关的原则,对合同内容和含义作出准确的说明,这就需要对合同进行解释。

合同陷入僵局,多是对某事项未有约定或约定不清造成。这个时候,双方会各执一词,需要法官或仲裁员"拨云见日",作出最终的认定。

例如,笔者曾经处理过一起装修合同争议。装修工程总造价298万元,工程合同中的一个条款内容是:单份在总工程造价5%范围内的设计变更,属正常设计变更,发包方对变更不另外支付工程款,超出总造价5%的新增工程量,由监理单位和发包方确认工程量,签订追加协议另行支付工程款。

后来,追加单份工程(新增的粉刷墙面工程),造价超出总造价的7.5%,并经签证确认工程量。

施工方认为,应按约定7.5%另行计付工程款(22万元),但发包方认为,应在7.5%基础上扣除5%后(按2.5%)计付工程款(7万元)。

那么,到底是应额外支付22万元还是7万元?双方对此产生争议。

让我们看看正常设计变更的是什么,是工程量还是新增工程。

综观该条款,应该是新增工程而非工程量。本案中单份工程是新增工程,又属于超出总造价5%的工程,且这项工程已由监理单位和发包方确认,所以,施工方要求按7.5%另行计付工程款(22万元)是合理的。

如果合同约定"超出总造价5%的新增工程量,由监理单位和发包方确认工程量,签订追加协议另行支付工程款",那就应该在增加工程量基础上扣除5%工程量后计付工程款(7万元)。

由此可见,在合同签订过程中,宁可多费些笔墨也要把事情说清楚,不要图省事含糊其词，不明不白，那样只会后患无穷。

如果把苏东坡的"坐、请坐、请上坐""茶、上茶、上好茶"的句子写进涉外合同里，相信绝大多数"老外们"要"抓狂"了。当然也会有很多中国人不明白这句话的意思，因为它太含糊了。如果合同语言也去讲究意境和诗意，只可意会不可言传，那可就犯了合同用语的大忌。

二、合同解释的原则

1. 按通常理解进行解释

合同用语应该首先按照通常的理解进行解释。

什么是通常的理解呢？就是按照一个正常的、合理的人的标准进行解释，而不是当事人任何一方的解释。但是有证据证明当事人之间对合同条款有不同于词句的通常含义的其他共同理解的除外。举例如下：

张某与开发商乙公司签有《商品房买卖合同》（预售），约定向乙公司购买一套全装修商品房，总面积为 150m^2，商品房单价为每平方米 20 000 元，总价款为 3 225 000 元，其中装修部分价款为 225 000 元。《商品房买卖合同》（预售）中同时有关于房屋装饰装修以及相关设备标准的约定。

房屋竣工验收后，乙公司向张某交付了房屋。张某认为，全屋装修标准不值 225 000 元，一气之下向法院提起诉讼，要求乙公司返还装修款差价 100 000 元。

一审法院在审理过程中对涉案房屋进行鉴定，鉴定结果显示房屋装饰装修价值为 110 000 元。

在上面案例里，如何理解"装修价款"就成了一个关键问题。

该案最终判决认为，全装修商品房系房屋与装修有机整体的结合，其价值系就整体而言，房屋本身的价值与装修价值不应割裂开来，且从交易习惯及当事人在签订合同时的价值判断，关于合同所约定的装修工程的价格，客观上应当允许被告获得一定利润，即使房屋装修实际造价与合同价格不符，该装修合同价格也是双方就装修部分在签约时的自愿约定，故判决驳回张某的诉讼请求。

笔者认为，上述案件中的"装修价款"并非通常理解意义上的因装修产生的价款，而是双方共同理解的"总房款项下的人为分价名目，并非因实际装修产生价款"。这种情况往往是当事人为了财务避税或银行贷款等目的而做出的特殊安排，双方对"装修价款"有着不同于通常语句意义的其他共同理解。在这种情况下，就不能用通常理解对此作出解释。此外，还应结合签订合同时的心态、交易习惯等多种因素作出最终解释。

什么属于"交易习惯"呢？根据《合同编司法解释》规定，主要分两种情况：一种是当事人之间在交易活动中的惯常做法，如1年内每月20日支付供气费，就是交易习惯；另一种是在交易行为当地或者某一领域、某一行业通常采用并为交易对方订立合同时所知道或者应当知道的做法。

2. 按当事人的本意进行解释

合同解释的第二个原则，就是要从合同的目的探求当事人的本意，而不拘泥于合同的文字来解释合同。

当事人签订合同，总要实现一定的目的，且在大多数情况下是希望合同条款是合法有效的。因此，解释合同时就不能加入法官的意思，也不应断章取义，最终违背当事人自己的原本意思。

举一个案例来说明上述合同解释的原则。

在烟台市福山区国有资产经营公司（以下简称福山区资产公司）与中国东方资产管理公司（以下简称东方资产管理公司）青岛办事处抵押借款合同纠纷案中，实际借款人烟台星达生物工程有限公司（以下简称星达生物公司）向中国银行烟台分行借款未还。随后，中国银行烟台分行将该笔债款转让给东方资产管理公司。

星达生物公司的股东方是美国星达公司（股权比例53%）与烟台发酵厂（股权比例47%）。后美国星达公司、烟台发酵厂、福山区资产公司签订三方协议，约定美国星达公司将股权转让给福山区资产公司，福山区资产公司根据接受的股份额在公司注册资本中的比例（53%）承担相应权利、义务和责任；转股后，原合资公司的全部债权、债务由福山区资产公司和烟台发酵厂按其比例承担。

本案的一个焦点问题是，福山区资产公司要按照53%的比例承担星达生物公司的债务，还是对星达生物公司的债务不承担责任？这就涉及上述三方协议中关于"原合资公司的全部债权、债务由福山区资产公司和烟台发酵厂按其比例承担"的约定做何解释。

如果按照三方协议的字面意思理解，福山区资产公司应按照53%的比例承担星达生物公司对东方资产管理公司的债务。或者说，可以理解成星达生物公司股东自愿作出了承担星达生物公司债务的承诺行为。

但这个问题不那么简单，两级法院对此认识也不一致。

本案的一审法院认定，福山区资产公司应该按照53%的比例承担星达生物公司对东方资产管理公司的债务。

二审法院对此予以改判，驳回东方资产管理公司对福山区资产公司的诉讼请求。

笔者认同二审法院的判决。三方协议的上述约定，应该在股权转让的范畴内去理解和解释。也就是说，通常情况下，股东方之间（包括新旧股东）签订股权转让协议的目的，是关于股权转让、股东义务的一种通俗约定，即股东应该在出资范围内承担作为股东应该承担的"有限"出资义务，而非为了承继投资公司的债权和债务。公司的债务和股东的债务是不同债务，不能混同，谁的债务由谁承担，股东没有义务承担公司债务。

该条款是当事人混同了公司债务与股东债务，是一种不严谨、不专业的画蛇添足行为。从合同签订的目的来看，债务混同绝非当事人的真实本意。

3. 按合同目的进行解释

最后，还要从整体上去把握合同解释，再结合交易习惯、诚实信用原则去解释合同，要对起草者作出不利解释的原则。

枣庄矿业（集团）有限公司柴里煤矿（以下简称柴里煤矿）与华夏银行

股份有限公司青岛分行（以下简称华夏银行）、青岛保税区华东国际贸易有限公司（以下简称华东公司）联营合同纠纷案〔（2009）民提字第137号〕。

柴里煤矿与华东公司、华夏银行签订《合作经营印尼木材协议》，约定：柴里煤矿提供1000万元于2004年3月18日前汇往华夏银行华东公司账户，由华东公司办理国际贸易信用证开证申请；在办理国际贸易信用证开证申请时，须同时有柴里煤矿负责人温某诚的书面同意意见书。

2004年9月22日，柴里煤矿致函华夏银行称，除先期付出的300万元资金外，其余700万元资金在使用和支配前，必须由其负责人王某海先生或温某诚先生的书面同意意见方可，但华夏银行并未同意。

2004年4月，华东公司分别以支票形式支出350万元和300万元，收款人为华东公司，该两笔资金的转账凭证上资金用途栏均注明为"木材开证"，其中，支出的300万元经过了温某诚的书面同意。

后来，华东公司擅自挪用1000万元，柴里煤矿提起诉讼，要求华东公司返还货款1000万元并承担200万元违约金，华夏银行对1000万元还款承担连带责任。

这个案子采用的规则就是，对合同约定不清的条款，可以根据订立合同的目的等多种解释方法，综合探究当事人的真实意思，而不仅是根据一方当事人期待实现的合同目的来进行解释。

上述协议中没有明确约定华东公司以申请开证以外的其他用途支取该笔资金时，华夏银行是否具有监管义务，属于合同约定不明。对此，柴里煤矿与华夏银行存在争议。

原告柴里煤矿主张，其签订三方协议的目的在于保障专款专用和出资安全，按照目的解释，应认定华夏银行对该1000万元资金负有不可推卸的监管责任和使用审查义务，无论华东公司是否用于开证，华夏银行均应负责监管。

但法院认为，在三方对柴里煤矿出资何时监管、如何监管已有明确约定和安排的情况下，仅根据柴里煤矿一方的意思表示和缔约目的，即推定合同相对人华夏银行和华东公司须另行承担约定义务之外的义务，不符合当事人共同的合同目的。

从实践上分析，该1000万元存在华东公司一般结算账户上，与账户上的其他资金相混同，华夏银行事实上也无法将其区分出来单独实施全面监管。

如果根据目的解释推定华夏银行负有此项义务，只能导致华夏银行对华东公司一般结算账户内所有混同资金均予限制使用，这无疑会侵犯华东公司对其一般结算账户上所存资金的自主支配权，这是与法律法规相违背的。

因此，华夏银行对华东公司非以开证用途而从其一般结算账户上支取该笔资金并无监管义务。

而2004年4月21日、23日分别支出的350万元、300万元，在转账支票上款项用途栏均注明为"木材开证"，这属于《合作经营印尼木材协议》第3条约定的华夏银行的监管责任，即华夏银行负有审查该事项是否经过了温某诚书面同意之义务。

华夏银行在符合监管条件且能够进行监管的情况下，违反三方协议约定，怠于履行监管义务，未审查温某诚的书面同意书，致华东公司以"木材开证"名义擅自支取350万元（其中300万元款项已由温某诚书面同意），显然已构成违约，应承担相应的违约责任。

最终，法院判令华夏银行对华东公司不能返还1000万元款项中350万元承担返还不能的赔偿责任。

综上可见，柴里煤矿虽然意识到出资1000万元存在隐患，也与华东公司、华夏银行签订合同，约定应加强对资金的监管，但却因在合同中对华夏银行的监管约定不明（未约定开证用途之外的资金也需要监管），导致资金流失，自食苦果。

三、合同用语的规范

合同解释从另一个方面揭示了合同用语的重要性。合同用语既要准确、凝练，又要言简意赅、通俗易懂，这样才能最大限度避免发生歧义，进而不需要通过合同解释去探求双方的合意。

比如，为解除此前签订的奥迪轿车买卖合同，双方需签订一份新合同，约定：如果解除合同，奥迪牌轿车必须交回卖方，卖方要一次性给买方补偿费用30万元；不然，不同意解除合同。如修改成：如果解除合同，奥迪牌轿车必须交回卖方，卖方要一次性补偿买方费用30万元（后附30万元构成明细），否则不同意解除合同。这样修改可能更准确、庄重，且明确了30万元的构成，避免买方以其他名目另行主张费用。

笔者的体会是，合同用语要尽可能使用法律专业术语。法律专业术语是众所周知的概念用语，也是司法界公认的用语，不易产生歧义。如授权代理、不可抗力、诉讼管辖地等，法律人一看便知其意。

另外，要准确运用通用词语。词语本身不会有准不准确的区分，主要是在特定的语言环境中，词语运用就存在是否恰当的问题。运用得当，自然准确，反之，则不准确。

例如，在车辆销售合同中约定"2012年款红色福特2.0L排量"一部，如果卖方不是通过"样本颜色卡"来确定红色的标准，只是在合同中笼统约定"红色"，"红色"汽车的用语就容易产生歧义，因为没有"红色"的准确定义，就会缺乏衡量"红色"的标准，出现色差，就很难分清责任。

在日常生活中，我们所称的红色，主要是为了区分一种对象，一般不会去严格区分是橘红色还是暗红色。交通信号灯中的红色灯，因为与绿色灯有着强烈对比，无须仔细区分，也不会混淆。但在对颜色有很高要求的情况下，如车辆外观、照相机、电子显示器、色谱仪器等，颜色的技术指标将非常重要。在这种情况下，就需要对此作出准确的定义，例如，可在合同中约定"红色"为"总是也只能是适用于发射波长为700～750纳米辐射的客观对象"，以此为颜色验收标准，否则，如果产品偏色，就无法追究卖方责任。

最后，在合同中要注意模糊词语的使用，使用模糊词语不能影响描述事实的关键问题，且要尽量能限制模糊词语的伸缩性，或者说要有一定的相对性。模糊词语在合同中也会经常使用，例如，租赁的厂房面积大致有130 000

平方米,"大致"就是一个模糊词语。在这里,可能是没有必要用确切词语,或者是无法用别的确切词语描述。

就拿上述租赁厂房的例子来说,租赁双方通常是看中了厂房的实际现状,租赁费并非直接对应厂房面积计收,所以是132 200平方米还是129 000平方米并无实质性影响,或者承租方并不会计较。

但如果租赁费用是按面积收取,双方就有可能斤斤计较。在这种情况下,上述合同就需要明确具体面积。这就要考虑以实际面积为准,或以房产证面积为准,或以某范围内面积误差为限等方式来约定租赁面积。

第二十三讲
合同纠纷管辖

一、诉讼或仲裁

仲裁启动的前提是当事人对争议的解决在合同中约定了仲裁管辖，没有约定仲裁或约定的仲裁条款不明确的，就要由法院管辖了。

仲裁委是由人民政府组织有关部门（法制部门）和商会统一组建的，其监督机构是中国仲裁协会，其仲裁员大多是由律师和政府机构工作人员兼职从事。而法院是国家法律确定的审判机构。

简单地说，仲裁就是双方当事人在订立合同时约定以后出现纠纷时由某仲裁机构主持公道，一旦裁定对双方都有法律效力。这虽然也少不了庭审时的唇枪舌剑，但相对于法院这种兵刃相见的地方，仲裁机构还是较为亲和的。

并非什么事都能向法院起诉。《民事诉讼法》规定，人民法院受理公民之间、法人之间、其他组织之间以及他们相互之间因财产关系和人身关系提起的民事诉讼。属于上述范围的，当事人起诉有效，否则不受理。

在我国，法院主管的范围与国家政策休戚相关。如群体性权益争议、非法集资、涉军案件，法院受理时比较谨慎，甚至不受理。

当事人之间合同约定仲裁条款或签订仲裁协议时，可以在全国范围内选择确定裁决水平高、信誉好的仲裁机构，当事人有权选择仲裁员、仲裁机构。

而法院就有上下级之分，法院分为四级，当事人之间发生民事争议，由哪一级法院管辖、由哪个地区的法院管辖，法律有明确规定。无管辖权的法院不得随意受理民事争议案件，当事人也不得随意选择。除了北京，一般市级城市都有两级到三级的法院。所以，即便要到法院起诉，也要注意要到哪级法院。

仲裁委系非政府的民间组织，亲和舒缓，费用稍贵，可以约定选择；而法院维护法律尊严，是国家公权力的代表，具有强制性，不能随意选择。

另外，要注意诉讼和仲裁的程序不同。仲裁实行一裁终局制，当事人不得就同一事实再次申请仲裁，也不能向人民法院再行起诉、上诉。而民事诉讼可经过一审、二审，二审终审还可提起再审。

仲裁一般不公开审理，这有利于保护当事人的个人隐私或商业秘密，而民事诉讼如无特殊情况必须公开审理。

总之，诉前要弄清楚案件的管辖，否则会徒增不少麻烦，被法院不予受理或驳回起诉。

老百姓到法院打官司，自然少不了要关心法院的级别、审判水平和判决效力。在此做一下介绍。

首先，全国法院是一家，均属于中华人民共和国司法机关的一部分，代表国家行使司法权力。也就是说，高密市法院或上海市浦东区法院生效判决的效力并不比最高人民法院的生效判决效力低，即法院的建制并不影响判决效力。只不过，最高人民法院有权对高密市法院、上海市浦东区法院的错误判决依职权决定再审，但对于正确的生效判决，其既判力是放之四海而皆准的，任何单位和个人应该严格执行，不得抗拒。

其次，上级法院不一定比基层法院审判水平高，只不过，法律规定案件实行二审终审，二审法院的判决具有一锤定音之效。这是法律赋权的结果，不代表上级法院水平比基层法院高。

各地省高级人民法院对于法律关系的定性、民事行为效力的确认，有时候也不被最高人民法院认可。当然，最高人民法院那么认定自有它的道理，但仔细推敲也仅是一种道理而已。

笔者认为，这一种道理与那一种道理之间究竟谁更有道理，并不取决于法院的审理级别，而取决于是否拥有相对于其他道理的绝对的优势——这当然来自更严密的逻辑论证、更准确的分析判断，而不是仅停留于另一种道理。

最高人民法院的二审判决乃至再审判决在否认了高级人民法院的一审判决之后，其自身却又被最高人民法院的再审判决再度推翻，并重新维持了高级人民法院的一审判决，这种现象并不少见，这也是一些案件要持续十几年反反复复折腾的一个重要原因。

二、合同约定管辖

如果把合同官司比作"战争"，合同管辖地就是"兵家必争之地"，当事人拼命争夺合同管辖地的约定，看似是在力争一个条款，实则是在争夺未来"战争"的有利战场。

套用一句话：天时、地利、人和，得"管辖"者得天下。在中国这个说法不足为奇。

任何诉讼都是有成本的。对于当事人来说，如果案件要到异地起诉的话，诉讼成本相对较高，除了诉讼费用，还要额外发生差旅费，并且异地诉讼所涉及的送达、举证、证据交换等需要的时间也相对较长。到最后，即便官司打赢了，在异地强制执行也并非易事。而选择有利于自己的法院管辖，可以节约上述诉讼成本，减少诉累，规避某些法律风险。

通过约定管辖的方式，将尚未发生的或将要发生的诉讼定位于有利于自己的法院管辖，不仅可以避免地方保护主义，也可以发挥自己的诉讼优势，减少不必要的法律风险。这也是合同管辖条款被认为是合同必要且重大条款的原因之一。

管辖是指各级法院和同级法院之间，受理第一审民事案件的分工和权限。它是在法院系统内部划分和确定某级或者同级中的某个法院对某一民事案件行使审判权的问题，主要包括级别管辖、地域管辖、移送管辖和指定管辖。

针对地域管辖，又区分为一般管辖、协议管辖和专属管辖。

一般管辖是以诉讼当事人住所地为标准来确定管辖地；协议管辖是指当事人可就一审民事案件，在争议发生前或发生后，通过协议选择在某一特定法院进行诉讼；专属管辖是指某些民事案件依照法律规定必须由特定的法院管辖。

1. 一般管辖

通常情况下，法律上确定法院管辖的原则是"原告就被告"，即原告要到被告的住所地法院提起诉讼。而对合同纠纷的管辖问题，法律做出了一些具体的规定。

合同引发的纠纷的管辖有个基本原则：由被告住所地或者合同履行地人民法院管辖。这就是诉讼法上关于合同纠纷的地域管辖，也可以称为法定管辖。

举例说明：北京市甲公司向青岛市乙钢材公司购买钢材2吨，合同签订地为北京市，合同约定履行地为天津市。之后，乙公司将钢材运至天津，但是甲公司只支付了部分钢材价款，乙钢材公司欲提起诉讼追讨货款。

根据上述法律规定，此纠纷应由被告所在地北京市或者合同履行地天津市的法院管辖。但是对于乙公司来说，无论是向北京市法院起诉或是向天津市法院起诉，都面临着上面提及的"客场"诉讼的不利问题。

实际上，合同履行地这个问题容易发生分歧，为什么呢？一般来说，合同都是双务的，即双方都有向对方履行合同的义务，这样的话，通常会出现至少有两个以上的履行地。比如，在一份钢材买卖合同中，卖方的合同履行地是甲地，而买方付款地可能在乙地，这样在诉讼发生时，双方就会在不同的履行地起诉或以不同的履行地提出管辖异议，导致诉讼管辖混乱以及审判延期。

为此，最高人民法院《关于适用〈中华人民共和国民事诉讼法〉的解释》作出明确规定：合同对履行地点没有约定或者约定不明确，争议标的为给付货币的，接收货币一方所在地为合同履行地；交付不动产的，不动产所

· 253 ·

在地为合同履行地；其他标的，履行义务一方所在地为合同履行地。即时结清的合同，交易行为地为合同履行地。财产租赁合同、融资租赁合同以租赁物使用地为合同履行地。以信息网络方式订立的买卖合同，通过信息网络交付标的的，以买受人住所地为合同履行地；通过其他方式交付标的的，收货地为合同履行地。因财产保险合同纠纷提起的诉讼，如果保险标的物是运输工具或者运输中的货物，可以由运输工具登记注册地、运输目的地、保险事故发生地人民法院管辖。合同没有实际履行，当事人双方住所地都不在合同约定的履行地的，由被告住所地人民法院管辖。

这就是说，合同履行地以约定为先，即便约定的履行地与实际履行地（如到货地、到站地、验收地、安装调试地）不一致，也以合同约定的履行地来确定管辖法院。如果合同没有约定履行地，法律也作出上述明确的规定。

举个例子：在上述案例中的钢材买卖合同中，如果双方没有书面约定合同履行地，卖方起诉买方讨要货款，卖方所在地为合同履行地；如果买方起诉卖方交付货物或交付货物不符合合同约定，卖方为履行义务的一方，卖方所在地为合同履行地。

再如：在网购盛行的时代，网络购物发生纠纷时，如果用户"线上下单，线下收货"的买卖合同（包括电子邮件、电子数据订立的合同）没有约定合同履行地，则以收货地为合同履行地。但电商往往都会在合同中约定履行地。

由此可见，履行地的约定具有确定未来诉讼战场的重要作用，应该引起重视。

2. 协议管辖

根据相关法律规定，一般合同双方当事人可以自行约定管辖地，即可以在书面合同中协议选择被告住所地、合同履行地、合同签订地、原告住所地、标的物所在地法院管辖，但不得违反《民事诉讼法》对级别管辖和专属管辖的规定，并只能选择确定、单一的管辖地，如只能选择五个法院中的一家法院，不得选择两家或两家以上法院，否则，该协议管辖无效。

协议管辖法院的选择范围主要是与合同有密切联系的地域,包括被告住所地、合同履行地、合同签订地、原告住所地、标的物所在地人民法院,不能约定与合同或者当事人没有任何关系的地域法院管辖。

就上述钢材买卖的案例而言,如果适用协议管辖,即甲公司和乙公司在合同签订时或诉讼前约定"由原告住所地的法院管辖"或"由乙公司所在地的法院管辖",那么在纠纷发生后,乙公司即可向自己住所地的青岛市有管辖权的法院提起诉讼。

山东金泰集团公司(以下简称金泰公司)、北京新恒基房地产集团公司(以下简称新恒基公司)与中国工商银行济南高新支行(以下简称工商银行)贷款担保合同纠纷案件管辖权异议案〔(2006)民二终字第146号〕。

工商银行与金泰公司签订借款合同,同时与新恒基公司签订了保证合同。后工商银行在山东省高级人民法院就金泰公司拖欠借款而提起诉讼。金泰公司以其为上海证券交易所挂牌公司为由,认为本案应该由上海证券交易所所在的上海市高级人民法院审理。新恒基公司则认为,其注册在北京,且被查封的不动产及银行存款也在北京,故应由其所在的北京市高级人民法院审理。

实际上,工商银行与金泰公司、新恒基公司签订的上述两份合同中,均约定在贷款方所在地(济南)法院通过诉讼解决。

该协议约定管辖属于《民事诉讼法》规定的约定管辖的范畴,该约定系多方当事人的真实意思表示,不违反法律强制性规定,应认定其约定合法有效,对当事人具有法律约束力。

协议管辖优先于法定管辖,法定管辖只有在当事人对诉讼管辖没有约定或者约定无效的情况下才能适用。所以,工商银行在济南的山东省高级人民法院提起诉讼是正确的。

在实务中,笔者经常发现一些约定不明确的管辖协议,如约定由守约方所在地法院管辖或者由当地法院管辖。

对于由守约方所在地法院管辖的约定,因为是由法院判断谁是守约方,只能在案件受理后经过审理才能确定,在确定管辖权的阶段根本无法判明,这种约定太模糊，最高人民法院的判例是认定此类约定无效。

对于由当地法院管辖的约定，也属于指代不明的约定，如果综合当事人的真实意思能够确定管辖法院的，认定有效，否则认定无效。

比如，最高人民法院在（2010）民申字第809号施工合同纠纷案件中认为，在施工合同中约定"在合同执行中发生争议，双方应该协商解决；协商不成向当地人民法院起诉"所称的当地应该是指工程所在地，而非管辖地约定不明，从而认定该条款有效。

上述约定不明的管辖协议导致的管辖纠纷，请读者引以为戒。

3. 专属管辖

专属管辖，就是指法律强制规定某类案件只能由特定法院管辖的制度，其他法院无权管辖，也不允许当事人协议变更管辖。与其他法定管辖相比，专属管辖具有优先性、排他性与强制性。

合同的协议管辖适用于一般民事合同，对于一些特殊合同，不适用协议管辖，如因不动产合同纠纷提起的诉讼，由不动产所在地法院管辖；因港口作业合同发生纠纷提起诉讼，由港口作业地法院管辖。这些合同纠纷的诉讼管辖是法律的明确规定，不容许当事人自行约定，即便约定了，也是无效的。

还有，在我国履行的中外合资经营企业合同纠纷、中外合作经营企业合同纠纷、中外合作勘探开发自然资源合同纠纷都专属于我国法院管辖。

4. 债权转让中的协议管辖

为什么要将这个单列出来讲述呢？因为债权转让除了原合同当事人外，还增加了债权受让人。在债权转让过程中，可能涉及债权转让合同与原来的基础合同（被转让债权产生之之前合同），两份合同中会有关于合同纠纷管辖的冲突或衔接问题，所以有必要展开讲述。

首先，多次转让的债权转让合同，当事人没有重新约定管辖法院，也未排除之前合同（基础合同）对管辖权的约定的，法院应认定之前合同中约定的管辖继续有效。

也就是说，债权受让人受让了债权也受让了管辖约定，替代了原债权人的地位，应遵从原来的协议管辖。

其次，如果债权转让合同中，债权出让人与受让人就双方的争议约定了协议管辖，那么在双方之间出现争议时，按照双方合同约定的管辖处理即可。

在债权受让人起诉债权出让人和债务人的案件中，就应当列债务人为被告，债权出让人为第三人，案件管辖权应以债务人所在地的法院或者之前合同约定法院管辖。

对债权转让合同中约定的管辖，并非征得债务人的认可，对债务人不具有约束力，不能以此要求债务人按照该约定确定管辖法院。

如果原合同中约定仲裁条款，债权债务发生转让的，仲裁条款对受让人是否有效呢？

在中国建筑第二工程局有限公司（以下简称中建二局）申请北京普德瑞光自动化技术有限公司（以下简称普德公司）申请确认仲裁协议效力一案〔（2016）京03民特187号〕中，中建二局的申请理由为：虽然中建二局与国源公司签订了供货合同，且拖欠国源公司货款，但是未在国源公司与普德公司债权转让的协议书上签字盖章，且该协议未约定仲裁条款。另外，虽然供货合同中约定有仲裁条款，但是普德公司不是供货合同的主体，故供货合同的仲裁条款的法律效力不及于普德公司。故普德公司作为债权受让人不能基于原供货合同的仲裁条款申请仲裁。

北京第三中级人民法院认为，根据2009年《仲裁法》第20条的规定，法院有权对仲裁协议是否有效进行审查确认。而本案争议的焦点在于国源公司、普德公司签订的协议书效力是否及于中建二局，该问题实质上是审查供货合同是否发生了债权债务转让，以及是债权债务概括转让还是单独的债权转让。对于合同履行情况的审查，不属于人民法院审理范围，应由仲裁机构进行审处。

最高人民法院《关于适用〈中华人民共和国仲裁法〉若干问题的解释》第9条规定："债权债务全部或者部分转让的，仲裁协议对受让人有效，但当事人另有约定、在受让债权债务时受让人明确反对或者不知有单独仲裁协议的除外。"

笔者认为，北京第三中级人民法院的认定部分缺省一句法律条文，全面表述应为："该问题实质上是审查《供货合同》是否发生了债权债务转让，以及是债权债务概括转让还是单独的债权转让。对于合同履行情况的审查，不属于人民法院审理范围，应根据最高人民法院《关于适用〈中华人民共和国仲裁法〉若干问题的解释》第九条的规定，由仲裁进行审处。"

在上述案例中，如果中建二局、国源公司、普德公司签订协议书约定"因本协议产生纠纷，应提交某法院管辖或约定其他仲裁委仲裁"就属于最高人民法院《关于适用〈中华人民共和国仲裁法〉若干问题的解释》第9条的"当事人另有约定"，就可排斥北京仲裁委的仲裁管辖。正是因为中建二局、国源公司、普德公司没有另外约定，故北京仲裁委对本案有管辖权。

三、涉外仲裁选择

1. 仲裁的选择

上面讲述内容未提及合同约定仲裁的情况。其实，很多合同特别是涉外合同，通常会选择仲裁解决纠纷。下面讲讲协议仲裁的一些常识。

要想通过仲裁解决纠纷，那首先就要在合同中明确约定请求仲裁的意思表示、仲裁事项和选定的仲裁委员会，三者缺一不可。

如果对仲裁事项或仲裁委员会没有约定或约定不明确，该仲裁协议无效。如无特别约定或另行约定，当事人只能到被告所在地或合同履行地的法院提起诉讼。

如果选定由中国国际经济贸易仲裁委员会仲裁的话，仲裁条款可以这样写："凡因本合同引起的或与本合同有关的任何争议，均应提交中国国际经济贸易仲裁委员会，按照申请仲裁时该会现行有效的仲裁规则进行仲裁。仲裁裁决是终局的，对双方均有约束力。"

利达通信（苏州）有限公司（以下简称利达公司）与南京熊猫通信发展

公司（以下简称熊猫公司）买卖合同纠纷案［（2005）民二终字第71号］。

利达公司与熊猫公司签订的框架协议约定，双方解决争议的"仲裁管辖地为北京，并遵循中国国际经济贸易仲裁委员会的仲裁条款"。

上述条款仅约定了仲裁地点，但未明确约定仲裁机构，"遵循中国国际经济贸易仲裁委员会的仲裁条款"的约定也不能推断出接受中国国际经济贸易仲裁委员会仲裁的结论，因北京有中国国际经济贸易仲裁委员会、北京仲裁委员会两家仲裁机构，所以就不能确定本案的仲裁机构为中国国际经济贸易仲裁委员会。

由此法院认定，双方框架协议中约定的仲裁条款的内容无法执行，仲裁机构无法确定，故为无效约定。

由此可见，如果想约定仲裁裁决，务必注意把仲裁条款的三个方面写全了。

另外，中国几个特殊的城市（北京、上海、深圳、天津、重庆）有不止一个仲裁机构。在选择仲裁机构时一定要注意写清楚机构名称，而不能简单地写成"某市仲裁委员会"。

2. 涉外仲裁的执行

涉外仲裁，就是当事人一方或者双方是外国人、无国籍人、外国企业或组织，或者当事人之间的法律事实发生在国外，或者诉讼标的在国外的案件仲裁。

通俗一点讲，涉外仲裁至少有一方面与国外"沾边"，要么当事人是国外的，要么争议的事件发生在国外，要么是争议的物在国外。但这种"沾边"，也不能无限扩大"边际"，绝不是将国内案件拿到国外仲裁或国内仲裁引用国外仲裁规则就变成涉外仲裁。

比如，外国企业在中国投资的企业与中国企业之间的土地纠纷，就不能因为投资股东是外国企业就认为是涉外案件纠纷。因为外国企业在中国投资的企业系中国法人，非外国法人，这属于国内案件纠纷，非涉外案件纠纷。

涉外仲裁，除了仲裁的当事方、标的、内容等有涉外因素外，仲裁机构、仲裁规则、适用的法律等可能都会与国内仲裁不同。当然，最大的不同是，一个国家的仲裁裁决要由另一个国家的法院执行。

在这里，不妨先讲讲国外仲裁在国内执行的有关知识。

前面已经讲过，仲裁是非官方的"民间"裁决机构，不属于国家司法系统（虽然我国仲裁委由司法局组织领导），故其不具有司法强制力。财产保全、强制执行、仲裁效力认定等都需要执行国的法院实施。

当然，这也不意味着仲裁裁决没有效力，外国法院可以"随意推翻""为所欲为"，仲裁裁决不被承认或不被执行都必须符合执行国法律的规定。

涉及一国的仲裁裁决在另一个国家被承认和执行，这就关系到两个国家的司法主权问题，相对于本国仲裁在本国法院的承认和执行来说更加复杂。

1958年6月10日，在纽约召开的联合国国际商业仲裁会议上众多国家签署了《承认及执行外国仲裁裁决公约》（就是人们常说的《纽约公约》）。该公约就是为了解决外国仲裁裁决的承认和仲裁条款的执行问题。1986年12月2日，我国加入该公约。目前有140多个国家和地区成为该公约的成员。

当然，有了《纽约公约》并不意味着在成员国之间的仲裁裁决执行就畅通无阻，仲裁和法院就亲如一家。

一个国家承认另一个国家的仲裁裁决的底线，就是不能违反本国的法律法规的规定。比如，海外仲裁国容许某类财产的转让，而本国禁止该财产的转让，根据海外仲裁国的法律就某类财产转让作出的裁决就不能在本国获得承认和执行。

3. 涉外仲裁的选择

涉外仲裁虽可由双方在合同中自愿、自由选择，但要注意选择国外仲裁地点或机构的合同必须有涉外因素，也就是说，只有存在涉外因素的才能选择国外仲裁，否则可能会出现仲裁裁决不被国内法院承认和执行的严重后果。

举例说明：北京市第二中级人民法院审理的一个案子，该案是发生在两个在北京注册的中国公司之间的合作纠纷，一方是北京朝来新生体育休闲有限公司（以下简称朝来新生公司，中国自然人独资）；另一方是北京所望之信投资咨询有限公司（以下简称所望之信公司，外国自然人独资，股东安某柱，韩国公民）。

2007年7月20日，双方签订合同约定，合作经营甲方现有的位于北京市朝阳区的高尔夫球场。

合同中写明签订地在中国北京市。合同中还约定：如发生纠纷，甲、乙双方首先应进行友好协商，达成协议，对于不能达成协议的部分可以向大韩商事仲裁院提出仲裁，仲裁结果对于甲、乙双方具有同等法律约束力。

合同履行中发生纠纷，所望之信公司于2012年4月2日向大韩商事仲裁院提起仲裁，请求朝来新生公司支付所望之信公司土地补偿款248万元。朝来新生公司提起反请求，要求所望之信公司给付朝来新生公司土地补偿款1100万元及利息。

大韩商事仲裁院依据双方约定的仲裁条款受理了所望之信公司的仲裁申请及朝来新生公司反请求申请，适用中华人民共和国法律作为准据法，于2013年5月29日作出仲裁裁决：（1）所望之信公司给付朝来新生公司中华人民共和国货币1000万元整及利息；（2）所望之信公司及朝来新生公司其余之请求驳回。

裁决做出后，朝来新生公司于2013年6月17日向北京市第二中级人民法院提出申请，请求法院承认上述仲裁裁决。

结果是，北京市第二中级人民法院驳回朝来新生公司要求承认大韩商事仲裁院仲裁裁决的申请。

下面再看看北京市第二中级人民法院的审理思路。

法院生效裁判认为：我国及大韩民国均为加入1958年联合国《承认及执行外国仲裁裁决公约》的国家，现朝来新生公司申请承认大韩民国大韩商事仲裁院作出的仲裁裁决，应依据《承认及执行外国仲裁裁决公约》第2条、第5条的相关规定审理本案。

根据《民事诉讼法》和《仲裁法》的规定，涉外经济贸易、运输、海事中发生的纠纷，当事人可以通过订立合同中的仲裁条款或者事后达成的书面仲裁协议，提交我国仲裁机构或者其他仲裁机构仲裁。但法律并未允许国内当事人将其不具有涉外因素的争议提请外国仲裁机构仲裁。

为什么说本案是不具有涉外因素的争议呢？

因为所望之信公司是在中华人民共和国境内注册成立的由外国自然人单独投资的有限责任公司，根据前述规定，所望之信公司系中国法人。

本案中朝来新生公司与所望之信公司均为中国法人，双方签订的合同书是双方为在中华人民共和国境内经营设立高尔夫球场的合同。双方之间民事法律关系的设立、变更、终止的法律事实发生在我国境内、诉讼标的亦在我国境内，不具有涉外因素，故不属于我国法律规定的涉外案件。

因此，合同中关于如发生纠纷可以向大韩商事仲裁院提出诉讼进行仲裁的约定违反了中国的相关法律规定，该仲裁条款无效。

因大韩商事仲裁院于2013年5月29日作出的仲裁裁决所适用的准据法为中华人民共和国的法律，依据中华人民共和国法律，合同中的仲裁条款为无效条款，故大韩商事仲裁院受理本案所依据的仲裁条款无效。根据《承认及执行外国仲裁裁决公约》第5条第1款（甲）项、第5条第2款（乙）项的规定，该裁决不予承认。

笔者相信，当事人做梦都不会想到，双方约定适用中国法律，裁决依据也是中国法律，只是想绕开北京的一场仲裁，最终在"落地"北京执行时却被宣布无效。

2012年4月2日申请仲裁至2014年1月20日北京中级法院驳回朝来新生公司仲裁执行申请。历时近2年，所望之信公司的仲裁请求没有得到支持，而朝来新生公司看似争取到的权益却没有得到执行，均是因为双方都选错了裁决机构，着实让人惋惜。

这个案例给我们的启示就是，要认真分析签订的合同是否为涉外合同，如果不是涉外合同，就不要约定涉外仲裁；如果是涉外合同，签订合同前要充分了解仲裁国和执行国的法律法规以及执行原则。想当然地在合同中约定涉外仲裁条款，最终可能得到和上述案例相同的结果。

第二十四讲
买 卖 合 同

一、基础常识

说起买卖合同，可以追溯到小时候买冰棍或糖葫芦的那一刻，那可能是我们人生中缔结并身体力行的第一份合同。

买卖合同，简言之，就是一手交钱、一手交货（转移商品所有权）的合同。

买卖合同是商品社会中最基本、最重要、最具有代表性的合同形式，其在《民法典》合同编19种典型合同中位于首位，是其他有偿合同参照的一类合同，是生活中最为常见的一类合同，其重要性自不待言，所以本讲要详细一点。

买卖合同，是体现人、财、物三要素的法律关系的合同。

订立买卖合同的一个基本原则是，除有特别规定的之外，人、财、物三要素不受限制，也就是说，买卖合同由谁签订、买卖什么、多少价钱，法律不加干涉，除非法律有特别的禁止性规定，也正是因为有这个自由原则，商品交易才如此活跃。

首先，"人"指买卖合同当事人。

买卖合同的当事人是出卖人和买受人或者称卖家和买家。

对于买受人，除了特定身份和特殊情况的人不能成为特定买卖合同的买受人外，几乎任何正常的成年人都可以成为买受人。

举例来说：公司的董事、经理不能与本公司订立买卖合同，不能成为此类合同的买受人；监护人不能成为被监护财产的买受人。这些规定，主要是避免交易的不公平。

出卖人通常是买卖商品的所有权人或处分权人。但根据现行的最高人民法院《关于适用〈中华人民共和国民法典〉合同编通则若干问题的解释》，即便不是商品的所有权人或处分权人，其签订的买卖合同仍然有效。也就是说，出卖人不仅限于商品所有权人或处分权人，没有处分权利的人订立合同，其也属于当事人，应该为该合同承担违约责任。

对买受人而言，通常情况下，其不能依据与无处分权的卖方签订的合同获得标的物的所有权，但是，可以依据该合同追究无权处分人的违约责任。

所有权人就不用解释了，就是物的主人，现在先说说处分权人。

处分权人就是法律赋权可以处分非自己所有商品的人。在我国处分权人主要有：抵押权人或质押权人、留置权人、法定优先权人、行纪人、经营权人、公检法机关。

其次，"财"指买卖合同的价款和担保金、违约金等。

价款通常应该是商品本身的价款，但实际上往往要包含一些其他的费用，如运费、保险费、税费、报关费、装卸费。

最后，"物"指买卖合同的商品。

通常我们所说的商品，可以是现实已经存在的物，也可以是将来产生的物；可以是特定物，也可以是不特定物。但不能是禁止流通物，除此之外，绝大多数的东西都可以买卖。

法律上的禁止流通物，是指那些在市场上不能转让的物，如国家专有的自然资源、军事装备、武器弹药、毒品。

1. 瑕疵担保责任

物的瑕疵担保，是说卖家交付的商品质量应该符合合同约定。否则，就是通常所说的产品不合格或产品存在质量问题。质量出现问题，当然应由卖家负责修理、退换货、赔偿损失。

权利瑕疵担保，是说卖家要保证商品不受第三方的追索，除非买受人已经对此明知。也就是说，交付的商品，权属要清楚，不是偷来抢来诓来的，是卖家可以自由处分的商品。

买家知道商品有瑕疵而购买的，买了就不能反悔。

物的瑕疵担保，包括明示担保和默示担保。

明示担保，就是交付的标的物首先应符合合同约定的质量要求，否则买方可以依照合同约定请求卖家承担违约责任。

明示担保的表现方式有，卖家就出卖的物品在事实方面做出了确认或者许诺，就构成一项明示担保，即保证他所出售的货物与他所作的确认或者许诺相符。这种对事实所作的确认或者许诺可以用货物的标签、商品说明及目录等方式表示，也可以记载在合同内。

例如，如果卖家在其出售服装的标签上写明"100％纯棉"，这就是一项对事实的确认，就是一项明示的担保。说白了，卖家对货物所作的任何说明，只要是交易基础的一部分，就构成一项明示担保，卖方所交的货物必须与该项说明相符。作为交易基础的组成部分的样品、模型，也是一种明示担保，卖方所交的货物应当与样品或者模型一致。

如买卖双方对标的物的质量要求没有约定或者约定不明确，可以达成补充协议，不能达成补充协议的，按照合同有关条款或者交易习惯确定。按照合同条款或交易习惯仍不能确定的，按照国家标准、行业标准履行。没有国家标准、行业标准的，按照通常标准或者符合合同目的的特定标准履行。

默示担保，指不是由双方当事人在合同中约定的，而是法律认为应当包括在合同之内的。只要买卖合同双方在合同中没有做出相反的约定，则法律上所规定的默示担保（符合国家相关质量标准）就可以依法适用于双方的合同。

物的瑕疵中的默示担保，更多的是国家对买卖物品的一种最低质量要求，以确保国家或民众的安全。如通常产品不应存在产品缺陷，不得存在危及人身或财产安全的不合理危险。这些要求即便未在合同中作出约定，也不能违反法律关于质量的强制性要求，一旦违反强制性规定，可能导致合同无效。

例如，含三聚氰胺的毒牛奶，即便花大价钱私人定制，只要用于销售，这种定制合同仍会被认定无效。

在买卖合同中，一旦约定了标的物的标准，则卖家提供的标的物必须符合该标准，否则构成违约。

如果当事人没有约定出卖人的义务，而是由法律予以规定，这些规定就是当事人的法定义务，卖家不履行该义务，同样是违约。这样不但使问题简单化，也便于实际操作。

《民法典》第511条第1项规定的卖家提供产品的法定质量担保义务是，有国家、行业强制标准的，要符合该标准；没有的，要使标的物的质量符合同种物的通常标准或者为了实现合同目的该物质量应当达到的特定标准。

然而，由于实际生活中买卖合同的情况纷繁复杂，涉及的标的物以及合同标的额千差万别，试图在法律中做出具体明确的规定几乎不可能，所以需要在实践中结合所遇到的个案进行具体分析，以确定"通常标准"或者"特定标准"的内容，在具体问题的处理过程中体现出法律规定的原则和精神。

实例：有一公司用户，向北京某厂家购买高杆照明灯四套，双方签订了买卖合同，并就高杆灯质量要求签订了技术协议书，约定高杆灯的技术规范适用《升降式高杆照明装置技术条件》（JT/T 312—1996）推荐标准，该4套照明灯质量良好。

后又购买高杆灯1套，但未签订技术协议，未约定适用的技术标准。结果在产品保修期满后，发生灯头坠落造成人身伤亡事故。经检测高杆灯灯头固定所用的电缆绳强度不够（直径小于8毫米），遂向厂家追责。

厂家辩驳，双方签订的合同未对电缆绳作出特殊要求，而高杆灯的行业标准系推荐标准，厂家可以选用或不选用，这不是厂家法定的质量保证责任。在产品保修期满后，用户应该加强巡视，及时更换相应部件。否则，出现事故与厂家无关。

用户无语。要追究厂家责任却缺少合同依据，后悔当初未签订技术协议对产品质量做出明确约定。

在上述案例中，如何认定高杆灯的"通常标准"或者"特定标准"？

笔者认为，假如目前该产品的行业现状是都采用 8 毫米以上的电缆绳，且行业都已意识到小于 8 毫米容易产生坠落事故，那么案涉高杆灯的合同虽然没有明确约定该指标，但被认定为不符合"通常标准"而担责的可能性较大。反之，被认定"通常标准"的可能性较小。

卖家不能保证商品的质量与物上权利，就要承担责任。那应该承担什么责任呢？

产品质量不符合合同约定，卖家要承担违约责任，提供修理、换货或退货，造成损失的，要赔偿损失。商品被第三方追索的，卖家要为不能交付商品承担违约赔偿责任。

利达通信（苏州）有限公司（以下简称利达公司）与南京熊猫通信发展有限公司（以下简称熊猫公司）、江苏海外集团物资技术有限公司买卖合同纠纷案〔（2006）民二终字第61号〕。

利达公司与熊猫公司签订合同，约定利达公司在熊猫公司的指导下承担任何产品供应合同中规定的开发、工业化、供应支持和产品维护的全部责任。熊猫公司有权订购新产品，若产品存在质量问题给熊猫公司造成损失应该予以赔偿。后双方签订协议由利达公司生产数款折叠彩屏手机（型号 M16）10 万台。

供货 36 400 台后，M16 手机出现翻盖转轴磨损超常导致开机功能异常、摔跌后天线机构件开裂、充电器不充电、按键不灵敏、侧键卡死等质量问题。双方进行了多次协商维修，后经生产现场产品检验，得出产品设计没有整改，质量问题没有根本解决的结论。

为此，双方签订会议纪要，熊猫公司明确提出取消 6 万台订单，并要求尽快签订"一揽子"终止合作协议。

后来，双方签订补充协议约定，如未在规定时间内交付 4600 台手机并验收合格，熊猫公司有权解除合同，利达公司应全部退款并赔偿全部损失。

合同履行的事实确实如此,熊猫公司由此起诉利达公司要求返还货款并赔偿损失,得到法院支持。

次年,利达公司反过来起诉熊猫公司要求继续履行6万台订单,被法院驳回。

上述判例体现了法院的一种审判规则,就是批量性质量问题可行使合同解除权。因卖方生产的产品质量不符合国家规定与合同约定标准,在交付后出现了严重的批量性质量问题,且经过多次整改维修后送样检测都不合格,致使买方销售出去的产品多次被退货,买方为卖方的产品质量承担责任就太不公平了。在这种情况下,买方当然有权解除并终止履行合同。

2. 标的物的交付

标的物(商品)的交付是出卖人的合同主要义务,由此引发的纠纷很多,所以下面结合大量案例进行讲述。

先讲一下合同"标的"的概念。标的,并非我们传统意义上讲的"标的物",而是指合同当事人之间存在的权利义务关系,它一般分为四类:一是有形财产,通俗地讲就是物;二是无形资产,如著作权、专利、专有技术等知识产权类的具有价值的智力成果;三是劳务,如运输合同的运输行为,委托合同中的代理、中介服务;四是工作成果,如后面讲到的加工承揽合同中承揽方的工作成果。

商品的交付由两方面的内容组成:交付商品和转移商品所有权给买方。

先说说交付商品。交付的方式法律并未规定,学界将交付分成四种方式:现实交付、简易交付、占有改定、指示交付。

现实交付,就是通常的交付方式,无须解释。

简易交付,就是合同订立时买受人就拿了商品,合同生效就完成的交付。

占有改定,是观念交付的方式之一,实际上是商品的所有权转移,但现实占有不转移,只是占有人的占有名义发生了变更,不再是作为所有权人占有,是一种变通的交付方法。

举个例子:甲将汽车转让给乙,通常情形下,甲应将汽车现实地交付给乙，由乙取得直接占有，但是因甲还需使用此车，甲可与乙订立借用或者租用合同继续使用，借用合同订立生效后甲继续使用已经属于乙的车。

指示交付，是指商品由合同双方以外的第三人实际占有时，出卖人将对第三人的返还请求权让与买受人，以代商品的实际交付。简单点说，商品现在在张三那里，出卖人让买受人直接向张三索要即可。

商品交付给买受人时，买受人应该在约定的检验期限内检验，合同没有约定检验期限的，应当及时检验。这里的"及时"检验如何理解？

这个问题就比较复杂了，对各种各样的商品要给出一个统一的"及时"标准，这是不可能的。

最高人民法院就这个问题是这样解释的，没有约定检验期限的，买受人签收的送货单、确认单等载明商品数量、型号、规格的，应该认定买受人对数量和外观瑕疵进行了检验，除非有相反的证据予以推翻。

也就是说，买受人在送货单上签字，视同认可了数量和外观瑕疵。上面写着5套开关，买受人看到只有4套却不向出卖人提异议，就视同出卖人已经按照合同约定的数量交付。除非买受人有证据证明自己未能对数量和外观瑕疵进行检验。

比如，目前很多网购商品，第三方快递公司送货上门，让买家签收送货单，往往不让开箱验货。这主要是为了防止开箱后出现质量问题，到底是快递公司的责任还是卖家的责任说不清楚。在这种情况下，即便买家在送货单上签字，仍然不能证明买家对商品的数量和外观瑕疵进行了验收。

接下来的一个问题是，如果验货后发现问题，该在什么时间内通知出卖人？

如果当事人在合同中约定商品检验异议期，买受人应该及时在该异议期限内提出异议，否则视为验收合格。

当然，合同约定的检验异议期过短，买受人不能完成全面检验的，法院可以根据具体情况确定合理期限。比如，购买的大型设备，买受人系非专业人士，不熟悉检验方式，约定时间过短难以完成全面检验，或者商品数量过大、检验效率不高，难以在短时间内检验出结果。

如果合同没有约定检验的异议期，按照法律规定，买受人应该在合理期限内提出异议。何为"合理期限"？

最高人民法院《关于审理买卖合同纠纷案件适用法律问题的解释》指出，要根据当事人之间的交易性质，交易目的，交易方式，交易习惯，标的物的种类、数量、性质，安装和使用说明情况，瑕疵情况，买受人的应尽注意义务，检验方法和难易程度，具体环境，检验人的自身技能以及其他合理因素综合判断。但最长不超过2年，这2年是不变期间。《民法典》第621条也作出了类似规定。

综上，对于买卖双方，交付和接受分别是出卖人和买受人的义务，也是双方风险和责任的分水岭，笔者在代理的相关买卖合同纠纷中，经常遇到当事人在打官司时难以举证检验结果，最终被法院判令承担责任的情况。所以请务必认真对待。

接下来讲讲转移商品所有权于买受人的问题。

毋庸置疑，取得商品所有权是买受人的主要交易目的。商品所有权转移，涉及动产，通常是依交付而转移，除非法律有特别的规定或当事人另有约定。

所有权保留制度，就是当事人可以另行约定交付与所有权转移分离的制度。这种制度也是一种新型担保制度，在分期付款的买卖合同中比较流行。就是在买受人未履行支付价款或其他义务之前，商品的所有权仍归出卖人所有。

这样做的好处是，出卖人可以拿商品为买受人的债务作担保，不至于财物两空，同时可迫使买受人及时付款。

但是，根据《民法典》的相关规定，出卖人对标的物保留的所有权，未经登记，不得对抗善意第三人。也就是说，第三人出于善意购买了没有登记所有权保留的商品，此时，卖方不能主张商品的所有权。

《民法典》就出卖人的取回权作出了明确的规定。

《民法典》第642条规定："当事人约定出卖人保留合同标的物的所有

权,在标的物所有权转移前,买受人有下列情形之一,造成出卖人损害的,除当事人另有约定外,出卖人有权取回标的物:(一)未按照约定支付价款,经催告后在合理期限内仍未支付;(二)未按照约定完成特定条件;(三)将标的物出卖、出质或者作出其他不当处分。出卖人可以与买受人协商取回标的物;协商不成的,可以参照适用担保物权的实现程序。"

另外,《民法典》就买受人的赎回以及出卖人的再出卖作出了明确规定,这样就使所有权保留的实施有章可循。

《民法典》第643条规定,出卖人依据《民法典》第642条第1款的规定取回标的物后,买受人在双方约定或者出卖人指定的合理回赎期限内,消除出卖人取回标的物的事由的,可以请求回赎标的物。买受人在回赎期限内没有回赎标的物,出卖人可以以合理价格将标的物出卖给第三人,出卖所得价款扣除买受人未支付的价款以及必要费用后仍有剩余的,应当返还买受人;不足部分由买受人清偿。

当然,还有一些科技公司,为了确保能回收货款,采取技术手段,在设备中埋设了"密钥"。如果买家不按时付款,设备就自动锁定不能使用;付款后解锁,恢复正常运行。

不动产所有权转移,必须依法办理所有权登记,未办理登记的,尽管买卖合同生效,但商品所有权不发生转移。

但是注意,商品所有权办理登记并不是买卖合同生效的前提条件,只是所有权转移的必要条件。笔者发现不少人以房屋没有办理过户主张签订的房屋买卖合同未生效,这就说明其没有搞清楚这个问题。

3. 不动产过户登记

这里,我们来讲讲商品房买卖中在房屋已交付,尚未办理过户手续,该房屋因原房主的另案诉讼被法院查封的情况下,买房人该怎么办?要求解除查封,并确认该房屋属其所有,还是要求原房主继续办理房屋过户手续?

笔者认为,在买方已付清购房款,卖方也已将房屋及房产证、土地证等交付给买方,买方实际已占有使用该房屋,且在房屋买卖及办理房产过户中并无过错的情况下，依最高人民法院《关于人民法院民事执行中查封、扣押、冻结财产的规定》第 15 条"第三人已经支付全部价款并实际占有，但未办理过户登记手续的，如果第三人对此没有过错，人民法院不得查封、扣押、冻结"之规定，法院不应对该房屋进行查封。

但是，《民法典》第 209 条第 1 款规定，不动产物权的设立、变更、转让和消灭，经依法登记，发生效力；未经登记，不发生效力，但法律另有规定的除外。在这种情况下，案涉房屋买卖关系虽依法成立，但双方未办理过户登记手续，该房屋仍登记在原出租方（卖方）名下，买方依合同所享有的权利性质仍系债权，故应判决解除对案涉房屋的查封，对买方要求确认其为被查封房产所有权人的诉讼请求，不应予以支持。

对轮船、车辆、航空器等特殊的产品，所有权一般也是自交付之日转移，但未办理登记手续的，所有权转移不具有对抗第三人的效力。

例如，车辆交给买家了，但未办理过户登记，一旦发生交通事故致人损害，受害人可以起诉车辆的原车主要求赔偿。

出售具有知识产权的计算机软件，而非计算机软件著作权，其著作权并不随商品所有权的转移而转移。知识产权是无形权利，体现智力成果，它通过有形载体表现，但是又与载体分属于不同权利人。

买一个车载 CD，车主可以拥有光盘，而不能拥有歌曲著作权。影迷可以用自己的手机拍摄偶像，未经偶像的同意，影迷们就不能将手机中偶像的照片用于商业目的，因为偶像的肖像权归于本人。

4. 发票与货物交付

在货物交付环节中，往往会出现这种情况，就是卖方送货时没有让买方签收认可，对方以没收到货拒绝付款。

在多数情况下，卖方会以增值税专用发票及税款抵扣资料证明其已履行交付义务，在最高人民法院《关于审理买卖合同纠纷案件适用法律问题的解释》（2012 年）颁布前的案件审理中，很多法院也多数支持卖方的主张，认定卖方已经交货的事实。

法院如此认定交货的事实，主要的原因是：增值税发票本身只是交易双方的结算凭证，只能证明双方具有存在债权债务关系的可能，并不能证明双方必然存在债权债务关系。但增值税专用发票不仅记载货物的名称、规格型号、单位数量，还标明了单价和总金额，一旦买方向税务机关进行申报抵扣，本身就是对双方买卖关系的一种自认。

开具发票的一方当事人以增值税发票作为已经交货的证据，如接受发票的一方当事人也已将发票予以入账或者补正、抵扣，且对此行为又不能提出合理解释，对开票方主张的合同关系的成立及履行事实，法院一般会予以认可。

但如接受发票的一方当事人对收到货的事实予以否认，法院通常会责令其就收取发票的行为做出合理解释或举出证据反驳。能证明发票属于代开等情形的，可以据实确认当事人之间的法律关系。若其不能作出合理解释或举出证据反驳，则可推定开具增值税发票一方当事人的主张成立。

注意：上述内容是最高人民法院《关于审理买卖合同纠纷案件适用法律问题的解释》（2022年）及2020年修订版发布前法院认定收货事实的通常做法。根据最高人民法院《关于审理买卖合同纠纷案件适用法律问题的解释》（2022年）及2020年修订版，在这种情况下，不能以增值税发票抵扣来反推真实交易关系的存在。

也就是说，如果买方不认可收货事实，卖方应当提供其他证据证明交付标的物的事实，否则卖方可能会败诉且人财两空。

例如，2007年6月至2010年7月，制品公司先后与印刷公司签订多份纸箱采购合同。之后，印刷公司在无送货单的情况下，以其向制品公司开具的增值税发票主张欠付货款170万余元。

法院认为：根据相关法律规定，增值税发票只是买卖双方的结算凭证，在无其他证据予以印证的情况下，并不足以证明双方存在买卖关系。

本案中，印刷公司除提供了其开具给制品公司的增值税发票外，再无其他证据可以证明双方存在实质交易。在缺乏任何订货单、收货单等实质性交易凭证的佐证的情况下,不能排除制品公司是为关联公司代付款及代收发票的可能性。印刷公司主张制品公司已经实际进行增值税发票抵扣的行为并不能必然反推出当事人真实交易关系的存在,故判决驳回印刷公司要求制品公司支付加工价款170万余元的诉讼请求。

所以,在买卖合同中,为了避免买方收货后抵赖,应该规范交付货物的确认手续,即由买方在送货单、入库单上签字、盖章对收货事实予以确认。

如果卖方未给付增值税发票或者给付的增值税发票无效(或是假发票),属于卖方未全面履行合同,买方有权要求卖方给付有效发票。由于卖方原因不能给付增值税发票,导致买方不能抵扣进项税额,或被税务机关依法追缴所抵进项税款的,买方可以此作为损失要求卖方赔偿。

《合同编司法解释》第26条对此也做出了明确规定,当事人一方未根据法律规定或者合同约定履行开具发票、提供证明文件等非主要债务,对方请求继续履行该债务并赔偿因怠于履行该债务造成的损失的,人民法院依法予以支持。

二、二重买卖合同的法律救济

现实生活中,我们常会遇到"一房两卖""一物两许"的现象。这种现象古已有之。有的是卖家卖完后看到价格上涨了不想履行第一份合同,有的是为了转移卖出的货物,甚至有的是为了赢得后买者的人情,等等。这是言而无信、背信弃义的行为,与"诚信为本、童叟无欺"的为商之道不符。

下面来谈谈法律上对二重买卖的认定和救济。

1. 二重买卖的合同效力

对二重买卖的合同效力,有人认为,第一份买卖合同有效,此后签订的合同无效,否则,就会纵容卖家多次买卖;也有人认为,第二份买卖合同有效,因为第二份买卖合同体现了卖家最新、最近的真实意思表示,所以此前签订的合同无效。

其实不然。既然是两份买卖合同，都不违反法律法规的强制性的规定，也体现当事人的真实意思表示，当然都应该认定有效。两份合同之间不存在"高低贵贱"之分。

从法律上讲，买卖合同是诺成合同，达成那一刻起就成立，依法成立的合同，自成立时生效，所以不存在其中一份合同有效而另一份合同无效的情况。

在二重买卖中，虽然从道义上讲卖家的行为不够厚道，但从《民法典》上讲并无障碍。卖家虽然与买家签订了第一份买卖合同，但是因标的物所有权没有发生转移，所以，卖家仍然对出卖的标的物享有物权，也就当然地享有处分权。这就是说，卖家仍然有权出售该标的物。

物权与债权不同的是，物权具有绝对性和排他性，一物一权，在同一标的物上只能有一个所有权。而债权具有平等性和相容性，不具有排他性，在同一标的物上可以成立多个内容相同的债权，签订多份合同，并无次序关系，不因其他合同受到影响。

既然谈到物权与债权，不妨在这里简单做一介绍。

物权，就是指权利人直接支配特定物并享受其利益的权利，包括所有权、用益物权和担保物权，主要由《民法典》物权编调整；而债权呢，是指当事人之间因特定的原因产生的特定的权利，如要求一方交付某物或做某事，主要由《民法典》合同编调整。

债权以物权为基础，债权的目的是取得物权。没有物权（特别是所有权）就不会有商品交换，也不产生债权；而没有债权，物权交易也不能实现。以房屋买卖合同为例，卖方享有房屋的物权，买方有要求卖方交付房屋的债权，没有房屋就没有交付，没有交付房屋就流转不起来。

物权是社会稳定的根基，关系财产的归属和财富的创造。所以，各国对物权保护作出严格的规定。比如，《刑法》中专门规定"侵占财产"犯罪，可见对物权的保护力度。

我们对自家的汽车享有物权，可以占有、出售、出租、获取收益。如有人损害、侵占该车辆，我们就可要求对方排除妨害、赔偿损失；如果对方手持利器强行占有该汽车，可能涉嫌抢劫，会被科以重刑。

债权是社会繁荣的基础，关系到财产的流转，所以，各国对债权作出宽松的规定。比如，合同的自由缔结产生丰富多彩的债权。

在物权和债权两者相争时，物权优于债权，这是民法的一个基本原理。

二重买卖合同的问题，不是出在合同效力上，关键是在标的物的所有权转移上。用专业术语讲，就是两份债权争夺一份物权。一物一权，唯一的标的物，却要交付给两个买家，自然是不可能的。

2. 标的物的最终归属

当遭遇"一女二嫁""一物多卖"的买卖合同时，谁最先得到商品呢？

在两份买卖合同中，如果前手的买家自愿放弃，不再要求卖家履行合同交付标的物，则卖家应当履行与后手的合同。在这种情况下，标的物交付给后手的卖家即可，不会出现冲突。

如果所有买家都不放弃，都要求卖家交付标的物，标的物归谁所有就成一个大问题。分配的原则就是，先来后到，谁先抢到手是谁的；都还没抢到手，先付钱的为先；都没抢到手也没付钱，最早签合同的为先。

举个例子：王某急着出国，想低价出售自己的新车，先后与张某、赵某、刘某签订了合同，但王某把车交给了刘某，在这种情况下，张某、赵某只能依据买卖合同追究王某的违约责任了。

如果车还在王某处，张某先付了购车款，在这种情况下，车应该判给张某。

如果车还在王某处，张某、赵某、刘某都还没来得及付款，那张某应该有权获得车辆，因为其最先签订了合同。

在标的物已将交付给后来的买家，因后来买家取得标的物的所有权，享有的是物权，而前面的买家根据合同享有的是债权。根据物权优于债权的民法原理，前面的买家不能对抗后手的买家，只能认可这个事实，不能再要求卖家将标的物要回来交付给自己，只能要求卖家承担违约责任。

3. 权利救济

在二重买卖合同中，出卖人只能实际履行一份买卖合同，而没有得到履行的买家的救济途径，就是要求卖家承担违约责任。

如前所述，二份买卖合同都属于有效合同，卖家不能交付标的物，理应退还价款，并赔偿买家的损失。合同约定违约金的，卖家应该向买家支付违约金。违约金不足以弥补损失的，可以要求卖家赔偿损失。

在计算损失时，有这么一个问题，买家是否能以二重买卖合同的差价作为自己的经济损失呢？

对这个问题，目前实践中还没有统一的认识。笔者认为，二重买卖发生的原因多数是价格上涨，卖家为卖更高价钱所致。买家另行购买同等标的物要额外支付价款，这对其就是损失。在这种情况下应该认定差价为买家的经济损失，这种认定的法律依据就是合同法关于合同履行后可得利益属于损失的规定。

例如，张某看中海边的一套别墅，没有还价就迫不及待地与卖家签订了房屋买卖合同，并一次性付清房款。还没过2个月，卖家又把别墅加价300万元卖给了另一个买家赵某，交付了房屋并为其办理房产证。

在这种情况下，张某能否以侵害自己的合同利益为由行使撤销权，撤销第二份合同？

首先，正如前文所述，在该套别墅上可以成立多个内容相同的债权，签订多份合同，并无次序关系，合同效力相互不影响。张某与赵某各自持有的合同，地位上是平等的，不存在谁侵害谁的问题。

其次，张某对卖家享有的是债权，而赵某已经取得房屋的所有权，张某的债权不能对抗赵某的物权。

即便赵某在与卖家的房屋买卖中存在"恶意"，张某要想撤销他们的合同也没有法律依据。合同法中规定的撤销权，是在债务人放弃到期债权、无偿转让财产、以明显不合理的低价转让财产给债权人造成损害时，才能行使。而本案中，赵某与卖家的房屋买卖不存在前述三种情况，因而不能"以己为中心"无限扩大撤销权的行使条件。

三、标的物的风险负担

商品交付前后一旦损坏或丢失，谁为此埋单？这就是买卖合同中商品风险负担的问题。

这里所说的风险，并非出自买卖双方的故意或过失造成的风险，而是外在因素导致的商品灭失、毁损的风险。

风险承担的后果，对买方而言，如其承担风险，其就不能因没有收到货而追索货款或拒付货款。对卖方而言，如其承担风险，其就不能因货物灭失或损毁而拒绝交货。

我国的法律规定，商品的所有权自交付买方时转移，但法律另有规定或者当事人另有约定的除外。也就是说，在商品交付之前由出卖人承担，交付之后由买受人承担，另有规定或约定的除外。

有一些特殊情况要留意，第一种情况是路货买卖，商品在运输途中，出卖人找买主，出卖在途商品，法律是这样规定的：除当事人另有约定的以外，毁损、灭失的风险自合同成立时起由买受人承担，但是出卖人在合同成立时知道或者应当知道标的物已经毁损、灭失却未告知买受人的除外。

第二种情况是，当事人没有约定交付地点或交付地点不明确，商品需要运输的，出卖人将商品交给第一家货运公司后，商品风险由买受人承担。

第三种情况是，因买受人的原因致使商品不能按照约定的期限交付，买受人应当自违反约定之日起承担商品的毁损、灭失风险。譬如，因买受人的仓库迟迟未能建好，卖方在合同约定的期限内无法交货，其间卖方商品被火灾烧毁，买受人应该承担此后果。

四、合同价款

买卖合同是一手交钱，一手交货的合同。钱和货是买卖合同的主角。

上面说到"货"（标的物）了，下面就说说"钱"。

合同中的钱不仅是指货币意义上的钱，主要是讲买卖合同中涉及的有关钱的法律问题。

买卖合同中涉及钱的问题有：货款结算、币种选择、交付方式，拖欠货款的违约责任、诉讼时效，质保金收取和返还，违约赔偿，合同保证金，分期付款提前到期等。

1. 增值税发票的证明力

先讲一个交易价格引发的争议案例。

中国航油集团宁夏石油有限公司（以下简称航油公司）与宁夏兰星石油销售（集团）公司（以下简称兰星集团）买卖合同纠纷案〔（2010）民二终字第130号〕。

2009年3月，宁夏陆地石油有限公司（航油公司前身）与兰星集团签订《成品油采购合同》。航油公司向兰星公司购买柴油1万吨，单价为每吨4300元，合同总价款为4300万元。随即航油公司向兰星公司支付货款4300万元。

2009年4月3日至6月18日，航油公司共向兰星公司陆续提油4156.56吨。兰星公司开具4800元、4900元、5200元单价不等的增值税发票，并分别于2009年6月19日、6月26日、7月8日、9月5日4次向航油公司退款22 835 712元，转账支票由航油公司签收入账。后航油公司又以5600元每吨价格提油2713吨。

在2009年4月2日、9日，兰星公司与航油公司签订确认函，约定鉴于集团柴油销售价格未最终确定，前期签订的合同不能执行，待确定后再行协商价格。

航油公司起诉兰星公司要求：交付剩余柴油3130.44吨，并支付违约金215万元。

兰星公司答辩称，双方3月21日签订合同4日后，国家发改委对柴油价格进行了行政性调高，出现合同约定的不可抗力，故合同不再履行。兰星公司也曾致函航油公司要求采用先拉油后定价的交易方式。兰星公司应航油公司的要求已退还全部货款，不存在欠航油公司柴油的事实。

就上述案件，我们的问题是：双方的交易价格是按原合同的每吨4300元，还是按照增值税发票上的列明的每吨4800元、4900元、5200元？

最高人民法院审理后认为，根据发票管理办法，单位和个人应该开具与实际经营业务情况一致的发票。4月2日、9日，兰星公司与航油公司签订确认函，对合同的价格条款进行变更，在航油公司提油后开出不同单价的增值税专用发票。这些增值税专用发票与确认函形成证据链，相互印证，可以证明增值税专用发票上的价格为双方实际交易价格，即发票上的列明的每吨4800元、4900元、5200元。

上述案例对公司开具增值税专用发票有一定的启示作用。

鉴于增值税专用发票的税率较高，很多公司为了偷税漏税，代开、虚开增值税专用发票，这种现象非常普遍，有必要对该问题做一提醒。

有些时候，特别是没有购销合同的情况下，一旦发生如交易价格、产品质量赔偿问题的争议，增值税专用发票可能会成为认定买卖合同关系成立的关键证据。在这种情况下，随意开具增值税专用发票，可能会因被认定买卖合同关系成立而承担赔偿责任。

上面讲到，根据现行的最高人民法院《关于审理买卖合同纠纷案件适用法律问题的解释》，卖方不能以增值税专用发票来主张已经交货的事实。同样的道理，反过来，买方也不能以取得增值税专用发票而主张已经付款的事实。

但普通发票就有不一样的证明效果。合同约定或者当事人之间习惯以普通发票作为付款凭证，买方以普通发票证明已经履行付款义务的，人民法院就会支持，除非有相反证据足以推翻。

北京市中级人民法院审理的甲混凝土公司与乙施工企业混凝土买卖合同纠纷一案，原告混凝土公司向被告乙企业承建的工地供货，出于财务结算需要，先向乙企业开出了收款发票。但乙企业收到发票后，却以已经支付相应款项为由拒绝支付货款。

最高人民法院认定乙施工企业作为付款义务人,应当就其付款行为承担举证责任,且双方习惯以先开发票后付款的方式结算,乙施工企业未证明已经付款,故其拒绝付款的理由不能成立,最终被法院判决败诉。

但是这个案子,一审法院是判决甲混凝土公司败诉的。其理由就是施工企业取得普通发票就是其付款的凭证,除非甲混凝土公司有相反证据予以推翻,在甲混凝土公司不能提供相反证据的情况下,应认定已经付款的事实。

笔者认为,一审法院的判决是机械地引用了最高人民法院《关于审理买卖合同纠纷案件适用法律问题的解释》,却忽略了该解释规定普通发票作为付款凭证的适用前提,就是要根据合同约定和当事人之间的交易习惯。也就是说,普通发票是否作为付款凭证,应当结合合同的约定或当事人之间的习惯去审查。二审法院正是依据该原则进行了审理,并作出了正确的判决。

先开具发票,交由付款方走报销程序或付款申请程序,是很多大型国企财务部门付款的形式。但在这种情况下,如果收款方不让收到发票的对方作备注说明,如注明发票收到款未付,到时候一旦对方赖账,可能就很难说清对方没有付款的事实。

由此笔者提醒:要么在合同中对开发票和付款的程序做出约定,如先由乙方开具发票,交甲方经办人申请付款,要么在交付发票时作出备注或书面说明,避免出现争议时增加证明的难度。

2. 企业询证函的证明力

企业询证函常出现在财务审计中,是会计师事务所向被审计单位的业务单位(债权人或债务人)发出的用于核对企业间债权债务的一种函件。被询证的单位,经核对双方账务往来,对企业询证函所载账目没有异议的,就会签注"核对相符"并加盖财务专用章;如核对不符,就作出标注并加盖财务专用章。很多企业每年都会委托会计师事务所进行财务询证,保存对方单位的企业询证函作为欠款的证据。特别是对常年合作的老客户,图省事会只对其做财务询证而不去做债权债务确认。

企业询证函是否可以作为认定企业之间债务的证据呢?

从湖北省鹤峰八峰民族药化工业总公司与湖北省八峰药化股份有限公司买卖合同纠纷一案〔（2011）民二终字第30号〕的认定来看，法院并未把企业双方盖章的企业询证函作为认定企业债务数额的唯一证据，而是与其他款项支出等证据相佐证，形成有效证据链条后认定债务存在的。

笔者认为，这种认定是妥当的。在我国，确实有一些企业使用这种方式来平账或规避纳税义务，与真实的债务不符，所以法院应该拨云识月，让其实至名归。

五、质保金

在买卖合同、工程建设合同等大量合同中经常会有质保金条款，如留合同价款5%作为质保金，质保期满1年后支付。

质保金条款，很多人好像都明白，不就是押一些钱作为质量担保吗？的确，质保金条款作为合同付款义务方保护自己权益的一种手段，已被广泛应用到各类合同关系之中。但因为质保金不是法律直接使用的概念，再加上当事人在合同中对于质保金的约定一般都过于简单和笼统，因此质保金问题引发纠纷并不少见。

质保金的具体含义，实践中有两种不同理解：一种是理解为质量保修金，另一种是理解为质量保证金。但很多人包括建设部关于质保金的管理规定对此并不做仔细区分。

其实不然，前面讲过法律性质不同，法律责任也不同。这个问题应该引起读者注意，建议读者在签订合同时按照下列内容予以明确约定。

关于质量保修金。在司法实践中，如果当事人对质保金能够明确为质量保修金，那么法院判决处理较简单，只要是在质量保证期内或质量保修期内，出现了质量问题需要进行维修的，即可先动用此质保金或以此质保金充抵。在这种情况下，如果质量保修金不足以抵充实际支出费用，付款义务方仍有权继续向相对方追偿。

关于质量保证金。质量保证金就是合同一方就标的物质量向对方做出的一种承诺。在没有违约条款并存的情况下，其性质有点像违约金，可以比照合同法的违约金规则来处理；在与违约条款并存的情况下，如果商品质量不合格构成根本违约，违约方即无权请求给付质量保证金，如果不构成根本违约，违约方应当先按照违约条款承担违约责任，然后才能请求给付质量保证金。

六、特种买卖合同

特种买卖合同，就是特殊点的买卖合同。其特殊之处为，有些付款方式是分期，有些是先试用后购买，有些是通过招投标程序确定卖方或买方，有些是通过拍卖确定买卖合同，有些是特种商品的买卖如水电气的供应。

特种买卖合同自然具有与传统买卖不同的特点。

先说说分期付款买卖合同。现在常见的分期付款买卖合同是按揭贷款买房的合同，例如，房款分3期支付，预付款20万元，3个月后付50万元，余款80万元通过银行贷款支付。

分期付款买卖合同中的"分期"，根据最高人民法院《关于审理买卖合同纠纷案件适用法律问题的解释》，是指应付总价款在一定期限内至少分3次向出卖人支付。如此说来，分两次支付的买卖合同不属于分期付款买卖合同。

在分期付款的买卖合同中，为了降低卖方收款的风险，往往会约定商品（动产）所有权保留，待全部款项付清之后，买受人取得商品的所有权。

但要说明一点，按揭贷款买房中的房屋（不动产）都不是所有权保留，而是将房屋抵押给贷款银行，所有权仍然属于买房人。

在分期付款买卖合同中还有一个特别的规定，为保护卖方的利益，在买方拖欠货款达到总额20%的时候，卖方可以要求买方提前付清全部款项或者提前解除合同，无须按照分期付款的约定期限等待买方付款。

举例说明：天津某甲公司向山东某乙公司销售饲料加工设备一套，原来约定签约 3 日内支付 30 万元，设备调试合格后支付 160 万元，余款 10 万元作为质保金，质保期满 1 年后支付。

在设备调试合格后，因乙公司经营困难，甲、乙双方协商变更合同，约定 160 万元货款在 1 年内付清，每季度支付 40 万元。

在合同变更后的第一季度内，40 万元货款并未支付。在这种情况下，因乙方未支付分期价款达到总额的 20%，故甲公司有权要求乙公司立即支付 160 万元，而不用再等到 1 年后才能要求乙方支付全部的货款。

所以，站在卖方利益角度考虑的话，为了能够排除适用上述规定，保留自己的合同解除权，就要在合同中明确约定，无论买方付款多少，只要不能付清全款，卖方就有权解除合同，要回商品。

第二十五讲
承 揽 合 同

一、承揽合同的认定

拿着衣料到服装店加工，或者买了名人字画去字画店裱糊，在网上定制家具，汽车抛锚到4S店修理，房子装修，等等，都是承揽合同。

承揽合同，就是定作合同，一方提定作要求，另一方去完成，交付成果时，定作人支付报酬。

承揽合同的承揽人不仅提供劳力服务，重要的是提供技术服务，并且要交付劳动成果。

在日常生活中，承揽合同容易与买卖合同相混淆。

比如，开尔空调公司委托其他空调厂家"代工"（OEM，贴牌生产）3000台空调，由开尔公司提供设计图纸和技术规格，由其他厂家生产空调并印制、加贴"开尔"商标，开尔公司每台空调支付2200元。

在这个案例中，双方是买卖合同关系还是承揽关系，或者两者兼而有之？

笔者认为，区分买卖合同关系和承揽关系确实比较困难，特别是像上述定作物供给的合同，区分起来更困难。这要综合多个方面考虑。

首先，要看标的物是否具有特定性、合同订立的目的、合同习惯等。也就是说，定作物是否只能为定作方所使用。

其次，就要看看定作物是否具有流通性，双方是否明确约定合同性质，如只满足定作方的特殊要求，不能在市场中自由流通，就宜于认定为承揽

· 285 ·

合同。

就上述案例来说，开尔公司提供设计图纸和技术规格，空调上加贴"开尔"商标，标的物应该是开尔公司的特定产品，应该认定双方为加工承揽合同关系。

为什么要区分买卖合同关系和承揽合同关系呢？主要是因为以下两个方面的原因：

一方面，这两种合同关系常常牵扯到诉讼管辖地的争夺。买卖合同多是以买方所在地为合同履行地，而承揽合同多是以承揽人所在地为合同履行地。不同法律关系，就会因合同履行地的不同而导致诉讼管辖地不同，这也是很多诉讼以此争夺管辖权的"技巧"所在。有些当事人明明签订的是买卖合同，但为了争夺有利的诉讼管辖权，偏偏向加工承揽合同上去靠，力图将合同性质解释成加工承揽。

另一方面，买卖合同是不能轻易解除的，而承揽合同可以随时解除，说白了就是，随时叫停定作往往不用承担违约责任，最多承担承揽人的开工损失。这一点和委托合同的原理相同，主要是为了保护定作人的利益。

二、定作人的解除权

承揽合同通常是为了满足特殊情况下的特别需要而订立。按照《民法典》的规定，如果在承揽人完成工作前因某种情况变化，不再需要定制，继续履行合同没有任何意义，就允许定作人解除合同。如不允许定作人叫停定作，承揽人非要依约制作并交付，那么对定作人不利，也是对社会资源的浪费。所以，法律允许定作人随时解除合同，但承揽人已经加工制作的，定作人应该为此埋单。还是举开尔公司定制空调的例子。

如果开尔公司与甲公司签订加工承揽合同约定，甲公司为其加工生产3000台空调用于某工程，每台2200元，并交定金50万元，后因该工程取消，开尔公司不想要该批空调，通知甲公司解除合同，并索要定金，是否会得到法院支持？

笔者认为，该合同系加工承揽合同，开尔公司有权在承揽人完成工作前解除合同，而不应承担违约责任。定金在性质上仍然是违约金，所以开尔公司有权要回定金50万元。当然，开尔公司解除承揽合同，不必然免除其赔偿甲公司实际损失的责任，但不是通过定金罚则来承担。

再举一例：2005年4月11日，甲公司与乙公司签订工程施工合同约定，甲公司将其承包施工的广电中心钢梯工程交由乙公司施工完成，合同实行包死价123 422元。

同年6月12日，双方又签订了补充协议，约定增加演播大厅大、中两厅的钢梯2架和不锈钢护栏190米、油漆等项目。合同签订后，进行了大部分施工，合同约定的室外6号钢梯因为业主方广电中心设计变更，甲公司通知乙公司不再制作安装。但此刻，乙公司已经购买了制作材料并进行了初步加工。

问题：甲公司与乙公司的合同性质是什么？甲方要不要为乙公司的6号钢梯承担赔偿责任？

甲公司与乙公司签订的合同性质是加工承揽合同。

理由是：建设工程合同是一种特殊的承揽合同，与一般的承揽合同不同，其对标的物、施工资质、施工主体等有着特殊的要求，乙公司所承揽的并非基本建设工程，该工程也没有施工资质的要求，所以其与甲公司的合同名为工程施工合同，实为加工承揽合同。

根据加工承揽合同的特点，定作人有权随时"叫停"承揽的工作，但要承担承揽人已经完成的工作成果。也就是说，甲方只需承担乙方为6号钢梯初步加工发生的费用即可。

鉴于加工承揽合同主要是基于定作人对承揽人自身加工水平的信赖而委托，所以，承揽人不能将揽下来的活（特别是主要工作）随便交给别人去完成，自己当个"二传手"，挣差价或提成，如此规定是为了确保承揽人工作成果的质量。

苹果手机，之所以称得上手机中的精品，与承揽人富士康公司的几近苛刻的生产管理密不可分。这也是为什么手工作坊制作的苹果"山寨机"泛滥成灾，苹果正品也不会降价的真正原因。

三、承揽合同的注意事项

首先，基于承揽合同交付的成果具有特定性，在订立合同时首先就要准确地写清交付的成果是什么，有何标准，这也是未来交付成果验收的依据，其重要性不言而喻。

其次，如果对原材料或者其他方面有特别约定，应该对原材料的质量标准、原材料的费用、存放地点、检验方式等作出约定，避免因为原材料的原因导致交付成果出现瑕疵。

再次，定制技术性较强的产品时，如涉及技术和商业秘密保护，应当订立保密条款，对保密信息范围、保护制度、违约责任等事项作出约定，避免因"小"（有限的定制产品）失"大"（无限的技术秘密）。

最后，关于定作物留置权的约定。当然，这要看站在哪方利益上去考虑了，站在承揽人的角度考虑，当然希望保留留置权，以确保能够拿回自己的工作报酬；而站在定作人的角度考虑，当然希望免除留置权，以使自己在未付完全款的情况下仍然能够顺利得到定作物。

由于留置权为法定担保物权，如果双方在合同中没有明确约定排除留置权，那么在条件成立的情况下，承揽人是可以行使留置权的。

另外，承揽人在定作人未支付报酬的情况下，有权拒绝交付成果。

第二十六讲
赠 与 合 同

一、赠与合同的概念

赠与合同，就是无偿给予财产的合同。

给的一方是赠与人，收的一方是受赠人。赠与的财产非常广泛，只要法律不禁止，赠送何物不限。

或许有些读者会问：赠与不就是免费给人家财产吗，给就是了，为什么还要达成合同，还有拒绝受赠的吗？

赠与合同属典型有名合同的一种，绝不是赠与人单方就决定的，只有受赠人同意受赠，才达成赠与合同。也就是说，财产想送不一定就能送出去，送不出去的，就不构成赠与合同。

比如，某大叔为了示爱，愿意主动替某女子还清房贷 190 万元，兴冲冲地跑去告诉她这一喜讯，结果人家并不领情，明确拒绝了大叔的赠款。

在这个案例中，赠与合同就未成立。

二、赠与的撤销

赠与合同是诺成合同，也就是说，只有赠与双方都同意赠与，赠与合同才成立。

但是，赠与合同有一个特别之处，就是除了救灾、扶贫等社会公益、道德义务性质和经过公证的赠与合同外，赠与人可以在赠与前随时撤销合同。

有些赠与合同，赠与人一时冲动而欠考虑，若绝对不允许赠与人撤销，过于严厉，故规定赠与人在赠与财产权利转移前可撤销。而经过公证的赠与合同不得任意撤销，这是因为在赠与合同订立后进行公证，表明赠与意愿的表达已十分慎重，赠与人此时不得任意撤销。

说白了，就是除特定情况外只要东西还没交到别人手里，说送给人家的东西，可以随时变卦不送。如果赠与的东西已经给别人了，那就成了人家的东西，就不能再要回来了，赠与人就丧失了随时变卦的权利。

但也有例外，即受赠人严重损害赠与人或其家属的，受赠人对赠与人有扶养义务而不履行的，受赠人不履行赠与合同约定的义务的，赠与人仍然可以在1年内撤销赠与，要回财产。

赠与合同的撤销期限为1年，该期限为除斥期间，没有中止、中断之说，过期作废。

另外，我国作出与国际上很多国家不同的规定，就是在赠与人的经济状况严重恶化，自身难保时，可以不用再履行赠与义务。用法律术语说就是赠与人享有对赠与合同的法定解除权。

虽然赠与合同是一种无偿合同，但并不是绝对的，也可以附随一定的义务作为对价。但附随义务应该是正当的民事行为。

比如，为了维护儿子婚姻，某富豪爸爸赠与儿媳一辆跑车，要求儿媳在受赠时承诺一生只爱其子。

后来儿媳提出离婚，富豪爸爸要求撤销赠与，理由是儿媳违背了当初的承诺。

在这个案例中，儿媳一生只爱一个人的承诺并不属于法律上的受赠的对待给付，因为这种承诺违背了婚姻自由的基本原则，承诺无效，赠与的跑车不能要回。

王老太太早年丧夫，膝下无儿女，虽家财万贯，却无人照料。

一天，她对邻居刘某说："你若能照顾我的生活，我可将全部家产赠与你。"刘某同意。

在这个案例中，王老太太的赠与就是典型的附随一定义务的赠与。对受赠人刘某来说，其在受赠的同时要付出代价——照顾王老太太的生活。

某地有一"高考状元"遭遇不幸，被确诊必须更换心脏才能保命，需要巨额手术费。幸遇一贵人，愿出20万元帮助其渡过难关。当高考状元躺在手术台上时，病人家属仅收到贵人的5万元，电话联系被告知贵人生意亏本自身资金周转困难，无力再赠与15万元。不得已，"高考状元"只好将贵人诉至法院，要求其继续支付剩余15万元。

法院认为，救死扶弱，具有道德义务的赠与不可撤销，且赠与人经济困难尚未严重到危及生活，故该贵人无权拒绝赠与，应该依法支付剩余15万元。

由此可见，作为赠与人除了拥有一颗爱心外，还要对法律有所了解，量力而行，量入而出，避免出现打肿脸充胖子、自己受罪的尴尬局面。

鉴于赠与合同可能涉及无行为能力或限制行为能力的未成年人或残疾人的利益，作为监护人要注意保护被监护人的受赠权益。

浙江省衢州市衢江区法院审理过一件案子。未成年人徐某之母陈某某在丈夫去世后与吴某某结婚，后与吴某某共同签订赠与书并办理公证，赠与徐某房子一套，但未办理房屋过户手续。后陈某某又与吴某某协商，共同签署协议撤销赠与公证。

后来徐某以其爷爷为法定代理人提起诉讼，要求法院认定撤销公证赠与协议无效，吴某某和陈某某应向徐某履行赠与协议。

法院认为，陈某某作为徐某的法定监护人和代理人，有权代徐某接受赠与。同理，其有权代徐某签订撤销赠与的协议，经赠与双方同意，撤销赠与不受经公证的赠与不得撤销的限制。所以，原告要求继续履行赠与协议，缺乏合同和法律依据。

至于陈某某是否不当履行监护职责从而侵害了徐某的合法权益，不是徐某诉请的法律关系所涉及的问题，法院不予审理。

第二十七讲
借 款 合 同

就借款合同的纠纷，笔者对青岛市中级人民法院自2014年12月至2015年1月公布的45件借贷纠纷审判案例进行了总结和分析。

大致情况为：该类型案件在程序方面的争议焦点主要集中于主体是否适格、管辖权异议、送达程序是否合法及诉讼时效等方面。实体方面的争议焦点绝大部分围绕借贷关系是否成立的问题。另外，借贷是否发生在夫妻关系存续期间，是否应当由夫妻双方共同承担责任也是比较常见的争议问题。

审判结果是：在45件案件中，有5件发回重审，其中，3件系因原判决认定事实不清而发回，2件系原判决认定事实不清，且严重违反法定程序而发回。有4件依法改判，36件维持原判决。

一、民间借贷

借款合同，就是关于钱的"有借有还"的合同。出借人称贷款人，而另一方就称借款人，这些无须多解释。

1. 利息限额

借贷合同有别于官方金融机构的贷款合同，是发生在自然人与企业或其他组织之间，或自然人与自然人之间的借款合同。其无须签订书面合同，也无须根据中国人民银行所规定的基准利率去确定存贷款利率，更无须规定使用用途，只要双方同意，一方借款给另一方，利率可以在1年期贷款市场报价利率（LPR）4倍范围内去约定。

《民法典》第680条第1款规定，禁止高利放贷，借款的利率不得违反国家有关规定。这实际上是赋予国家相关机关根据市场状况随时调整利率的权力。也就是说，利率是一个动态指标，最终取决于最高人民法院的司法解释以及中国人民银行规章的规定，而这些规定，特别是对利率上限的规定，都会影响当事人约定的利率是否能够获得法律支持。

但在现实生活中，超出年利息4倍LPR的借贷合同不但有，而且不少，只要双方"愿打""愿挨"，民不告官不究。但就当前情况而言，一旦上了法庭，法院只认定在年利息4倍LPR以内的借贷利率。

在民间借贷中，为了避开利率限制的枷锁，很多出借人会委托专业的法律人士参与，制作格式齐备、内容比较规范的书面文件，将利息改头换面：如将一部分利率约定成第三方的中介费、手续费；或将利息预先计入本金，折抵一部分利息；或将一份借款拆分成两部分，一部分是真实的借款，另一部分借款系前一份借款的利息部分；或者以假买卖掩盖真借贷的情形等。如此这般，借款方抗辩利息高于4倍LPR，法院想审查明白也并非易事。但一旦查明，高过年利息4倍LPR的约定无效。

自然人之间的借款合同，如不约定利息，视为无息借款；如约定利息不清，可以比照银行同类贷款利率计算；有约定利息的，按照约定计息，但不能超过4倍LPR的年利息。

最高人民法院《关于审理民间借贷案件适用法律若干问题的规定》（2020年第二次修订）第25条规定：出借人请求借款人按照合同约定利率支付利息的，人民法院应予支持，但是双方约定的利率超过合同成立时1年期贷款市场报价利率4倍的除外。前述"一年期贷款市场报价利率"，是指中国人民银行授权全国银行间同业拆借中心自2019年8月20日起每月发布的1年期贷款市场报价利率。

该司法解释第31条第2款规定：2020年8月20日之后新受理的一审民

间借贷案件,借贷合同成立于 2020 年 8 月 20 日之前,当事人请求适用当时的司法解释计算自合同成立到 2020 年 8 月 19 日的利息部分的,人民法院应予支持;对于自 2020 年 8 月 20 日到借款返还之日的利息部分,适用起诉时该规定的利率保护标准计算,即不能超过合同成立时 1 年期贷款市场报价利率 4 倍。

2. 计息本金

借款本金要以实际收到或交付的现金为准,在交付现金时预先扣除利息的,就以实际交付的金额作为本金数额。这里有一个基本道理,利息是本金的孳息,无本即无利(息)。

如果当事人在借款合同中约定定金或保证金,由出借人收取或扣收,如何确定该条款的效力?

笔者认为,虽然《民法典》没有禁止在借款合同中使用定金或保证金作为履约担保,但是根据以实际交付金额作为借款金额的原则,这种通过定金或保证金形式变相提前扣除借款本金或利息的约定,是出借人利用其优势地位确定的不公平条款,应该认定无效。

3. 利息起算

如果借款合同和借款收据日期不一致,应该以哪个日期为准呢?

正如前面所讲,合同约定是一回事,合同履行又是另一回事。所以,虽然借款合同中约定借款期限的起算日,但并未以此履行,当然应该以借款收据中所载明的付款日期为准。

这两个日期不同可能会影响利息起算时间的确定,所以建议在签订借款时约定借款收据作为具体合同履行的依据,并留存好借款交付的银行汇款收据或进账单,避免产生争议。

4. 借款交付

前面在讲到推定事实的例子时,谈到生活中常见的"借条""借据",其是推定借款事实实际发生的证据。很多人觉得,拿着借条到法院去诉讼肯定没有问题,欠债还钱,天经地义,只要有了借款人签字确认的借据,法院就应该判决胜诉,至于是怎么把钱交付给借款人的,应该是无关紧要。其实不然,即便借条是真的,签字盖章也确系借款人所为,也不必然稳操胜券。

通常涉及大额款项的交付情形时,依据最高人民法院《关于审理民间借贷案件适用法律若干问题的规定》,对借条的认定就没有那么简单。

对主张现金交付的借贷,要根据交付凭证、支付能力、交易习惯、借贷金额的大小、当事人间关系以及当事人陈述的交易细节等因素综合判断。

下面讲一则关于大额现金交付事实认定的案例,这个案件涉及标的较大,案情跌宕起伏,看看法院对此如何认定。

原告刘某诉称其借款2170万元给东升公司、徐某(东升公司法定代表人),有借款人签字确认的122张借条为据,借条均载明:"今向刘某借款现金×元;在约定借款期限届至时,应于归还本金当日支付利息,利息按银行商业经营性贷款利率(或银行同期贷款利率)的四倍计算。"

借款人在借期内定期向刘某出具"保证按时还款承诺书"。此后双方签订"结算协议书",约定借款人应于2010年7月19日前还清借款。

东升公司、徐某另出具"承诺书",承诺就占用资金给刘某造成的投资损失,另支付补偿款253万元。

2010年7月19日,约定还款期限届至,刘某向公安机关报警称其至借款人公司取款,在复印借条原件时,徐某将封存借条原件的档案袋扔出窗外,后无法找到。

刘某因催款未果诉至法院,请求判令借款人东升公司、徐某还本付息。

被告东升公司、徐某共同答辩称:案涉借款事实未实际发生,刘某主张的借条金额均为其他借款(已形成另案诉讼)滚动计算而来的高额利息,因另案诉讼查封东升公司的土地、设备,其于无奈之下被迫签订系列书面文件,请求驳回刘某的诉讼请求。

南京市中级人民法院认为,被告否认收到款项,刘某就该节事实仅作口头陈述,未能提交其他证据加以证实。据其陈述,其在另案借款未还的情况下,又将2170万元出借给东升公司、徐某,案涉金额较大且均以现金方式交付,该行为本身与常理不符,且刘某起诉主张业已发生的借款事实存在不能排除的合理怀疑,仅凭"结算协议书""保证按时还款承诺书""承诺书"及公安机关的询问笔录等主张权利依据不足。故判决:驳回刘某的诉讼请求。

刘某不服一审判决,向江苏省高级人民法院提起上诉。二审期间,刘某提交银行取款的凭证等证据,用以补证其以现金方式交付借款。最终,江苏省高级人民法院仅支持刘某871.54万元的诉讼请求。

看到这里,相信大家肯定会很疑惑:法院两次审理对刘某的借款事实的认定为何如过山车。原告起诉2170万元,一审法院一分钱也没支持,二审法院支持偿还的数额也不及诉求的一半,判决免除1300余万元,是让被告捡了便宜,还是事实确实如此?

让我们先看看本案两个让人生疑的问题。

第一,本案中共有122张借条,系大额现金交易,交付方式与另一案件通过银行划款的交易习惯截然不同。

第二,出借人在借款人未归还另案大额借款的情形下,又继续出借大额款项给同一借款人,是不是存在借款人所称借条所载本金数额中包含高额利息的可能性?也就是说,是不是本案的借款中有相当一部分是为避开法律对利息的限定,通过另一份"借款"的形式去规避?

在存在不可排除的合理怀疑事实时,法院应认定此时借条仅具有推定性的证据效力,出借人还应提交其他证据印证借款事实的实际发生。

在二审审理期间,刘某又提交的银行提现凭证能够证明其具有出借大额款项的支付能力。

下面让我们再看看刘某在二审期间补充提交的证据的证据效力的问题:

其一,能够证明借款现金交付的证据,包括从银行调取的银行卡提现凭证,以及银行取现标识说明,用以证明出借款项提取的时间、方式。因出借人称其交付大额现金均为独来独往,与借款人均为单独接触,因此并无直接证据证明现金交付事实,前述取款证据均为间接证据,其中:

(1)从银行调取的银行卡提现凭证107份,均由提现银行盖章确认。时间、金额与借条内容完全吻合的共有66笔，金额合计839.54万元；时间、金额略有误差的共有11笔，金额合计253.77万元；以上提现凭证金额合计1093.31万元。时间吻合、提现金额少于借条金额的共有7笔，金额合计90.91万元；金额吻合、时间不吻合的共有6笔，金额合计107万元。另有17笔提现凭证不能与借条对应，金额合计179.64万元。

（2）银行取现标识说明一份，印证款项来源均为提取现金。如"交通银行交易凭条"记载"实付现金"，"招商银行交易明细表"记载"CWD1：本行ATM取款""WDCS：柜台取现为柜台提取现金"，"中国农业银行银行卡取款业务回单"记载"现金取款"，"上海浦东发展银行业务回单"记载"现金清讫"，"深圳发展银行客户回单"记载"支取现金"，"中国银行取款凭条"记载"贷701"，"江苏银行对私活期明细历史数据查询单"记载"取款"等。

经核对66笔借款金额合计839.54万元。另外，银行提现日期与借条日期相符、提现金额大于借条金额的共有3笔，金额合计32万元。前述69笔款项，金额合计871.54万元，应认定为刘某向东升公司、徐某实际交付的借款本金数额。

其二，能够合理解释"前债未还，又借新债"的证据。刘某提交的该部分证据包括：

（1）东升公司工商变更登记申请资料、刘某与东升公司股东签订的《股权转让协议》，证明东升公司的两名股东已将所持东升公司的全部股权转让给刘某作为借款担保，要求刘某继续提供借款。

（2）徐某与刘某的部分短信往来记录，证明徐某向刘某提出借款要求，刘某借款给徐某。在2010年7月19日徐某毁灭借条原件之前，双方关系较为友好，且未因另案诉讼中断借款。

因此，对于刘某提交的银行提现凭证中能与借条在时间、金额上吻合的部分，应予确认。相反，对于刘某提交的其他银行提现凭证，因时间、金额不能与借条对应，未能形成证据链证明支取现金的用途为案涉借款，故对于该部分银行提现凭证与本案的关联性，应不予确认。

5. 借款证据

在上一案件中，法院如此认定借款事实是有一定风险的，正如我们在前面的"法律事实"那一讲中提到的，法院认定的法律事实只是对客观事实的一种认定手段，并不能保证与客观事实完全一致。或许被告确实在这种认定中捡了便宜，或许法院的认定确实与真相相符，或许会有人被误伤，这是法律的无奈。

在格式借条均由出借人打印提供的情形下，仍不能绝对地排除出借人因其他用途支取现金算到被告头上并要求借款人签字确认的可能性。

尤其是在一些民间借贷案件中，参加诉讼的出借人虽为自然人身份，但在其背后却有可能隐藏有组织的借贷团体，因此对每个流程的衔接都安排得十分严谨。

但是，考虑到民事案件的审查力有限以及现金来源证据是借款事实的辅助性证明，因此在借款人书面认可已收到出借人借款、并做出自愿按约定还本付息的意思表示，且出借人已提供证据对现金交付事实予以证明的情形下，应认定出借人的举证责任已经完成，可据此认定借款事实成立。

如借款人仍坚持否定借款事实，提出借款事实并未实际发生，则应对其在借条上确认借条全部内容的行为做出合理解释。也就是说，此刻的举证责任已转移至借款人，如借款人不能提交充分的反驳证据，则应负担败诉后果，即抗辩理由不成立。

通过上述案例可以看出，在涉及大额款项的借贷时，如果不注意留存款项交付的相关证据（如银行汇款、取款凭证、现金交付来源凭证等），就有被法院"误伤"的可能。当然，是真误伤还是假受伤只有当事人心知肚明了。

二、企业拆借效力

企业间的借贷，既包括具备金融从业资质的小贷公司、典当公司等非银行机构与企业间的借贷，也包括不具备金融从业资质的企业之间的资金拆借行为。

在商事审判中，对于企业间借贷是否有效，一般根据不同借贷行为的性质具体情况具体分析。不具备从事金融业务资质，但实际经营放贷业务、以放贷收益作为企业主要利润来源的，应当认定借款合同无效。合同无效，出借双方都有过错，会参照贷款利率的平均利率予以认定。

不具备从事金融业务资质的企业之间为生产经营需要所进行的临时性资金借款，如出借方并不是专搞资金融通的，不属于违反国家金融管制的强制性规定的情形，通常会认定借款合同有效。

下面说说企业之间的借款（法律上常说是企业间的资金拆借）管制。鉴于国家对金融监管的特殊性，除了银行金融机构和非银行的金融机构外，一般企业作为出借人或贷款人出借借款是非法的，即便借款人是自然人也不行。另外，一般企业以借贷名义向职工或社会非特定人员进行的非法集资或发放贷款，也是当前国家金融所监管的重点。

1996年前后，法院对企业之间的借贷是持否定态度的，企业之间签订的借款合同被认定为无效，有利息约定的，由法院予以收缴，对于借款企业还处以相当于银行贷款利息的罚款。

说白了，破坏国家金融监管的借款，对双方都予以重罚，"各打五十大板"，没收违法所得，并对没有所得的，予以罚款。

好在现在的司法实践对此有所松动，通常不会判决借款合同无效，而且不再没收和罚款了。

民间借贷在一定程度上满足了社会多元化融资的需求，促进了多层次信贷市场的形成和完善。与此同时，民间借贷纠纷案件数量也呈现爆炸式增长，给法院带来了高额的案件受理费用，也给司法审判带来了新的挑战。

比如，社会上不断出现披着民间借贷外衣，通过"虚增债务""伪造证据""恶意制造违约""收取高额费用"等方式非法侵占财物的"套路贷"诈骗等新型犯罪，严重侵害了老百姓的合法权益，扰乱了金融市场秩序，影响社会和谐稳定。

2018年8月1日,最高人民法院下发了《关于依法妥善审理民间借贷案件的通知》,这是继其2015年8月6日发布"关于审理民间借贷案件适用法律若干问题的规定"后对重大问题的再次重申。2020年8月18日,最高人民法院审判委员会第1809次会议通过《最高人民法院关于修改〈关于审理民间借贷案件适用法律若干问题的规定〉的决定》第一次修正,同年12月23日最高人民法院审判委员会又对其进行了第二次修正,足见国家对民间借贷的管制态势。

五花八门的"套路贷"诈骗犯罪,是犯罪嫌疑人通过虚增债权债务、制造银行流水痕迹、故意失联制造违约等方式形成证据链条闭环,并借助民事诉讼程序实现非法目的的违法行为。《关于审理民间借贷案件适用法律若干问题的规定》第2条第2款规定,民间借贷涉及此类违法犯罪(如涉嫌非法集资)的,应当裁定驳回起诉,并将涉嫌犯罪的线索、材料移送公安机关或检察机关,切实防范犯罪分子将非法行为合法化,利用民事判决堂而皇之侵占被害人财产。刑事判决认定出借人构成"套路贷"诈骗等犯罪的,人民法院对已按普通民间借贷纠纷作出的生效判决,应当及时通过审判监督程序予以纠正。

由此可见,国家对虚假诉讼、虚增债务的行为的遏制决定和措施。

举例说明:大连高金投资有限公司(以下简称高金公司)、中国工商银行股份有限公司大连星海支行企业借贷纠纷、金融借款合同纠纷一案〔(2017)最高法民终647号〕中,涉及两笔借款合同的效力及逾期违约金是否过高的认定问题。

最高人民法院认为,出借人高金公司向外出借款项,未约定利息,而是约定高额的逾期利息或违约金。但从本案查明的事实看,高金公司多次从事向外借款业务,而且多数情况下约定借款期内的高额利息,且存在多个不同的借款主体,即其出借的对象亦不特定,因此,高金公司具有从事经常性放贷业务以收取高额利息的事实。本案所涉的两笔借款合同是其经营放贷业务中的一部分，本质上属于从事放贷业务。

另外，虽然本案中的两笔借款合同未约定借期内的利息，但借款期限仅为3个月，而违约金却超出银行同期借款利率的4倍，存在以收取高额违约金或高额逾期利息的方式实现营利目的的情形。高金公司系投资公司，经营范围中没有向外放贷的业务，其从事放贷业务也未取得金融监管部门的批准，该种行为扰乱了我国金融市场和金融秩序，违反了《银行业监督管理法》和《商业银行法》等法律的有关规定，亦损害了社会公共利益。因此，根据原《合同法》第52条第4项、第5项（可参考《民法典》总则编相关规定）的规定，本案的两笔借款合同无效。

要避免以下两种情况，这种情况下借出去的钱可能会因借款合同被认定为无效，进而无利可图。

第一，《九民纪要》对职业放贷人签订的合同的效力做出了严格规定：未依法取得放贷资格的以民间借贷为业的法人以及以民间借贷为业的非法人组织或者自然人从事的民间借贷行为，应当依法认定无效。同一出借人在一定期间内多次反复从事有偿民间借贷行为的，一般可以认定为是职业放贷人。民间借贷比较活跃的地方的高级人民法院或者经其授权的中级人民法院，可以根据本地区的实际情况制定具体的认定标准。

第二，最高人民法院《关于审理民间借贷案件适用法律若干问题的规定》第13条规定：套取金融机构信贷资金又高利转贷给借款人，或者将以向其他企业借贷或者向本单位职工集资取得的资金又转贷给借款人牟利，且借款人事先知道或者应当知道的，人民法院应当认定民间借贷合同无效。该规定的目的是打击用银行的贷款或其他人的借款再去放贷套利的行为，也就是说，只能是自有资金才允许放贷。

当然，在上面两种情况下，法院认定放贷的钱是来自银行或其他企业，除非当天或隔几天就放贷，否则不是那么容易。

比如：我从银行借钱10万元，在家里放了1月没花，炒股又挣了10万元，我对外放贷的10万元是哪份钱？是10万元的自有资金还是10万元的银行借款,如何能分清?

《九民纪要》认为:"……民间借贷中,出借人的资金必须是自有资金。出借人套取金融机构信贷资金又高利转贷给借款人的民间借贷行为,既增加了融资成本,又扰乱了信贷秩序,根据民间借贷司法解释第14条第1项的规定,应当认定此类民间借贷行为无效。人民法院在适用该条规定时,应当注意把握以下几点:一是要审查出借人的资金来源。借款人能够举证证明在签订借款合同时出借人尚欠银行贷款未还的,一般可以推定为出借人套取信贷资金,但出借人能够举反证予以推翻的除外;二是从宽认定'高利'转贷行为的标准,只要出借人通过转贷行为牟利的,就可以认定为是'高利'转贷行为;三是对该条规定的'借款人事先知道或者应当知道的'要件,不宜把握过苛。实践中,只要出借人在签订借款合同时存在尚欠银行贷款未还事实的,一般可以认为满足了该条规定的'借款人事先知道或者应当知道'这一要件。"

司法解释就是这么规定的,至于如何认定,只能放在具体案例中分析了。

在此,笔者对上述司法解释中规定的这两种情况下的借款合同无效,感觉最高人民法院有越权"立法"之嫌。根据当时有效的《合同法》(已失效)第52条的规定,除非有法律法规的禁止性规定,最高人民法院的司法解释(非法律法规)不能自行对合同作出无效的规定。

三、私贷公用的责任认定

借款合同中有一现象叫"私贷公用",有点复杂的是,这类合同如何确定责任方。这事说起来,好像有点不可能,不如说"公贷私用"更有可信度,但这种情况还不少,多表现为一些企业或组织的负责人、会计、党委书记等将借的钱用于本企业。

例如,甲企业缺乏流动资金,该公司的老会计赵某就把目前企业状况向乙供应商进行了介绍,而后以个人名义向乙供应商借款5万元,借款期限为

1年。回来后将5万元用于企业经营运转。1年后甲企业无力偿还借款，乙供应商将甲企业和赵某告上法庭，要求两方共同承担还款责任。问题是：到底该由谁偿还欠款？

如果让赵某还，钱是甲企业用的，自己为甲企业背债，实在太冤；如果让甲企业偿还欠款，甲企业与乙供应商也没有借款合同，从形式上看，甲企业用的不是乙供应商的钱而是赵某的钱，虽然源头是乙供应商，可是倒手后就是赵某的了；如果让双方共担还款责任，那还是没有解决上述问题，赵某为什么还款，甲企业为什么还款。

笔者认为，对这件事情，如果乙供应商知道是甲企业让赵某借款，且借款实际由甲企业使用，那么根据《民法典》第925条关于委托代理的规定，受托人赵某虽然以个人名义借款，但是第三人乙供应商明知赵某是为企业借款的，那么该借款合同在甲企业和乙供应商之间达成并受此约束。也就是说，在这种情况下，法院就应该判决甲企业偿还乙供应商的欠款，而与赵某无关。

就此，最高人民法院《关于审理民间借贷案件适用法律若干问题的规定》（2020年第二次修订）第22条规定：企业法定代表人或负责人以企业名义与出借人签订民间借贷合同，出借人、企业或者其股东能够证明所借款项用于企业法定代表人或负责人个人使用，出借人请求将企业法定代表人或负责人列为共同被告或者第三人的，人民法院应予准许。企业法定代表人或负责人以个人名义与出借人签订民间借贷合同，所借款项用于企业生产经营，出借人请求企业与个人共同承担责任的，人民法院应予支持。

上述案例给我们的启示，就是在签订合同时，合同中对合同背景的介绍非常关键，假如借款时赵某在借款合同上清晰写明为甲企业借款，那这个事情可能就更清晰了。

对于出借方来说，冲着谁的信誉借款，最好在借款合同中予以明确，避免因为委托方的信誉和偿还能力影响到自己的利益。

比如，在上面的案例中，如果乙供应商是冲着赵某的个人信誉和偿还能力而出借5万元，结果最终被法院认定为借款合同系没有履行能力的甲企业和乙供应商达成的,那供应商可能就吃大亏了。

四、关联公司的借款

在新公司筹建时期,公司的股东向银行借款,但借款主要作为新公司的注册资本及流动资金。在这种情况下,新公司成立后其是否可以取代股东的借款人身份履行股东与银行的借款合同?例如:

2011年4月21日,甲公司为开发海上风电项目决定成立全资子公司——乙公司。

2011年5月10日,甲公司与丙银行签订借款合同向银行借款3900万元,借款用途是海上风电项目投资。

2011年7月12日,乙公司取得营业执照。次日,乙公司向丙银行出具书面承诺称:"甲公司与丙银行签订的借款合同项下的借款由本公司实际使用,由本公司负责偿还,与甲公司无关。"

这种情况下,甲公司可以免除还款责任吗?

如果丙银行同意,应该视为甲公司的债务转让给乙公司,借款由乙公司偿还,甲公司免除还款责任。如果丙银行不同意,甲公司仍然是债务人,乙公司如承诺还款只是债务加入(共同还款),但不免除甲公司的还款责任。

第二十八讲
委 托 合 同

一、基础知识

委托合同，也是现实生活中常见的合同，就是一方将某事项交由另一方代为完成的合同。

"受人之托忠人之事"是委托合同的真实写照。受托人基于委托人的信任，竭其所能完成受嘱托事项，将交办事项所得利益及责任最终转交委托人，这是委托合同的总流程。

受托人可以根据委托合同约定收取报酬或不收取报酬。当然，收报酬与否，影响其责任大小。也就是说，收报酬的委托合同，一旦受托人因为自己的过错造成委托人损失，应当赔偿。不收报酬的委托合同，除非受托人故意或有重大过失，否则不承担责任。

上述道理很简单，收了人家的钱，做事就要对得起这个钱；没拿人家的钱，责任就会小一些。

同样的道理，如果受托人在办理交办事项时，不是因为自己的过错受到损失，委托人应该予以赔偿，主要是因为受托人在为委托人的利益而受过。

二、委托代理

讲到委托合同，就需要讲一下"委托代理"。

委托代理是基于代理人与被代理人的委托合同而产生的代理，是代理人在代理权限内以被代理人的名义做事，最终由被代理人承受代理后果的制度。

委托代理签订合同时，有两个特殊规定，读者可仔细研读《民法典》第925条和第926条的规定。

第一项特殊规定是，受托人以自己的名义，在委托人授权的范围内与第三人签订了一份合同，恰巧第三人又知道受托人与委托人之间有代理关系的，这份合同将直接约束委托人与第三人，除非有证据证明合同仅约束签订的当事人。（《民法典》第925条）

举例来说：张三授权李四，由李四与王五签订房屋买卖合同，而签订合同时王五知道李四是代理张三来签订房屋买卖合同的，当李四不付款时，王五可以依据与李四的合同起诉张三。

目前盛行的企业之间的委托贷款就是这种情形，为避免企业之间借款被认定为非法拆借的风险，现在很多央企之间的拆借是采用这种形式，出借企业委托银行以自己的名义在授权的范围内与借款企业签订借款合同，并办理相关担保手续，银行只是代为放款和协助收款，自身不干涉借款期限、金额、利率等内容，只收取服务费用，不承担任何责任。一旦发生纠纷，出借企业可以直接起诉借款企业。

案例：山西安业建设发展公司（以下简称安业公司）与中铁三局集团建筑安装工程有限公司（以下简称中铁三局）、太原市人民政府、少年科技城筹委会办公室（以下简称科技城筹委会）、中国共产主义青年团太原市委员会建设工程施工合同纠纷案。

1992年12月，太原市政府成立科技城筹委会，下设办公室负责工程建设。

1993年7月23日，科技城筹委会签发委托书，将科技城项目委托安业公司代建。

1993年8月24日，安业公司与中铁三局签订建设工程施工合同，约定由中铁三局承建省城少年科技城项目。

1993年12月17日，科技城筹委会与安业公司签订协议约定，将少年科技城的建设管理工作委托安业公司进行，包括设计、勘探、施工、管理、水电等配套工程及施工前准备。并约定代建费用及支付方式。

　　1995年12月19日，少年科技城验收并投入使用。

　　后来，中铁三局为追索工程欠款，起诉了安业公司、太原市政府、少年科技城筹委会办公室。

　　安业公司称，其只是代科技城筹委会建设少年科技城，作为代理人其不应承担付款义务。问题是，安业公司能否援引当时实施的《合同法》第402条（《民法典》第925条）规定让自己脱离纠纷？

　　根据《民法通则》（已废止）的有关规定，代理行为应该是以被代理人的名义进行。而安业公司并不是以科技城筹委会的名义而是以自己的名义与中铁三局签订合同，这种行为不符合代理的法律特征，不应适用代理的法律规定。

　　而根据《合同法》（已废止）第402条的规定，受托人可以自己的名义与第三方订立合同，但只有当第三方在订立合同时知道受托人与委托人之间存在代理关系的，该合同才直接约束第三方与委托人。

　　在本案中，安业公司没有举证证明其受科技城筹委会委托于1993年8月24日与中铁三局签订建设工程施工合同时，中铁三局已经知道筹委会为委托人，没有告知中铁三局工程的实际建设单位以及委托情况。所以，其以此主张其与中铁三局的合同应该直接约束科技城筹委会和中铁三局不能成立。这也是最高人民法院的最终认定结果。

　　第二项特殊规定是，受托人以自己的名义与第三人签订合同时，第三人并不知道受托人和委托人之间的代理关系的，受托人因为第三人的原因对委托人不履行义务，受托人应当向委托人披露第三人，委托人可以向第三人主张权利，除非第三人知道该委托人时就不会与受托人签订合同。（《民法典》第926条）

　　例如，甲授权乙，由乙与丙签订房屋买卖合同，如丙拒不交房，甲可以依据乙与丙的合同起诉丙。

如果受托人因委托人的原因对第三人不履行义务，受托人应当向第三人披露委托人，第三人因此可以选择受托人或者委托人作为相对人主张其权利，但第三人不得变更选定的相对人。

案例：1999年7月，甲公司因经营所需委托乙公司向银行贷款2300万元，并出具一份委托书。于是，乙公司以自己的名义与中国银行山东省分行签订了一份借款合同，合同约定：借款金额本金2500万元，借款期限1年。

银行随即向乙公司发放贷款2500万元，乙公司向甲公司转交了贷款2300万元。

1年后，甲公司如数返还乙公司本金并支付相应利息。但此时乙公司自己资金运作困难，并未按期偿还银行贷款。银行随即起诉甲公司要求偿还2500万元贷款及利息。

法院认为，本案系委托借款合同纠纷，受托人乙公司在披露甲公司的情况下，银行可以选择甲公司作为相对人主张权利。法院最终支持银行的诉讼请求。

笔者对此持不同的看法。理由是依据《合同法》第403条第2款（《民法典》第926条第2款）之规定，第三人可以行使选择权的前提是因为委托人的原因导致对第三人不履行合同义务。

而对本案而言，导致对第三人银行不履行义务的，是受托人乙公司而非委托人甲公司。在这种情况下，显然不能适用本条款进行判决。更何况，甲公司授权借款的金额是2300万元而非2500万元。

这个案例告诉我们，涉及钱的问题，最大的风险不是被盗抢，而是合法交由别人占有而失去控制权。因为被盗抢涉及刑事犯罪，且数额巨大，一旦警察介入，都会乖乖交出。而在合法占有情况下，想讨回来就太难了。在上述案例中，如果甲公司直接还款给银行，这起诉讼可能就不会发生。

另外，有些合同系无权代理人以被代理人的名义签订，被代理人已经开始履行合同或者接受对方当事人履行的，视为对合同的追认。也就是说，虽然代理人无权代理签订合同，但被代理人最终也"半推半就"地认了，合同就是有效的了。

三、委托人的解除权

委托合同还有一个特点是，双方当事人均可任意解除合同。这是为什么呢？

上面讲到，"受人之托忠人之事"的委托合同的基础就是信任，缺乏信任，合同的生命力就丧失了，维持合同的意义也就没有了。

当然，合同可以任意终止，但双方当事人要对产生的有关费用做一了断。也就是说，一方给另一方造成损失的该赔偿的赔偿，一方为另一方处理事务支付的费用该报销的应该报销。

关于随时解除合同如何赔偿，《民法典》第933条作出了明确规定：委托人或者受托人可以随时解除委托合同。因解除合同造成对方损失的，除不可归责于该当事人的事由外，无偿委托合同的解除方应当赔偿因解除时间不当造成的直接损失，有偿委托合同的解除方应当赔偿对方的直接损失和合同履行后可以获得的利益。

重庆超霸房地产开发有限公司（以下简称超霸公司）、重庆市港渝商业管理公司（以下简称港渝公司）与杜某安、重庆万里行百货有限公司（以下简称万里行公司）委托合同纠纷案〔（2009）民二终字第78号〕。

超霸公司与港渝公司签订《委托代理经营合同》，约定由港渝公司全权负责超霸公司开发的重庆"港渝广场"项目的经营管理，包括市场推广、宣传策划、对外招租（并代收租金）、物业管理等，期限自2000年9月7日至2006年9月6日。

2003年10月22日，港渝公司与万里行公司签订了场地租赁合同。合同履行中，港渝公司超越经营权限在项目楼层平台上添附改造，并且未按时交纳代收的租金。

2006年12月7日，超霸公司向重庆市高级人民法院提起诉讼，要求确认《委托代理经营合同》于2006年9月6日终止，并应退还代收租金若干万元。

法院最终认定，双方争议的合同性质为委托合同。双方可随时解除合同，除不可归责于当事人的事由外，因解除合同给对方造成损失的应该赔偿。在港渝公司超越经营合同权限，未按时交纳代收的租金的情况下，超霸公司解除合同有事实和法律依据，应当予以支持。

上述判例就是委托合同解除后委托、受托双方权利义务划分的典型案例，这个案例告诉我们，受托人应该按照委托人的指示及合同约定行事才对，毕竟受托人是委托人花钱雇来办事的。

下面再讲一个复杂点的案子，看看受托人如何主张代理费用。

上海精稳房地产咨询公司（以下简称精稳公司）与宁夏国禾投资发展公司（以下简称国禾公司）代理合同纠纷案［（2006）民二终字第194号］。

本案与上面的案件有点相似，但争议点不同。

精稳公司与国禾公司就银川商城项目签订合同，由精稳公司负责项目的策划、宣传、营销代理等工作，委托的目的是在银川市为中心城市辐射范围500千米的宁夏区域及周边地区建立起具有竞争力的营销网络。

后来，精稳公司起诉国禾公司称，国禾公司违反合同另立销售中心，私下销售银川商城项目，并通过第三方将部分商铺以租赁方式处置，在客观上造成合同不能继续履行，致使该公司的合同目的落空，要求国禾公司承担违约赔偿责任。

国禾公司毫不示弱，反诉对方称，精稳公司未全面履行代理策划服务，推广力度不符合合同约定，没有建立起有竞争力的销售网络，对商城销售具有实质影响，在履行合同后期擅自离场，以自己的行为表明不再履行合同，构成严重违约，依法应当予以赔偿。

笔者曾办理过一起类似案件，面临同样的问题：代理人是否全面履行了合同义务，举证证明确有难度，司法认定会有争议。

有句老话说，"清官难断家务事"。委托代理产生的纠纷很像这句老话，为什么呢？

家务事之所以难断，主要是家庭成员之间的交往，没有书面证据，多亲情少规则。这种情况下的纠纷，要通过规则去评判，就是难事。

委托代理就是一件"良心活"，受托人是否尽力无法量化，产生争议时无法评判。除非合同确定"以成败论英雄"的评判模式，即按效果支付报酬，否则，只有交由"清官"去酌量裁判了。

还是回到上面的案例分析，先看看法院如何审查认定精稳公司的几项工作。

首先，关于策划设计定位。商城定位中高档、规划为西北一流的零售商场，对此定位国禾公司没有提出异议，事实证明目前该商场也是西北较高档次的大型商场。由此可见精稳公司的策划服务具有一定专业水准，符合合同约定和商场的实际。

其次，关于宣传推广工作。精稳公司进行了大规模的宣传，虽然与合同约定的广告投入额有出入，但并不构成根本性的违约。

最后，关于销售业绩。精稳公司停止销售与国禾公司改变销售方式有密切关系。将销售改为租赁，并在多家媒体发布招租广告，作为承销商的精稳公司已无法按照合同约定履行并完成受托事项。如果将不能完成销售义务的责任全部推到精稳公司一方身上，显然是不公平的。虽然精稳公司未能完成每个节点上的任务，但毕竟陆续销售了一批商铺，本着公平原则，应该对比合同约定，据实结算代理费。

上述案件给我们的启示是：关于委托合同，委托方、受托方在签约前，都应该对合同的最终效果和履行能力进行充分的评估，"没有金刚钻别揽瓷器活"。

首先，在签订合同时，应该对委托事项以及代理效果进行明确约定，如销售合同中可约定销售金额、限定条件，避免缺乏评判依据而无法认定责任。

其次，在合同履行中，应该特别注意，在一些进程节点留存双方沟通或事项确认的书面证据。

最后，在合同难以继续履行时，应该及时终止合同，避免损失进一步扩大。

第二十九讲
行纪合同与中介合同

这两种合同在一起讲,主要是两者有很多相似之处,可对比理解。

行纪合同,就是一方(委托人)委托另一方(行纪人)以自己的名义从事贸易活动,由委托人支付报酬的合同。

注意:行纪人应该是从事行纪活动的经营主体(须取得相应的经纪人资格:房产经纪人资格、演出经纪人资格等),而非普通的自然人、法人或其他组织。

另外,行纪合同是行纪人要以他自己的名义从事贸易活动(如购销、寄售等),如果是以委托人的名义从事贸易活动,那么就成了委托合同。

行纪合同实际上包含两种法律关系,首先是委托合同关系,即委托人授予行纪人进行贸易的权利;其次是行纪人与第三人之间的交易法律关系。这两种关系是独立的,没有直接的关系。

委托人是背后的"主谋","垂帘听政",指挥行纪人进行交易。一旦发生纠纷,第三人不能"揪出"委托人追究责任,他只能找行纪人去理论。

这一点与委托合同不同,在委托合同中,受托人也可以自己的名义与第三人签订合同,但如果第三人知道或受托人披露了背后的委托人,该合同也对委托人产生效力即第三人可以"揪出"背后"主谋"(委托人)。

既然委托人是背后的"主谋",行纪人就要言听计从,否则若给委托人造成损失,就要赔偿。在委托理财合同中,经常会发生经纪人自诩是专业人士，对理财大势了如指掌，经常主动替委托人"做主"，把握"该买该卖"的时刻。在这种情况下，只要是赚钱了，即便委托人没有指示操作，也都是皆大欢喜，委托人不会"恩将仇报"追究经纪人的责任。但要是赔钱了，经纪人就免不了要承担"擅自做主"的后果了。

典型的行纪合同，就是我们常见的代销合同。旧时代的代销社的代销商品，现今的"万能"银行代卖的理财产品或金银纪念品，很多都是通过代销合同的方式完成销售的。

代销合同是受托人以自己的名义为委托人代销商品、委托人支付报酬的合同。以纯金生肖纪念品代销合同为例，在银行代销纯金纪念品过程中，纯金生肖纪念品的所有权属于委托人（饰品公司），在代销期间，代销人（银行）对代销商品享有占有权，相应地，代销商品在代销期间的市场风险也应由委托人承担。

最高人民法院审理的中国农业银行与内蒙古乾坤金银精炼股份有限公司（以下简称乾坤公司）、中国农业银行（以下简称农行）个人业务部代销合同纠纷案〔（2006）民二终字第226号〕的案情是：农行与乾坤公司签订《金质"大力神"杯代销合同》，约定发行总量9999个，销售金额为5299.47万元。

合同签订后，农行为乾坤公司代销金质"大力神"杯过程中，因受海外市场冲击，销售状况不佳。待2002年世界杯后，"大力神"杯因为失去纪念意义而贬值，且无法销售。最终剩余6041个"大力神"杯。3年多时间内，农行并未与乾坤公司达成商品处理方案，造成乾坤公司巨额资金被占用，生产经营受损。

乾坤公司认为，商品销售不畅的主要责任在农行，农行错失了商品销售机会，应该按照5000元/个的销售价格赔偿其6041个"大力神"杯的损失。

最高人民法院认为，代销商品在代销期间的市场风险应该由乾坤公司承担，农行应该返还乾坤公司6041个"大力神"杯，并赔偿长期占有"大力神"杯给乾坤公司造成的资金利息损失。

中介合同就是中介人为委托人报告商业机会或提供订立合同的媒介服务来获得报酬的合同。其中，中介人只是一个中间人，一手托两家，却不实际参与合同签订，不是合同当事人。

最常见的中介合同就是房屋中介机构与委托人签订的关于房屋买卖或租赁的委托合同，即房屋中介从房主那里得到房源，供租房人或买房人看房，一旦租房人或买房人与出租方或卖房人签订合同，房屋中介就可以收取中介费用。

法律对中介合同有一规定：就是中介人促成合同成立，关于居间报酬没有约定或约定不明确的，根据中介人的劳务合理确定。中介人同时服务合同的双方当事人，提供订立合同的中介服务而促成合同成立的，由该合同的当事人平均分摊中介人的报酬。

以下面的案例示范：陈某诉广东同大家业工贸发展公司（以下简称同大家业公司）居间合同报酬纠纷案。

被告同大家业公司先是在报纸上发广告求租厂房，原告陈某与沈某智订立居间合同，约定陈某为以沈某智为负责人的广州市黄埔嘉信仓储部介绍客户，如介绍成功，以一个月房屋租金为佣金。后介绍同大家业公司与沈某智洽谈，并最终签订了厂房的租赁合同。

随后沈某智支付居间报酬1个月租金，但陈某又向被告同大家业公司追要居间报酬，遭拒后起诉至法院。

法院认为，《合同法》（已失效）关于"居间人同时服务合同双方当事人的，由合同双方平均分担居间人的报酬"的规定，只是对居间报酬由谁承担作出的规定，居间费用已在合同中明确约定的，适用合同约定。没有约定的，才在居间报酬范围内由双方当事人协商，协商不成的，才由双方当事人平均分担。

也就是说，如果沈某智不支付报酬，则原告陈某有权请求被告同大家业公司支付应承担的报酬，但沈某智已经支付，现原告不能再要求被告同大家业公司支付。

另根据原国家计委、建设部关于房屋中介服务费的收取办法，原告请求被告再行支付居间报酬已超过收费标准。一事收取两份报酬，有违民法公平原则，故驳回原告诉讼请求。

笔者认为，中介合同是委托人与中介人订立的合同，根据合同相对性原理，发生纠纷应该在双方之间解决，不能要求合同之外的第三人承担责任。

委托人与中介人没有约定或约定不清，导致中介人不能得到报酬时，才能根据合同法规定去要求合同当事人平均分担。

中介人未促成合同成立的，不得请求支付报酬；但是，可以按照约定请求委托人支付从事中介活动支出的必要费用。也就是说，帮助别人最终签订合同的，可以要求支付中介费，否则不能要求委托人支付费用，除非事先有约定。

委托人在接受中介人的服务后，利用中介人提供的交易机会或者媒介服务，绕开中介人直接订立合同的，应当向中介人支付报酬。这是《民法典》相对于《合同法》（已失效）新增的"禁止跳单"的规定，目的是减少委托人"甩开"中介人私下签约的不诚信行为。

第三十讲
租 赁 合 同

一、基础知识

租赁合同，又叫出租合同，就是出租方将租赁物交给承租方，让承租方使用、获得收益的合同。租赁物范围比较广，常见的有房屋、车辆、设备等。还有一种租赁合同叫企业租赁经营合同，在这种合同中企业的厂房、设备、车辆甚至人员都成了租赁物。

1. 租赁最长期限

租赁合同是有期限限制的合同，我国《民法典》规定，租赁期限最长不能超过20年，超过部分无效。法律做此规定，主要是考虑到时间太长，出租方无法行使权利和对出租物进行改良。另外，时间太长租赁物的使用价值丧失，承租方也就无法实现承租目的了。

经常有客户问，我们双方想签订租赁期限为30年的合同，能否先约定租赁期限为20年，合同到期后自动顺延10年？

答案应该是否定的，因为法律已经有了明确的限制性规定，无论怎么说，这是绕不过的。只能在20年之后，才可重新签订10年租赁期限的合同。

2. 买卖不破租赁

房屋租赁中有个特别权利，叫买卖不破租赁。

先说个例子：张三租了李四的房子，租期4年。过了2年，李四将房子卖给了王五。王五要赶走张三。张三以房子租赁未到期不走，王五说："房子是我买的,我没跟你签合同,你赶紧走。"

张三以房屋租赁未到期为由不走,就是依据的"买卖不破租赁"的原理。

这是法律为了保护承租方作出的特殊规定,这个规定突破了所有权优于租赁权的理论即王五的所有权不能对抗张三的租赁权,新出租方不能清退老承租方,还要按照原租赁合同的约定履行。

3. 优先购买权和优先承租权

承租方的优先购买权,就是在房屋承租期内出现房屋出售的情形,在同样的价格下,原承租方有优先购得房屋的权利。但该权利不能对抗房屋共有人和出租人的近亲属。

在程序上,就是出租方或卖房人应该在合理的期限(2009年最高人民法院《关于审理城镇房屋租赁合同纠纷案件具体应用法律若干问题的解释》第24条第3款规定的期限是15天,《民法典》第726条也做出如此规定)内向承租方征求意见(买还是不买),作出不买或逾期不买的意思表示,就说明承租方没有购买该房的意愿了,出租方就可以将房屋出售给第三人了。

还是上面的例子,李四卖房时,问了张三,我想把你租的房卖掉,王五出价130万元,你想不想买?

如果张三同意购买并支付130万元,房子应该先卖给张三。如果李四未征得张三的意见径直将房屋出卖给第三人,张三能否以侵害自己的优先购买权为由请求确认李四和第三人的买卖合同无效?

根据2009年最高人民法院《关于审理城镇房屋租赁合同纠纷案件具体应用法律若干问题的解释》第21条,以出租人出卖租赁房屋未在合理期限内通知承租人或者存在其他侵害承租人优先购买权情形为由,请求确认出租人与第三人签订的房屋买卖合同无效的,人民法院不予支持。除非承租人举证证明出租人与第三人恶意串通订立买卖合同损害承租人优先购买权的事实。因此,张三无权请求确认李四和第三人之间签订的房屋买卖合同无效。该规定被《民法典》第728条所采纳,且该条明确出租人与第三人订立的房屋买卖合同的效力不受影响。

承租方的优先承租权，就是在租赁期届满后，在同等条件下，原承租方有优先承租的权利。该权利已由《民法典》第734条规定确认。

4. 房屋装修及补偿

再来说说房屋租赁中的装修，房屋租赁合同是围绕房屋的使用而展开，所以，保持房子的原貌是承租的基本原则，也是承租方的基本义务。

未经出租方的同意，对房子进行装修、改造都是不可以的。但不改变房屋状况往往是不现实的，因为不同的人租房子就会有不同的需求，使用起来有不同风格。特别是商业用房，改变房屋状况是常态，不重新装修的反而少见。

这类合同中，因装修产生的争议不少，如未经出租方同意承租方擅自装修，出租方要求解除合同；租赁到期后，要求出租方补偿装修的残值；等等。为此最高人民法院作出了详尽的规定。

装修按照装饰装修物与租赁房屋的结合程度可分为：可分离（未形成附合）和不可分离（形成附合）两种形态。

装饰装修物已与房屋结合在一起，具有继续性和固定性，非毁损不可分离或者虽可分离但花费巨大的，可以认定形成附合，如铺设地板砖、吊设天花板、墙壁粉刷油漆等。

装饰装修物与房屋未完全结合尚未达到不可分离状态，则不能认定形成附合，如安装空调、电梯、太阳能热水器、抽油烟机等。

在实践中，承租方对租赁房屋的装饰装修主要有两种情况：

一是经出租方明示同意，或者出租方不知道但知道后未反对，且符合租赁合同约定用途而为的装饰装修，属善意装修。

二是未经出租方同意或虽经出租方同意但超出合同约定用途的合理范围擅自进行的装饰装修，属恶意装修。对于恶意装修，不论房屋租赁合同是否有效，原则上均不应予以折价补偿，装饰装修损失由承租方自行承担。

善意装修在房屋租赁合同无效时，对于未形成附合的装饰装修物，所有权仍归承租方，由承租方拆除取回，若出租方想要留用，应当支付相应对价，承租方拆除过程中造成房屋损坏的应恢复原状。

对于形成附合的装饰装修物，在出租方同意利用的前提下，可折价归出租方所有；出租方不同意利用的，由出租方和承租方双方各自按照导致租赁合同无效的过错分担现值损失。

装饰装修物的现值损失，是指附合装饰装修物在房屋租赁合同被确认无效时尚存在的实际价值，应按承租方已使用房屋的时间予以折旧，不能按照租赁期限进行分摊。

关于善意装修在合同解除时的处理，双方对已形成附合的装饰装修物的处理没有约定的，这种情况又该怎么办呢？

道理很简单，因出租方违约导致合同解除，出租方应赔偿承租方剩余租赁期内装饰装修物残值损失；反过来，因承租方违约导致合同解除，承租方自己承担损失，但出租方同意利用的，应在利用价值范围内予以适当补偿；因双方违约导致合同解除，剩余租赁期内的装饰装修物残值损失，由双方根据各自的过错程度承担相应的责任；双方都没有过错的，按照公平原则分担损失。

关于恶意装修在租赁合同无效时的处理，在司法实践中，法院往往根据出租方的需要程度和可利用价值，结合过错责任原则分别对待：属出租方过错的，由出租方补偿承租方的装饰装修损失。属承租方过错的，由承租方自行承担装饰装修损失，并由承租方赔偿出租方因租赁合同无效受到的其他损失。属双方共同过错的，应由双方当事人按过错责任分担装饰装修物残值损失。

在这种情况下，对于未形成附合的，损失主要包括装饰装修物的折旧费用、拆除费用、恢复原状费用及承租方因租赁合同无效而受到的其他损失；对于形成附合的，该损失是租赁合同无效时装饰装修物尚存在的价值，即现值。

所谓"剩余租赁期内装饰装修物残值"，说白了就是指在房屋租赁合同履行期限届满前解除合同，附合的装饰装修物在剩余的租赁期限内尚存在的价值。

计算残值的方法是按照租赁期限，将装饰装修费用平均分摊，从而得出合同解除时剩余租赁期内附合的装饰装修费用价值。若双方对装饰装修投资数额无法达成一致，可委托专门的鉴定机构进行鉴定。

除了房屋装修外，还有一种情况是房屋的扩建。承租方经出租方同意扩建，但双方对扩建费用的处理没有约定的，法院通常按照下列情形分别处理：有合法建设手续的，扩建造价费用由出租方负担；没有合法建设手续的，扩建造价费用由双方按过错程度分担。

5. 租赁合同解除

原《合同法》规定，承租方未经出租方同意转租的，出租方可以解除合同。但是，2009年最高人民法院《关于审理城镇房屋租赁合同纠纷案件具体应用法律若干问题的解释》却对此做了创新性的认定即出租方知道或者应当知道承租方转租，但在6个月内未提出异议，其以承租方未经同意为由请求解除合同或者认定转租合同无效的，人民法院不予支持。也就是说，过了6个月提异议也没有用了。

《民法典》第718条规定，出租方知道或者应当知道承租方转租，但在6个月内未提出异议的，视为出租人同意转租。

笔者汇总了合同法中关于租赁合同双方行使法定解除权的情形，其中出租方享有法定解除权的情形有：

因不可抗力致使不能实现合同目的；承租方未经出租方同意擅自转租、转借、转让房屋；承租方无正当理由未支付或迟延支付租金，经出租方催要在合理期限内仍未支付；不定期租赁，出租方有权随时解除合同；承租方利用承租房屋进行违法活动、擅自拆改房屋结构、改变房屋用途或故意损坏承租房屋。

承租方享有法定解除权的情形如下：

因不可抗力致使不能实现合同目的；出租方未按约定交付房屋，经承租方催告在合理期限内仍拒不交付房屋；因不可归责于承租方的事由致使租赁物部分或全部毁损、灭失，致使合同目的不能实现；不定期租赁，承租方有权随时解除合同；租赁物危及承租方安全或健康的，即使承租方订立合同时明知该租赁物质量不合格，承租方仍有权随时解除合同；租赁房屋权属有争议导致承租方不能使用；不符合《建筑法》《消防法》等法律关于房屋使用条件的强制性规定并导致承租方不能使用。

有一种情况是，承租的房屋因为纠纷被法院查封，承租方能否以此为由解除合同？

房屋被法院查封，虽然是《民法典》规定承租人可以解除合同的情形，但是要注意，这种情况要看法院的查封是不是会影响房屋的使用，如果不影响房屋的使用，比如，仅是在房产交易中心作了禁止过户的查封冻结，那就不能据此解除合同，除非合同中事先作出约定。

还有一种情况，承租方毁约要提前解除合同，合同能否解除？如解除，出租方能获得哪些赔偿？

从《合同编司法解释》第 61 条规定以及最高法院的指导案例来看，合同可以解除，出租方应该及时寻找其他承租方，减少扩大的损失，其只能要求部分赔偿，而不能主张按照合同解除后剩余履行期限相应的价款、租金等扣除履约成本确定合同履行后可以获得的利益即租金损失。

由此可见，出租方误认为承租方无权解除合同，造成的一切损失由其承担的，根据司法解释的规定，怕是难以得到法院支持。

6. 租赁登记

租赁合同需要登记吗？未登记是否会影响租赁合同的效力？

《城市房地产管理法》第 54 条规定，房屋租赁，出租方与承租方应当签订书面租赁合同，约定租赁期限、租赁用途、租赁价格、修缮责任等条款，以及双方的其他权利和义务，并向房产管理部门登记备案。

上述规定属于管理性规定，而且这种管理有点严格，租赁"应当"签订书面合同，并登记备案。该规定要求出租方去这样做，但没有规定不这样做，租赁行为无效。

《民法典》第706条对此作出明确规定，当事人未依照法律、行政法规规定办理租赁合同登记备案手续的，不影响合同的效力。

租赁合同登记只是行政管理的规定，未办理登记可能要承担行政责任，面临行政部门的行政处罚，但不影响当事人之间的合同效力。

但考虑到房屋租赁合同的承租方在房屋出售时享有的"优先购买权"以及"买卖不破租赁"的特别规定，从保护交易各方利益的角度出发，未经登记的房屋租赁合同不能对抗善意第三人的购买，即不得在善意第三人购买后，承租方"站出来"主张优先购买权或要求继续履行原有租赁合同。

7. 房屋权属争议

在出现租赁房屋被司法机关或者行政机关依法查封、权属有争议，或者具有违反法律、行政法规（主要包括《建筑法》《消防法》等）关于房屋使用条件的强制性规定情况的任何一种情形时，承租方的合同解除权并非任意的，还须具备一个必要前提即该情形的出现导致"租赁房屋无法使用"。

所谓"无法使用"，是指无法按照租赁房屋的约定用途使用，或者无法按照租赁房屋的性质使用。

司法机关对房屋的查封，实务中有"活封"和"死封"之分，其中"死封"是指房屋被查封后不仅其处分权受到限制，同时还丧失了使用、管理权，权利人只有妥善保管的义务；而"活封"则相反，房屋被查封后，权利人仍享有对房屋的使用、管理和收益权，仅处分权受限。

实践中，租赁房屋被查封如果是由于出租方的原因，承租方在要求解除合同的同时也可以要求出租方赔偿损失；如果是由于承租方的原因，出租方因此遭受损失的，可以要求承租方赔偿损失。

最后一个问题是，当租赁房屋的权属存在争议时，意味着出租方可能不是房屋的所有权人，如果出租方最终被确认是房屋的所有权人，则房屋租赁合同有效；如果出租方最终被确认不是房屋的所有权人，则构成无权处分，承租人只能向出租人追究违约责任。

二、租赁合同的诉讼时效

租赁合同中涵盖众多权利内容，而这些不同权利内容有不同的诉讼时效。

1. 租赁结束后承租方出具欠条的诉讼时效

租赁结束后，因有些承租方可能资金一时紧张不能付清租金，就会给出租方出具欠条。该欠条诉讼时效，根据《民法典》规定，应适用 3 年诉讼时效。

2. 租赁合同无效追要租金的诉讼时效

依照目前多数人的认识，租赁合同无效，合同约定的"租金"不能算是法律意义上的租金，而应是房屋的占用费，该占用费的诉讼时效，根据《民法典》规定，应适用 3 年诉讼时效。

3. 分期支付租金的诉讼时效的起算点

据《民法典》的规定，对于继续性租金债权的诉讼时效，是从最后一期债务履行期满之日开始起算诉讼时效。

4. 没有约定租金交纳期限的诉讼时效起算点

笔者认为，根据合同法有关规定，没有约定履行期限的合同，债权人应该可以随时要求履行。租金交纳也应该是这个原理，租金的诉讼时效应该从出租方催促租金交纳的次日起算诉讼时效。

综上所述，为了避免超过诉讼时效带来的风险，建议在诉讼时效内及时主张权利并保留好证据。

第三十一讲
建设工程合同

建设工程合同纠纷易发，且法律风险巨大。同时，由于建设工程合同纠纷涉及的标的额巨大，此类案件在判决生效后，绝大多数当事人会向最高人民法院提起申诉，做最后一搏。这使诉讼的"战线"拉长，持续3年甚至10年的诉讼并不鲜见。所以，一旦建设工程合同引发诉讼，将是一场旷日持久的"战斗"。

建设工程合同，就是指承包人进行工程建设，发包人支付价款的合同。

实际上，建设工程合同是承揽合同的一种，只不过合同的标的物是基础建设工程，而非单一的某种普通商品或服务。

建设工程合同中的很多内容，除须符合《民法典》的约束外，还要受到《建筑法》的调整，这主要因为建设工程关乎国计民生、公共安全。所以，其少不了国家层面的行政强制监管。

国家干预主要从招投标程序、承包人的主体资格和施工质量三个方面进行管控。

比如，《招标投标法》将市政大型基础设施或利用财政资金的建设工程列为必须进行招投标的项目，应该招标而未招标或者招标弄虚作假都可能导致建设工程合同无效。

中扶建设有限责任公司（以下简称中扶公司）、德化金龙置业有限公司（以下简称金龙公司）建设工程施工合同纠纷案［（2017）最高法民终766

号〕的基本情况是：中扶公司承包金龙公司开发的德化县金龙中心城项目工程。中扶公司于2012年12月进场开始垫资施工。2013年8月19日，金龙公司制作项目一标段二次招标"施工招标文件"和"投标邀请书"。2013年9月6日，中扶公司向金龙公司发出"投标函"。2013年9月27日，金龙公司向中扶公司发出一标段"中标通知书"。2013年10月7日，双方签订一标段建设工程施工合同。2014年1月19日，双方签订"关于'德化金龙·中心城工程'施工合同的会议纪要"。

后双方因施工合同履行产生纠纷，诉至法院。

法院审理的第一个问题就是：双方当事人签订的建设工程施工合同是否有效。

本案施工合同最终被最高人民法院认定为无效，理由是：根据金龙公司与德化县国土资源局签订的《国有建设用地使用权出让合同》、德化县住建局德建（2011）函15号及德化县金龙中心城项目建设用地规划许可证，案涉项目应提供总建筑面积为71 793.34m^2的安置房，工程施工造价超过2亿元，属于关系社会公共利益、公众安全的大型公用事业项目。

根据1999年《招标投标法》第3条及《工程建设项目招标范围和规模标准规定》（已失效）第3条、第7条的规定，该工程必须进行招标。双方当事人确认案涉工程没有依法履行招标投标程序，中扶公司在招标投标之前已进场施工，后续所进行的招标投标只是形式意义上的招标投标，目的是办理相关手续。根据最高人民法院2004年公布的《关于审理建设工程施工合同纠纷案件适用法律问题的解释》（已失效）第1条第3项的规定，双方当事人就案涉工程签订的建设工程施工合同及补充协议应属无效。中扶公司确认双方进行形式意义上的招标投标的目的是办理施工许可证，说明办理案涉工程施工许可证需要向行政管理机关提交招标投标的材料。因此，中扶公司关于行政机关以行为表示认可金龙公司未经招标投标程序选择中扶公司作为承包人的理由不能成立。

一旦合同被认定为无效，就会产生很多否定性的法律效果。对施工方而言，因缺乏有效合同的依据，其存在随时都可能被清退出场的风险，工程竣工合格尚可以参照合同约定价款要求支付工程款，否则就是白忙活了。

由此可见，施工方在承接工程施工时，除了关注质量、工程总价，更应该关注招投标的合法程序，避免因为招投标程序的瑕疵导致施工合同无效的情况发生。

《建筑法》对建设工程的承包人实行严格的市场准入制度，明确规定承包人只能在相应的资质等级范围内承接工程，没有资质、超越资质或假借资质去承揽工程的，不受法律保护，其签订的建设工程合同也是无效的。

如果建筑工程质量不合格，就不允许交付使用。承包人干了白干，不能主张工程款，而且给发包人造成损失的，还应赔偿损失。关于建设工程合同有如下几个特殊规定，在此简要讲述。

一、阴阳合同的效力

阴阳合同在建筑工程、二手房买卖、劳动力市场中常见。很多人见过，甚至办理过。

阴阳合同，又称"黑白合同"，其不是一个法律术语，是指双方当事人为了某种利益，签订两份实质内容不同的合同，一份用于在相关管理部门登记或备案，但不实际履行，称为"阳合同"、"白合同"或"备案合同"；另一份由当事人持有，作为双方实际履行的依据，称为"阴合同"或"黑合同"。签订阴阳合同的往往是为了规避法律及政府监管的私下交易。

举个例子：北京有一"房姐"想出售二环内的宅子，不用说，随行就市，所有税费由买方承担，"房姐"要的是宅子的净价。买家呢，也不缺钱，就是觉得这钱交给了国家，心里不舍，于是就与"房姐"商议，私下该什么价就什么价，合同该怎么签就怎么签，之后在房产交易中心合同备案时，把买卖合同的价格作低，可以少交点税。

这就是阴阳合同的一个事例，房产交易中心备案的就是"阳合同"，手里拿的就是"阴合同",实际成交的是"阴合同"约定的价格。

1. 阴阳合同的效力认定

阴阳合同的产生,是一个大的社会问题,可能是处于社会转型期或者新旧体系的交接期,社会诚信体系面临道德危机等原因,这种问题很突出。

下面讲讲,对于这种合同的效力法院是如何认定的。

首先,法院会看这两份合同是否违反了法律和行政法规的禁止性规定,哪份合同违反,当然哪份合同就应该认定为无效。

其次,法院会探求当事人的真实意思表示。"阳合同"未变更或取代"阴合同"的约定条款,它只能是备案作用,别无他用,应该按照当事人的真实意思作出认定。

对"阴合同",法院不会一概认定为无效。它毕竟是当事人的真实意思,并得到了履行。能做有效处理的,通常按有效处理,尽可能保护和促进交易。

就上面提到"房姐"卖房的案例,"房姐"与买家在房产交易中心备案的"阳合同",因是恶意串通逃税的做法,损害国家利益,违反我国税收法律法规的强制性规定,法院一般会判定"阳合同"无效。

而双方持有的"阴合同"反映了当事人的真实意思表示,其本身不违反法律的强制性规定,应该认定是有效的,不应因未提交备案而认定无效,因为房产备案登记只是行政管理的一个程序而已,合同当事人不如实登记并缴税,行政部门可以予以处罚,情形严重的,可追究刑事责任,但不能因此就否认合同的效力。

建设领域的"阳合同"以及"白合同",就是经过政府建设管理部门备案的合同,而"阴合同"或"黑合同"就是私下协议,由发包方和承包方在招标过程中或签订"阳合同"之后,通过补充协议或承包方以承诺书的形式达成的协议。

阴阳合同的大量存在,实际上是发包方和承包方追求各自利益的结果。发包方利用自己招标方的强势地位,迫使承包方"让利"于己,以充实自己的"小金库"。对此,承包方也是心知肚明,但为了能揽到工程,也不得不予以配合，于是表里不一的合同产生了。

《招标投标法》第46条第2款规定，招标人和中标人不得再行订立背离合同实质性内容的其他协议。由此可见，"阴合同"因与招标投标达成的实质内容相背离，所以应该认定无效。

但在工程施工实务中，发包方与施工方为了不同的目的，因阴阳合同引起的纠纷并不多见，除非发包方和承包方确实"闹掰"了。

2. 承包方让利承诺的效力

在建设工程领域，有一种现象叫"让利承诺"，就是承包人通过招标程序，与发包方签订了建设工程施工合同后，又向发包方出具让利承诺书，承诺对承建的工程价款予以大幅度的让利。这种让利承诺是否合法呢？

通常情况下，法律对当事人自愿处分权利的行为不加干涉，也就是说，一方自愿放弃自己的利益，应被认定合法。

但在必须通过招投标程序订立建设施工合同的情况下，这种看似非常普通的现象，却有着不普通的目的。因为在正常情况下，承包方完全可以在投标时直接降低报价，或者中标后与发包方直接签订合同"明"着降价即可，没有必要在合同签订后"暗"着降价。

承包方以出具让利承诺书的形式让利，无非是通过"让利"争取中标机会，这种"让利"的真实目的也就不言自明了，法院对这个问题的看法是，该承诺书无效。主要的考虑有：

让利承诺书实质就是"黑合同"，实质上是对中标合同（"白合同"）中的工程价款、工程质量、工程期限或违约责任的某一方面作出的实质性的变更，自然与备案的"白合同"有着实质性内容不一致。

根据相关法律法规，工程结算就应该以备案的"白合同"作为依据。鉴于承诺让利的背景非常复杂，可能会侵害公共利益，给工程质量带来隐患，滋生工程领域的腐败，这种让利行为与中标合同的实质内容相背离，不应受到法律的保护。

由此可见，无论是发包方还是承包方，这种形式的合作或让利，民不告官不究也就罢了，真要打起官司，发包方不但讨不回利益，说不定还会暴露私设"小金库"的内幕，可能得不偿失。

二、工程验收与工程款

先看一则案例：

2010年3月，江苏甲建设工程公司（房屋建筑工程三级施工资质）承建了某市乙商业中心双子座大厦（须一级施工资质），合同总工程款9300万元。在施工过程中，A座单体楼座填充墙使用的预拌混黏土质量不合格，导致部分墙体出现裂纹和脱落，中间验收未通过。经返工后工程竣工验收合格。

在上述案例中，主要涉及以下几个问题：（1）甲公司与乙商业中心签订的合同是否有效？（2）如果合同无效，能要求乙商业中心支付工程款吗？（3）如果甲公司承建的工程最终通过验收，应该承担什么责任？

根据法律相关规定，承包人未取得建筑施工企业资质或者超越资质等级的，建设工程施工合同应认定无效。由此可见，本案甲公司超越资质等级签订的工程施工合同应认定无效。

接下来，就合同效力与工程款的结算问题做一分析。

1. 合同有效且工程验收合格的结算

在合同有效且工程合格的情况下，工程款结算比较简单，按合同约定计算即可，不会产生工程款应否支付的问题，常见的纠纷主要有因工程延期交付而引起的支付时限的争议，以及设计变更或工程量调整等履行变更因素所引发的工程款金额增减的争议。

对此类纠纷解决，最高人民法院《关于审理建设工程施工合同纠纷案件适用法律问题的解释（一）》（已失效）第19条第2款规定，因设计变更导致建设工程的工程量或者质量标准发生变化，当事人对该部分工程价款不能协商一致的，可以参照签订建设工程施工合同时当地建设行政主管部门发布的计价方法或者计价标准结算工程价款。

2. 合同有效但工程不合格的结算

根据上述案例发生时有效的《合同法》(已失效)第279条的规定,工程不合格,就不得交付使用。不得交付使用的工程,没有使用价值和交换价值,无须按原先约定支付工程款。由此给发包人造成损失的,发包人有权根据施工合同约定要求承包人承担违约责任。

3. 合同无效但工程验收合格的结算

根据最高人民法院《关于审理建设工程施工合同纠纷案件适用法律问题的解释》(已失效)第3条,建设工程施工合同无效,且建设工程经竣工验收不合格的,修复后的建设工程经竣工验收合格,发包人请求承包人承担修复费用的,应予支持;修复后验收仍不合格,承包人请求支付工程价款的,不予支持。也就是说,上述案例的甲公司可以要求乙商业中心参照合同的约定支付工程款。

但是,《民法典》的规定不是参照合同约定支付工程款,而是参照合同关于工程价款的约定折价补偿承包人。修复后的建设工程经验收合格的,发包人可以请求承包人承担修复费用;修复后的建设工程经验收不合格的,承包人无权请求参照合同关于工程价款的约定折价补偿。

关于依据无效合同所建造的工程经竣工验收合格后施工合同的效力问题,有两种不同的观点。

肯定观点认为:一方面,从立法本意看工程质量才是《建筑法》和《建设工程质量管理条例》等法律、法规关注的焦点,工程验收合格后,工程建设所依据的合同是否有效已无关紧要,既然工程已合格,为便于工程价款结算,宜将原本无效的合同认定为有效;另一方面,从合同法的理论上讲,工程验收合格后,将无效合同认定为有效符合合同效力补正理论。

否定观点认为,即使工程验收合格,无效合同自始无效,不会由无效变成有效。

笔者支持后一种观点,理由如下:

如因验收合格而将无效合同认定为有效,则意味着将建设工程验收结果作为评判建设工程施工合同是否有效的唯一标准，法律设定的其他标准将落空，这不仅与合同法的规定不符，而且很容易误导建筑市场，鼓励建筑市场的经营者一味追求结果合格而忽视经营过程规范与合法的重要性，很容易导致间接鼓励无效合同的签订及履行的恶果，违背《建筑法》的立法宗旨。

所以，建设工程的质量只涉及发包、承包双方如何结算工程款的问题，而不影响合同的效力，即合同无效但工程合格的，合同仍无效，参照合同约定支付工程价款，仅表明就工程结算而言可参照原先约定，且仅是参照而已，并非指原本无效的建设工程施工合同得因工程合格而转化为有效。

4. 合同无效且工程不合格的结算

根据《民法典》第799条的规定，工程验收不合格的，不得交付使用。不得交付使用的工程，自然没有使用价值和交换价值，无须按原先约定支付工程款。由此造成损失的，根据发包人与承包人的过错程度承担责任。

三、工程款优先受偿权

1. 优先受偿权的概念

工程款的优先受偿权，就是指发包方拖欠承包方工程款，经催告后仍不支付的，承包方与发包方协商可以将工程进行折价或申请法院拍卖工程，获得价款优先偿还承包方。

优先受偿权的行使，根据现行《最高人民法院关于审理建设工程施工合同纠纷案件适用法律问题的解释（一）》第41条规定，承包人应当在合理期限内行使建设工程价款优先受偿权，但最长不得超过十八个月，自发包人应当给付建设工程价款之日起算。那么，问题来了，如果工程没有竣工，承包方是不是就不能主张优先受偿权？

笔者认为，主张行使优先受偿权不应限定在工程竣工后，理由是：

《民法典》在第807条关于优先受偿权的规定中，并未限定要等到工程竣工方可以行使优先受偿权。

从优先受偿权设立的初衷来看，承包人的工程款中实际上包含了劳动者工资等涉及基本生存权利的因素，因此行使优先受偿权能够实现的款项仅限于承包方为建设工程而支付的工作人员的报酬、材料款等实际支出费用，不包括发包人违约导致的赔偿款。

从《最高人民法院关于审理建设工程施工合同纠纷案件适用法律问题的解释（一）》第39条规定来看，未竣工的建设工程质量合格，承包人请求其承建工程的价款就其承建工程部分折价或者拍卖的价款优先受偿的，人民法院应予支持。

《最高人民法院关于建设工程价款优先受偿权问题的批复》（法释〔2002〕16号，已失效）曾经对工程款优先受偿权行使期间规定为自建设工程竣工之日或者建设工程合同约定的竣工之日起计算6个月。该批复实施时期的法院判决实务基本是围绕6个月展开。

陕西西岳山庄有限公司（以下简称西岳公司）与中建三局建发工程有限公司（以下简称建发公司）、中建三局第三建设工程有限责任公司（以下简称三建公司）建设工程施工合同纠纷上诉案。

西岳公司委托三建公司对华山假日酒店进行施工建设，在施工过程中西岳公司未及时支付工程款，因手续等原因工程施工进度缓慢。

其间，三建公司向西岳公司发出债权转让通知，称其将西岳公司债权转让给建发公司。随后，三建公司又解除了与西岳公司的建设工程合同。

因西岳公司长期未付款，建发公司诉至法院要求支付工程款，并对工程行使优先受偿权。西岳公司以建发公司超过6个月行使优先受偿权的期限为由抗辩，未能得到法院支持。

法院认为，最高人民法院《关于建设工程价款优先受偿权问题的批复》（已失效）中规定的自建设工程竣工之日或者合同约定的竣工之日计算6个月为优先受偿权的行使期限。建发公司确实已经超出6个月，但是本案的特殊之处是，三建公司与西岳公司解除了建设工程合同，所以工程全部竣工已经不可能，按照竣工期限计算优先受偿权的期限不合情理，因为工程拖延的主要责任在于西岳公司，让守约方承受不利的法律后果显失公平。

鉴于此，应当以合同解除日作为优先权的起算时间。建发公司在合同解除前已起诉，故不存在超过优先受偿权的期限问题，建发公司的优先受偿权依法应该得到保护。

优先受偿是指优先于抵押权、优先于其他债权的受偿。但是，如果消费者支付了购买建筑物（房屋）的全部或大部分款项，承包人就不能对该建筑物（房屋）行使优先权了。2023年4月20日实施的《最高人民法院关于商品房消费者权利保护问题的批复》对此作出明确规定，商品房消费者以居住为目的购买房屋并已支付全部价款主张其房屋交付请求权优先于建设工程价款优先受偿权、抵押权以及其他债权的，人民法院应当予以支持。在房屋不能交付且无实际交付可能的情况下，商品房消费者主张价款返还请求权优先于建设工程价款优先受偿权、抵押权以及其他债权的，人民法院应当予以支持。

2. 优先受偿权的行使方式

承包人自行与发包人协商以该工程折价抵偿尚未支付的工程价款，或者提起诉讼、申请仲裁要求确认其对该工程拍卖价款享有优先受偿权，或者直接申请法院将该工程拍卖以实现工程款债权，或者申请参加对建设工程变价款的参与分配程序主张优先受偿权，都属于对建设工程价款依法行使优先受偿权。

但承包人提起诉讼、申请仲裁仅要求判决或裁决由发包人向其支付工程款，未要求确认其对该工程拍卖价款享有优先受偿权的，不视为行使优先权。这一点很关键，诉讼时应该格外注意。

还有一个现实问题，建设工程承包人对工程占用范围内的土地使用权的拍卖价款是否享有优先受偿权？

笔者认为，建设工程承包人只能在其承建工程拍卖价款的范围内行使优先受偿权，对该工程占用范围内的土地使用权的拍卖价款不能主张优先受偿。

实际操作中可对建设工程和土地使用权分开进行价值评估，确定各自在总价值中的比例，然后一并拍卖，拍卖成交后按上述比例确定建设工程承包人可以优先受偿的金额。

通常的建设施工是土建工程，那么对于装饰装修类的施工是否同样适用优先受偿权呢？

目前法院掌握的尺度是：装饰装修工程承包人主张工程价款优先受偿权的可以支持。但是，装修装饰工程的发包人不是该建筑的所有权人，或者承包人与该建筑物的所有权人之间没有合同关系的除外。享有优先受偿权的承包人只能在建筑物因装修装饰而增加价值的范围内优先受偿。

但在装饰装修中，工程勘察人员或设计人员就工程勘察或设计费主张优先受偿权的，不予支持。

笔者认为，建设工程合同中对工程款优先受偿的规定，是为保护中国特色下的相对弱势的施工单位利益而设立。但如果这些单位没有意识到这一规定的真谛，不及时用好这份如同"尚方宝剑"般的特权，超出诉讼期间，就实在太可惜。

如果发包人利用自己的优势地位，"逼迫"承包人放弃或者限制建设工程价款优先受偿权，那么是否承包人就要"屈从"？

答案是不一定。根据《最高人民法院关于审理建设工程施工合同纠纷案件适用法律问题的解释（一）》第42条的规定，发包人与承包人约定放弃或者限制建设工程价款优先受偿权，损害建筑工人利益，发包人根据该约定主张承包人不享有建设工程价款优先受偿权的，人民法院不予支持。

四、工程结算

1. 结算依据

通常情况下，工程结算是根据发包方与承包方的施工合同约定进行，怎么约定的，怎么结算，并不复杂。在涉及市政建设工程或财政拨款建设的工程施工合同中，工程结算往往是根据合同约定的以财政部门对投资的审核结论作为双方结算依据。

但如果施工合同中没有约定以财政部门对财政投资的审核结论作为双方结算依据，那么财政部门作出的审核结论能否作为工程款结算依据？

笔者认为，财政部门对财政投资的评定审核是国家对建设单位基本建设资金的监督管理，不影响发包方与施工方的合同效力及履行，如果建设施工合同中没有约定以财政部门对投资的审核结论作为双方结算依据的，就不能以此作为结算依据。

接下来的问题是，假如建设施工合同约定以财政部门评定审核结论为双方结算依据，但审核依据的地方政府文件被撤销，是否应据实结算？

例如：某市制定了（97）建1号文，对外地企业与本地企业实行建设项目收费双轨制，即使用不同的定额标准收费。

1999年，某外地企业甲公司承揽了该市某商业中心的工程项目，并与发包方签订了建设施工合同，双方约定由财政部门依据（97）建1号文评定审核结论作为结算依据。2000年，（97）建1号文被撤销。

甲公司要求按照本地企业较高建设收费标准结算工程款，但未得到法院支持。

法院认为，双方约定了工程款的结算依据，就应该严格遵守。双方约定的引用（97）建1号文中的标准、方法计算工程价款，并非引用其作为判定合同效力的依据，故不因其本身效力发生变化而发生变化，双方仍应将（97）建1号文作为结算依据。

2."包死价"的效力

在工程施工合同中，因发包方不能预见到实际的工程量，其往往喜欢将工程款约定为"包死价""固定价"，这对控制施工成本起到很好的约束作用。

最高人民法院《关于审理建设工程施工合同纠纷案件适用法律问题的解释（一）》对此也作出充分肯定。合同约定按照"固定价""包死价"结算实际操作中可对建设工程和土地使用权分开进行价值评估，确定各自在总价值中的比例，然后一并拍卖，拍卖成交后按上述比例确定建设工程承包人可以优先受偿的金额。

通常的建设施工是土建工程，那么对于装饰装修类的施工是否同样适用优先受偿权呢？

目前法院掌握的尺度是：装饰装修工程承包人主张工程价款优先受偿权的可以支持。但是，装修装饰工程的发包人不是该建筑的所有权人，或者承包人与该建筑物的所有权人之间没有合同关系的除外。享有优先受偿权的承包人只能在建筑物因装修装饰而增加价值的范围内优先受偿。

但在装饰装修中，工程勘察人员或设计人员就工程勘察或设计费主张优先受偿权的，不予支持。

笔者认为，建设工程合同中对工程款优先受偿的规定，是为保护中国特色下的相对弱势的施工单位利益而设立。但如果这些单位没有意识到这一规定的真谛，不及时用好这份如同"尚方宝剑"般的特权，超出诉讼期间，就实在太可惜。

如果发包人利用自己的优势地位，"逼迫"承包人放弃或者限制建设工程价款优先受偿权，那么是否承包人就要"屈从"？

答案是不一定。根据《最高人民法院关于审理建设工程施工合同纠纷案件适用法律问题的解释（一）》第42条的规定，发包人与承包人约定放弃或者限制建设工程价款优先受偿权，损害建筑工人利益，发包人根据该约定主张承包人不享有建设工程价款优先受偿权的，人民法院不予支持。

四、工程结算

1. 结算依据

通常情况下，工程结算是根据发包方与承包方的施工合同约定进行，怎么约定的，怎么结算，并不复杂。在涉及市政建设工程或财政拨款建设的工程施工合同中，工程结算往往是根据合同约定的以财政部门对投资的审核结论作为双方结算依据。

但如果施工合同中没有约定以财政部门对财政投资的审核结论作为双方结算依据，那么财政部门作出的审核结论能否作为工程款结算依据？

笔者认为，财政部门对财政投资的评定审核是国家对建设单位基本建设资金的监督管理，不影响发包方与施工方的合同效力及履行，如果建设施工合同中没有约定以财政部门对投资的审核结论作为双方结算依据的，就不能以此作为结算依据。

接下来的问题是，假如建设施工合同约定以财政部门评定审核结论为双方结算依据，但审核依据的地方政府文件被撤销，是否应据实结算？

例如：某市制定了（97）建1号文，对外地企业与本地企业实行建设项目收费双轨制，即使用不同的定额标准收费。

1999年，某外地企业甲公司承揽了该市某商业中心的工程项目，并与发包方签订了建设施工合同，双方约定由财政部门依据（97）建1号文评定审核结论作为结算依据。2000年，（97）建1号文被撤销。

甲公司要求按照本地企业较高建设收费标准结算工程款，但未得到法院支持。

法院认为，双方约定了工程款的结算依据，就应该严格遵守。双方约定的引用（97）建1号文中的标准、方法计算工程价款，并非引用其作为判定合同效力的依据，故不因其本身效力发生变化而发生变化，双方仍应将（97）建1号文作为结算依据。

2. "包死价"的效力

在工程施工合同中，因发包方不能预见到实际的工程量，其往往喜欢将工程款约定为"包死价""固定价"，这对控制施工成本起到很好的约束作用。

最高人民法院《关于审理建设工程施工合同纠纷案件适用法律问题的解释（一）》对此也作出充分肯定。合同约定按照"固定价""包死价"结算的，一方提出对工程实际造价进行鉴定，据此结算的，法院不予支持。

工程价款中约定了"包死价"，结算时就一定不能改变吗？

答案是不一定，当事人双方对案件事实有争议的，可以申请鉴定，以鉴定的结论为准。

比如，施工过程中改变了设计方案，增加或减少了工程量的；因设计者不可预料的原因，客观上增加工程难度的；因物价的急剧上涨，导致施工成本大幅上涨的，才可以提出申请进行鉴定，另一方也应予以配合。

为了能锁住"固定价"，笔者建议：发包方应该与设计单位认真研究设计方案，尽可能在施工中不改变设计方案，并考虑到施工方的施工难度，在合同中做出基本预算。

3. 竣工结算的答复

承包方在竣工后，急着向发包方提交相关竣工结算资料，以便尽快结算工程款，但发包方往往拖延故意不对工程进行验收。这种情况在建设工程施工中比较普遍。

在订立合同时，发包方与承包方会采用建设部制定的《建设工程施工合同（示范文本）》的格式文本，但发包方往往利用强势地位，在施工合同专用条款中保留对自己有利的条款、删除对自己不利的内容。例如，不约定"发包人对承包人报送的竣工结算文件在一定期限内不答复视同认可"的内容，也不约定结算时间。

在发包人迟迟不予答复的情形下，承包人能不能依据《建设工程施工合同（示范文本）》的通用条款第33条第3款："发包人收到竣工结算报告及结算资料后28天内无正当理由不支付工程竣工结算价款，从第29天起向承包人按同期银行贷款利率支付拖欠工程价款的利息，并承担违约责任"的约定，请求按报送的结算报告的结算金额给付工程款？

最高人民法院的意见是，如果双方没有在合同中约定将该条款作为专用条款来适用，就不能认定发包方认可承包方报送的结算报告中结算数额，也就是说，即便没有答复，也不能以承包人报送的竣工结算文件作为双方工程结算的依据。

如此看来，是不是发包人收到承包人的竣工结算书后不予答复，承包人就只能"任人宰割"了？非也。

这个和上面说到的报送结算文件能否作为结算依据是不同问题。发包人故意拖延不结算的，承包人可以起诉发包人，由法院组织双方进行工程结算，必要时由法院委托工程造价鉴定机构对工程量和工程价款进行鉴定、审计。

五、垫资施工

为了能承揽到工程，很多施工单位不得不"搭上伙食替人干活"，就是出钱出力替对方干活，等对方有钱了再还。

1996年，原建设部、原国家计委和财政部就曾联合发布过《关于严格禁止在工程建设中带资承包的通知》（建建〔1996〕第347号），禁止带资施工，违者重罚不饶。这主要是因为在当时的历史条件下，部分地区不顾固定资产投资的宏观调控和自身的经济实力，违反工程建设程序，在建设资金不落实或资金不足的情况下，盲目上新的建设项目，强行要求施工单位带资承包工程和垫款施工，转嫁投资缺口。也有些施工单位以带资承包作为竞争手段，承揽工程，人为助长扩大建设规模，造成拖欠工程款数额急剧增加。

但近年来，上述情形有所改观，垫资不再被禁止，但是约定的垫资利息不能超过银行贷款利息，垫资没有约定利息的，起诉时就不能主张。目前垫资施工已成为建设工程领域融资的一个重要渠道。

第三十二讲
运 输 合 同

运输合同分运输旅客的客运合同和运输货物的货运合同两种。

客运合同，是由旅客付车费，运输人（承运人）负责将人送到目的地的合同。

货运合同，就是由货主（托运人）支付运费，运输人（承运人）负责将货送到目的地或者交货地的合同。

运输合同和上面谈到的建设工程合同有点相似的是，此类合同是《民法典》合同编与其他管理法交叉调整的。《铁路法》《民用航空法》《海商法》对运输行为作出特殊规定的，从其规定，未做规定的，就适用《民法典》合同编的有关规定。

在客运合同中，我们就讲讲常见的客运合同缔结的问题。

一、客运合同的缔结

先说说长途车的客运合同。到售票厅购票上车，乘客掏钱买票是要约，售票员给票是承诺，给票时运输合同成立。

如果赶时间，直接在中途上车，上车后买票，则登车是要约，司机同意乘客上车是承诺，客运合同自司机同意乘客上车时成立。

在这类客运合同中，只要乘客的要求是正当的、合理的，运输人就不能拒载，这是此类合同的一个特性。

再说说无人售票公交车中的客运合同，该车在固定的线路上、预定的时间段内停靠就是要约，乘客登车即为承诺，登车时合同即告成立。

最后说说出租车的客运合同。法律界就出租车的运输合同何时成立，可谓众说纷纭，各执一词。有说招手时运输合同成立的，有说出租车停车时成立的，还有说上车时成立的，还有说按下计价器时成立的。

笔者认为，这些行为并不一定就表明合同成立，关键是看乘客是否与司机师傅就目的地、行李、人数等运输事项达成一致。

二、承运人的留置权

前面在讲合同担保时，讲到留置权是合同的担保方式之一。合同法中规定的可行使留置权的情形有四种，包括加工承揽合同中承揽人的留置权、保管合同中保管人的留置权、行纪合同中行纪人的留置权以及下面讲到的货运合同中承运人的留置权。

货运合同中的留置权，就是货物托运人拖欠运费不付，承运人以扣留货物为挟，要求托运人尽快付款，不付款就不放货的权利。

在什么情况下可以行使留置权呢？

首先，要按合同占有债务人的财产，不能因与合同无关的欠款就留置人家的财物，否则造成债务人损失的要予以赔偿。

例如，甲从事货运工作，乙从事电脑销售工作。乙借给甲1台手提电脑使用。后乙委托甲运输了一批电脑到广州，拖欠运费未付。甲就留置了其从乙处借来的电脑，以此督促乙支付运费。

在这种情况下，甲作为承运人只能留置运输的电脑，而不能留置借来的电脑，因为甲借来的电脑不是运输合同的标的物，不能作为留置物留置。

这就是俗话讲的，"丁是丁，卯是卯，一码归一码"。

其次，欠款与留置物必须是基于同一合同关系项下有着对应关系，才可以行使留置权,但《民法典》对企业之间留置做了除外规定即企业之间欠款和留置物无须一一对应。

甲从乙处借款 13 万元未还,后来,甲委托乙运输一批电子元件,乙借机留置了电子元件不向外地发送。双方协商未果,甲起诉乙,赢得官司。

最后,就是欠款到期不还的才可以留置,不能因为担心债务人届时不还就提前留置债务人的财产。

甲公司向中国银行深圳分行贷款 138 万元,以 2 台精密设备为抵押物并办理了抵押登记。后甲公司委托乙公司将 2 台精密设备运至天津市的分公司,运费 5 万元。

货物送达后,甲公司无力支付运费,乙公司拒绝交货,留置了这 2 台精密设备。深圳分行得知抵押物被扣留,与乙公司协商未果,随即起诉甲公司要求偿还欠款,并对 2 台精密仪器采取了查封保全措施。

乙公司也随即起诉甲公司追要 5 万元运费,并要求确认其优先受偿权。

最终法院判决,支持深圳分行对 2 台精密仪器享有抵押权,乙公司对 2 台精密仪器享有留置权,且根据最高人民法院《关于适用〈中华人民共和国担保法〉若干问题的解释》(已失效)的相关规定,在留置权和抵押权并存时,留置权优先于抵押权受偿。

三、承运人的提存权

法律规定,收货人下落不明或者收货人无理由拒绝收货的,承运人有权将货物提存公证处,免除自己的运输责任。在这种情况下,如果货物发生灭失毁损,不能追究承运人的责任。

提存通常应当在合同履行地的提存机关进行。货物提存后,除收货人下落不明的以外,承运人应当及时通知托运人。

那么,收货人或托运人只能找公证处要货,但要支付保管费和其他费用。

提存在什么情况下会发生呢?就是收货人或托运人下落不明,或拒绝收货,或死亡后未确定继承人,这是法律赋予承运人的一项权利,目的也是使承运人能够尽快完成运送货物,免除对运送物的保管义务。

假设法律不赋予承运人这种权利,一旦发生货物长期占用运输工具或需要承运人长期保管货物的情况,会给承运人造成巨额损失,甚至于造成的损失可能远远高于运费,拖累承运人,最终损害运输行业的正常发展。

四、承运人赔偿责任限额

现在的快递业物流迅猛发展,运输合同数量呈几何级递增,运输合同中经常会出现承运人提供的限额赔偿的格式条款。

例如,顺丰速递2011年版快件运单契约条款:"本公司依据托寄物的重量(而非价值)收取基本运费,赔偿标准也以寄件人支付的运费作为基础。为平衡风险,本公司对单票托寄物的价值限定为2万元。如托寄物价值超过2万元,寄件人需要拆分至单票价值2万元以下分别托运,并进行保价;因寄托物性质无法拆分者,请寄件人自行携带或采取其他运输方式以保障安全,本公司无审核托寄物价值的能力和义务。责任免除:对以下部分的损失,本公司不负责赔偿责任……违反限价要求,超过2万元以上的部分……"

在一个快递业野蛮生长的时代里,以更多街头临时工为主力的快递队伍中,让运输企业承担运输物灭失风险,想必企业会十分不愿意。但在这个市场中,寄件人和承运人需要相互依赖,小概率事件,对寄件人就是全概率事件。快递要的就是速度,但如果缺了安全,再快都白搭。特别是对于重要的材料或物品来说,一旦丢失,损失惨重。

内蒙古万某科技有限公司(以下简称万某公司)与北京安某货运服务公司(以下简称安某公司)运输合同纠纷一案中,万某公司交由安某公司运输一批货物,货到付运费,托运单注明:货物名称及数量为配件1件。托运单还注明:(1)本公司公路快运实行件数件交制度,一般不检查箱容货物,发货方必须将货物自行包装完整,紧固耐压;(2)发货人必须声明货物价值,并交纳保险金，否则后果自负。货物丢失由承运人按声明保价赔偿，未保价按运费 5 倍赔偿，赔偿金额最高不超过 1000 元整。后货物丢失。

万某公司起诉安某公司要求赔偿货物损失 48 385 元，安某公司以托运单已对赔偿数额作出规定，最高不超过 1000 元赔偿为由进行抗辩。

法院认为，作为承运人安某公司应该将托运的货物安全运抵指定地点，交付收货人，如货物丢失应予赔偿。至于托运单中的关于赔偿限额的格式条款，并非必然无效，关键是在于免除的方式是否恰当，如果采取了合理方式提醒了托运人免责条款的内容，体现双方的真实意思表示，就应该得到法律保护。

但在本案中，安某公司没有证据证明已经采取必要措施和方式告知了托运人。所以，限额赔偿条款应认定无效，安某公司应该赔偿托运人实际损失 48 385 元。

上面的案例中说到一点，就是格式条款并非无效，关键要看是不是提醒签约方注意到该条款的后果，并征得签约方的同意。所以，要想使此类条款有效，在显著位置提醒托运人注意并签字认可是很有必要的。

第三十三讲
保管合同与仓储合同

一、保管合同

保管合同，又叫寄托合同、寄存合同，就是一方把东西交由另一方保管的合同。保管方称受寄托人，交付东西的一方叫寄存人或寄托人。

1. 保管合同的特点

保管合同有几个特点：

第一个特点是，保管合同通常是自保管物交付时成立，或者寄存人到保管人处从事购物、就餐、住宿等活动，将物品存放在指定场所的，视为保管。也就是说，对于要交某人保管的合同，如果临时变卦，不想交给他保管了，完全可以，不能强求寄存人必须交由受寄托人保管，因为这个时候保管合同并未成立。

第二个特点是，保管合同的目的是保管物品。为什么要在此强调保管合同的目的呢？因为这样才能明确保管人只是提供保管服务，而非取得或使用标的物（保管物），买卖合同的目的是取得标的物的所有权，租赁合同的目的是取得标的物的使用权。

第三个特点是，保管合同原则上是无偿的，除非双方事先有约定。

2. 超市自助存包的性质

顾客进入超市，自助将包存入柜内，腾出双手去购物，购物付款后再来存包柜处自助取回包。

我们在超市门口经常看到自助存包的柜子上有提示的文字,如"本超市实行自助寄包,责任自负"。

关于超市自助存包的法律性质,有人认为,自助存寄的行为非常简单,无须超市工作人员的实际参与,应该认定顾客与超市之间存在存储柜的借用合同关系。顾客为借用人,超市方为出借人。超市方为了方便顾客,设立自助寄存柜无偿出借给顾客使用。如果顾客在寄存柜中丢失物品,不能依据保管合同向超市方主张赔偿。

但是,笔者认为,依据《民法典》第 888 条第 2 款"寄存人到保管人处从事购物、就餐、住宿等活动,将物品存放在指定场所的,视为保管,但是当事人另有约定或者另有交易习惯的除外"的规定,如果没有特别约定,超市自助存包的性质应该是保管合同。

另外,根据《消费者权益保护法》的有关规定,超市应该采取相应措施,确保消费者的人身和财产安全。如果超市提供的寄存柜存在重大瑕疵,或没有设定合理的防护措施导致寄存物品丢失或受损害,顾客可以要求超市方予以赔偿。

3. 停车场停车的性质

关于停车场停车的法律性质,在实务中主要有两种认识:

一种观点是场地租赁合同关系,也就是说,停车场提供给车主的仅是场地使用权,而非看车服务,车主支付的是租金而非看车费。在这种法律关系下,停车场经营者不负看管义务。

另一种观点是车辆保管合同关系,停车场的经营者主要负责车辆的指挥、疏导、看管,车辆要出现被偷、被蹭,经营者要承担赔偿责任。

但后一种法律关系因为责任重大且停车场资源比较匮乏,很少有经营者愿意与车主建立车辆保管合同关系。对车主而言,能得到一个停车位就谢天谢地了,哪还敢跟经营者去谈这个关系那个关系。所以,聪明的经营者们无不在停车场的显眼位置以"停车须知"的形式,明示本停车场仅提供停车位,不负责车辆的看管,将自己的责任撇得一干二净。

另外，鉴于目前我国对停车场没有统一的法律规范，仅有部分地方政府的规章或地方法规的规定，由此产生的纠纷，车主的诉讼请求很难获得法院的有力支持。

但并非没有车主胜诉的案例，广东省佛山市中级人民法院曾裁判过一个丢车车主胜诉的案例。

中国人民保险公司佛山市南海支公司和顺营业部的一辆桑塔纳轿车存放在同华东小区停车场011固定车位，一次性交纳半年停车费900元，并由佛山市新中房地产开发公司开具机动车存放保管洗车及配套服务定额发票。

另外，房地产公司交付小区停车证于和顺营业部。后车辆丢失。协商未果，和顺营业部起诉至法院要求赔偿7万余元，最终得到法院的支持。

法院认为，双方之间存在保管合同关系，房地产公司未能充分履行保管义务，致使车辆丢失，理应予以赔偿。

4. 种类物保管合同

最后我们讲讲消费保管合同或种类物保管合同。这类合同的定义是，一方将种类物交付保管人保管，保管人成为此批保管物的主人，待到保管期满，保管人可另行筹集此种类物交还寄托人的合同。

这类合同虽然是保管合同，但其突破一般保管合同的目的和所有权不转移的原则即不再是以保管服务为目的，保管人可以取得保管物的所有权。

例如：甲公司将一批美国大豆45吨交由乙公司保管，双方对大豆的等级、数量、保管期限、费用等都做了约定，乙公司不得擅自动用这45吨大豆，这就是一般保管合同。

如果乙公司急需这批大豆，与甲公司协商先借用这批大豆，待保管期满时再购买相同品质和数量的大豆偿还。

如果甲公司同意，那么双方的合同关系就由一般保管合同关系转化为种类物的保管合同关系，乙公司就有权处分这45吨大豆了，保管期满后再筹备45吨相同规格的大豆还账即可。

如果甲公司不同意，双方的合同仍然是一般保管合同，乙公司无权处分

45 吨大豆，需要好好看管，因为这 45 吨大豆是甲公司的。

二、仓储合同

仓储合同，从实质上讲就是保管合同，是指由专门从事仓储保管的人与存货人达成的保管物品的合同，说白了，就是租赁专业仓库的合同。

仓储合同与保管合同有一点重要区别是，存货人只要和仓储保管人达成一致合同就成立，无须同时存放保管物，用法律上的术语讲，仓储合同是"诺成合同"，而保管合同要交付保管物才算成立，用法律上的术语讲，保管合同是"实践合同"。

1. 仓单效力

仓储合同中经常会使用仓单。仓单就是仓储保管人给存货人签发的一种有价证券，证明存储物的名称、数量、储存场所、时间、权利人等重要信息，存货人凭此提货。

当然，存货人也可将仓单背书给其他人，用来融资或转让。谁合法持有仓单，谁就是仓储物的主人，可以提取仓储物。

柳州市中百仓储运输有限公司（以下简称中百公司）与中棉集团新疆棉花有限公司（以下简称新疆公司）仓储合同纠纷一案中，新疆公司与案外人柳州市立宇集团有限责任公司（以下简称立宇集团）签订棉花买卖合同。新疆公司通过中百公司铁路运输 8 车棉花至柳州，收货人为新疆公司，中百公司为新疆公司签发了 8 份领货凭证。

在棉花运输至柳州后，立宇集团仅持 5 份领货凭证取走全部 8 车棉花，而实际上立宇集团仅支付了 5 车棉花款，新疆公司随即起诉中百公司要求赔偿 3 车棉花款损失。

法院最终认定，中百公司负有保管棉花的义务，在未经得新疆公司同意的情况下，未认真审查领货凭证就将货物交由立宇集团，给新疆公司造成损失，理应予以赔偿。

由上述案例可见，保管人应该对货物的提取严格审查，必要时，对仓单的权利人或背书人进行核对，避免发错货而承担责任。

另外，保管人也不能为了非法目的，为别人开具虚假仓单，一旦该虚假仓单被用于质押、融资等活动给他人造成损失，保管人就应该承担赔偿责任。

2. 货物指示交付

下面讲讲仓储合同中的货物指示交付的问题。先看一个案例。

2012 年 2 月 11 日，甲公司与乙公司达成口头仓储合同，乙公司为甲公司储存煤炭 1002 吨。

同年 2 月 24 日，甲公司与张某达成口头买卖合同约定，如张某能在 5 日内付款 20 万元，甲公司将 1002 吨煤炭卖给张某，否则不成交。

2 月 26 日，张某没有付款，却与丙公司达成口头买卖合同，约定将 1002 吨煤炭卖给丙公司，货款 10 万元。

3 月 4 日，丙公司将 10 万元付给张某后，前来乙公司处拉煤。乙公司向甲公司核实煤炭是否卖给了张某，张某又转卖给丙公司。

甲公司答复"卖就卖吧，由张某全权负责"，于是丙公司开始拉煤，当拉走 100 吨时，甲公司电话告诉乙公司停止拉煤，原因是"张某没给钱，煤不卖了"，尚有 902 吨煤没有被拉走。

5 月 22 日，丙公司起诉张某，要求确认煤炭买卖合同有效，并确认 902 吨煤的所有权归自己。

我们的问题是：丙公司是否有权将剩余的 902 吨煤炭拉走？

还是让我们先梳理一下，本案各方之间的法律关系。

甲公司与乙公司之间有仓储合同关系；甲公司与张某有买卖合同关系；张某与丙公司之间有买卖合同关系。

首先，甲公司与张某的口头合同关系，因为张某未付款而未生效。张某在未取得煤炭所有权的情况下，就转卖给丙公司，属于无权处分。

其次，甲公司电话答复乙公司"卖就卖吧，由张某全权负责"，应认定为甲公司认可其与张某的买卖合同成立并生效，且张某与丙公司的买卖合同也成立。此时，张某已经取得了煤炭的所有权。根据法律的有关规定，没有处分权的人处分他人财产，经权利人追认的，该合同有效。

最后，来看看902吨煤炭是否已经交付？动产以交付为转移所有权的标志，100吨煤炭被丙公司拉走，该部分的所有权转移给丙公司已无异议。关键是剩余的902吨所有权是否转移给了丙公司。

笔者认为，鉴于本案是两个连环买卖合同关系，没有出现甲公司向张某实际交付的行为，而是由甲公司直接向丙公司交付煤炭。基于甲方、乙方存在的口头合同，乙公司未向甲公司交付提取标的物的单证，甲公司的口头指令效力相当于提取标的物的单证，这种情况下的口头指令应该认定为指示交付。根据指示交付的特征，甲公司做出交付的指示时，视同标的物已经交付。标的物一经交付，甲公司就无权要求乙公司停止向丙公司交付902吨煤炭。也就是说，乙公司应该将剩余的902吨煤炭交付给丙公司。

上面的案例在现实生活中并不鲜见，类似交付货物的情况也很普遍。确实有些仓储公司为了便捷，只要接到存货人同意放货的电话，就轻易放货。其实，这种操作模式暗含巨大风险。

就拿上述案例来说，无论是甲公司与乙公司，还是甲公司与张某，抑或张某与丙公司，都是通过口头形式缔结的合同，在合同履行过程中也多是口头联络，一旦发生纠纷，将可能面临举证困难。

假如甲公司矢口否认同意乙公司让丙公司拉煤，乙公司将可能要为"擅自"放煤而承担责任，因为乙公司很难证明其已征得了甲公司的同意。

由此，笔者建议：在仓储合同中，保管人除应认真审核仓单内容外，还应留存存货人同意放货的书面证据，以防存货人否认同意放货而使自己担责。

参考书目

1. 王振清主编、北京市高级人民法院编：《人民法院裁判文书选》，法律出版社2001年版。

2. 贺荣主编、北京市高级人民法院编：《疑难案例实务研究》（第1辑），法律出版社2002年版。

3. 江必新：《最高人民法院指导性案例裁判规则理解与适用（合同卷一）》，中国法制出版社2012年版。

4. 江必新：《最高人民法院指导性案例裁判规则理解与适用（合同卷二）》，中国法制出版社2012年版。

5. 吴庆宝主编：《最高人民法院专家法官阐释民商裁判疑难问题（合同裁判指导卷）》，中国法制出版社2011年版。

6. 王闯：《关于合同法债权人代位权制度若干重要问题》，载最高人民法院民事审判第二庭编：《民商事审判指导》第6辑，人民法院出版社2005年版。

7. ［法］卢梭：《社会契约论》，何兆武译，商务印书馆2003年版。

8. ［法］孟德斯鸠：《论法的精神》，许明龙译，商务印书馆2011年版。

9. 梅夏英：《物权法·所有权》，中国法制出版社2005年版。

10. 尹忠显主编：《新合同法审判实务研究》，人民法院出版社2006年版。

11. 韩世远：《合同法总论》（第3版），法律出版社2011年版。

12. 黄立：《民法债编总论》，中国政法大学出版社2002年版。

13. 梁慧星：《民法总论》（第 3 版），法律出版社 2007 年版。

14. 王利明：《合同法研究》（第 1 卷），中国人民大学出版社 2002 年版。

15. 胡康生主编：《中华人民共和国合同法释义》，法律出版社 2013 年版。

16. 江平主编：《中华人民共和国合同法精解》，中国政法大学出版社 1999 年版。

17. 最高人民法院研究室编著：《最高人民法院关于合同法司法解释（二）理解与适用》，人民法院出版社 2009 年版。

18. 崔建远：《合同法》（第 2 版），北京大学出版社 2013 年版。

19. 崔建远：《合同责任研究》，吉林大学出版社 1992 年版。

20. 王利明：《违约责任论》，中国政法大学出版社 2000 年版。

21. 张广兴：《债法总论》，法律出版社 1997 年版。

22. 王家福主编：《中国民法学——民法债权》，法律出版社 1991 年版。

23. 朱兰春：《法官如何裁判：最高人民法院民事审判要旨与思维》，中国法制出版社 2017 年版。